G. E Riemann

Die Offenbarung St. Johannis

G. E Riemann

Die Offenbarung St. Johannis

ISBN/EAN: 9783743656987

Hergestellt in Europa, USA, Kanada, Australien, Japan

Cover: Foto ©Lupo / pixelio.de

Weitere Bücher finden Sie auf **www.hansebooks.com**

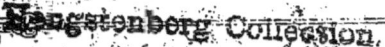

Die

Offenbarung St. Johannis

mit

in den Text eingeschobener Erklärung und
Auslegung

für das christliche Volk

und den drei Anhängen:

über den Chiliasmus, den Antichrist und die Zahl 666

von

G. E. Riemann, Pastor.

Halle a/S.

Verlag von Georg Schwabe.

1868.

Die Offenbarung St. Johannis

mit

in den Text eingeschobener Erklärung und Auslegung

für das christliche Volk

und den drei Anhängen:

über den Chiliasmus, den Antichrist und die Zahl 666

von

G. E. Riemann, Pastor.

Halle a/S.
Verlag von Georg Schwabe.
1868.

Vorrede.

Auf kein Buch in der h. Schrift ist wohl mehr Fleiß verwandt, als auf die Offenbarung St. Johannis, und doch ist noch keine Uebereinstimmung in der Auslegung erzielt, ja nirgends weichen die einzelnen Ausleger so weit von einander ab, als gerade bei diesem Buche; jede neue Bearbeitung bringt eine mehr oder weniger neue Auslegung, und jeder Ausleger will endlich die richtige Auslegung gefunden haben. Geltendmachung persönlicher Gelehrsamkeit und kirchlich dogmatische Befangenheit tragen nicht einen kleinen Theil der Schuld an der großen Verschiedenheit der Auslegung. Da will der Lutheraner nicht dulden, daß die Offenbarung etwas lehre, was seiner Ansicht zuwider ist, der Reformirte, der Katholik. Alle bringen neben ihrer persönlichen Gelehrsamkeit noch ihre kirchlichen Ansichten mit, und die Offenbarung muß sich dem Allen fügen. Nach des Verfassers Ansicht muß sich der Ausleger gänzlich durch die Offenbarung und den Geist, der sie eingegeben hat, leiten lassen, und soviel, als ihm nur immer möglich ist, seine Person zurückstellen und ein demüthiger Schüler dem herrlichen Buche gegenüber werden; dabei müssen ihm die Weissagungen des A. T.'s und die Weissagungen des Herrn und seiner Apostel im N. T., wie der Verlauf der Kirchen- und Weltgeschichte wohlbekannt sein, und für seine Zeit muß er ein offenes und unbefangenes Auge haben, wenn er in den Sinn der Weissagungen der Offenbarung eindringen will; auch muß er sich zu dem Buche nicht aus eignem Willen gedrängt haben, die göttliche Führung muß ihn auf die Offenbarung besonders hingewiesen haben. Nur so wird er wenigstens im Allgemeinen richtig auslegen, und wo er fehlt, trägt er selbst die Schuld, indem er entweder das Eigene nicht genügend zurückgestellt oder Fremdes zu sehr auf sich hat einwirken lassen.

Der Verfasser vorliegender Bearbeitung der Offenbarung ist sich bewußt, daß er nach den vorher aufgestellten Grundsätzen gearbeitet hat; viele Jahre ist ihm die Offenbarung ein Lieblingsstudium gewesen, und er hat in der Zeit ein starkes Heft bearbeitet, das sich aber nicht eignet zu einem Volksbuche. Aus diesem Hefte ist die vorliegende Auslegung ein kurzer Auszug, der unbekümmert um fremde Arbeit, seinen eigenen Gang geht, und der Verfasser hofft damit, den Leser zum Verständniß der Offenbarung zu führen, ihm förderlich zu sein, unsere Zeit im rechten Lichte zu erkennen und ihn so vorzubereiten auf die Dinge, die da kommen werden. Für jede Zeit hat die Offenbarung ihren Zweck gehabt und ihren Dienst geleistet; aber häufigst hat man seine Zeit als die letzte oder doch die letzte vorbereitend betrachtet, und auch dadurch ist man zu mancher falschen Auslegung verleitet. Der Verfasser steht in seiner Auslegung ebenso, und wenn er in seiner Auffassung unserer Zeit irrt, so ist auch die Auslegung mancher Kapitel irrig; ob er aber darin irrt, daß er unsere Zeit als die letzte betrachtet d. h. als die Zeit, welche dem Offenbarwerden des Antichrists den Weg bereitet, und welche der Zukunft Christi schnellen Schrittes entgegeneilt — das muß sich in jedem folgenden Jahre mehr und mehr ausweisen; auf jeden Fall gehen wir solchen Ereignissen entgegen, welche auf die Bildung einer neuen Zeit von wesentlichem Einflusse sein werden, und wenn sich die neue Zeit nach dem Wunsche und nach den Ideen derer, die sich einen Fortschritt nicht ohne ein Sichlosreißen von der Kirche Christi denken können, wird gestaltet haben, dann haben wir den Sieg des Antichristischen im Zeitgeiste über die Kirche und mit diesem Siege die zehn Wie=Könige und den Antichrist. Wer möchte gut sagen, daß es nicht so kommen werde?! Darum leset, prüfet und merket auf die Zeichen der Zeit!

Der Verfasser.

Uebersicht.

Kapitel.	
I. 1— 3.	Ueberschrift und Eingang.
4—III. 22.	**I.** Die sieben Briefe an die sieben Gemeinden

oder

Die messianische Gemeine in ihren Erscheinungsphasen hinsichtlich ihres Glaubenslebens.

I. 4— 8.	1. Der Gruß des Johannes an die sieben Gemeinen.
9 — 20.	2. Schilderung der Vision.
II. und III.	3. Die sieben Briefe.
II. 1 — 7.	a. Der Brief an die Gemeine zu Ephesus.
8 — 11.	b. „ „ „ „ „ „ Smyrna.
12 — 17.	c. „ „ „ „ „ „ Pergamus.
18 — 29.	d. „ „ „ „ „ „ Thyatira.
III. 1 — 6.	e. „ „ „ „ „ „ Sardes.
7 — 13.	f. „ „ „ „ „ „ Philadelphia.
14 — 22.	g. „ „ „ „ „ „ Laodicea.
IV—XIX.	**II.** Die sieben Siegel

oder

Die messianische Gemeine im Kampf mit der Weltmacht.

IV und V.	Vorbereitungsvision zur Eröffnung der sieben Siegel.
IV. 1 — 7.	a. Der Schauplatz.
8 — 11.	b. Der vier Thiere und der Aeltesten Lobpreisung.
V. 1 — 7.	c. Uebergabe des versiegelten Buchs.
8 — 14.	d. Allgemeine Huldigung, dem Lamme dargebracht.
VI und VII.	**A.** Eröffnung der sechs ersten Siegel

oder

Die messianische Gemeine im Kampf vor Aufrichtung des antichristischen Reichs.

VI. 1 — 8.	A. Eröffnung der vier ersten Siegel

oder

Kampf mit der weströmischen Weltmacht.

VI. 1. 2.	1. Das erste Siegel.
3. 4.	2. Das andere Siegel.
5. 6.	3. Das dritte Siegel.
7. 8.	4. Das vierte Siegel.
9—17.	B. Eröffnung des fünften und sechsten Siegels

oder

Der nahende Sieg über das römische Heidenthum.

VI. 9 —11.	1. Das fünfte Siegel.
12 —17.	2. Das sechste Siegel.

Kapitel.	
	Zwischenvisionen:
VII.	Vorblick in Israels Zukunft und auf den weitgehenden Sieg des Evangeliums.
VII. 1 — 8.	1. Versiegelung der Knechte Gottes aus Israel.
1 — 4.	a. Die Versiegelung.
5 — 8.	b. Die Versiegelten aus den Stämmen Israels.
9 — 17.	2. Das Erscheinen einer großen Schaar Erlöseter vor dem Thron Gottes.
9 — 12.	a. Der Schaaren Lobgesang.
13 — 17.	b. Aufschluß über die Schaaren.
VIII.	C. Eröffnung des siebenten Siegels in den vier ersten Posaunen oder Gericht Gottes über das weströmische Reich.
VIII. 1 — 6.	1. Sieben Posaunen werden an sieben Engel übergeben.
7.	2. Die erste Posaune.
8. 9.	3. Die zweite Posaune.
10. 11.	4. Die dritte Posaune.
12.	5. Die vierte Posaune.
13.	6. Ankündigung der drei Wehe.
IX.	D. Die zwei ersten Wehe in der fünften und sechsten Posaune oder Gericht Gottes über das oströmische Reich.
IX. 1 — 12.	1. Die fünfte Posaune: das erste Wehe.
13 — 21.	2. Die sechste Posaune: das zweite Wehe.
	Zwischenvisionen:
X — XI. 13.	Vorbereitung auf die siebente Posaune.
X. 1 — 4.	a. Die sieben Donner.
5 — 7.	b. Schwur des Engels von der Vollendung des Geheimnisses Gottes in der siebenten Posaune.
8 — 11.	c. Der Seher verschlingt ein offnes Büchlein.
XI. 1. 2.	d. Das Messen des Tempels.
3 — 13.	e. Die zween Zeugen in der letzten Noth.
3 — 6.	α. Ihr Zeugniß.
7 — 10.	β. Ihr Tod.
11 — 13.	γ. Ihre Auferstehung und Himmelfahrt.
XI. 14.	Schlußworte zur sechsten Posaune.
XI. 15 — XIX	**B.** Die siebente Posaune oder Die messianische Gemeine im Kampfe zur Zeit des antichristischen Reichs. Einleitung.
XI. 15 — XII. 17.	
15 — 19.	1. Die himmlische Begrüßung der siebenten Posaune.

VII

Kapitel.	
XII.	2. Rückblick auf den Anfang der Kämpfe des Drachen gegen den Messias als Einleitung zur Verkündigung des Endes.
XII. 1—6.	a. Das gebärende Weib.
7—12.	b. Der Kampf Michaels mit dem Drachen und die Stimme im Himmel.
13—17.	c. Der Kampf des Drachen wider das Weib, das in die Wüste flieht.
XIII.	A. Anfang des dritten Wehes in der siebenten Posaune oder
	Anfang des antichristischen Reichs.
XII. 18—	1. Das Thier aus dem Meere.
XIII. 10.	
XIII. 11—17.	2. Das Thier von der Erde.
18.	3. Die Zahl des Namens des Thieres.
XIV.	Zwischenvisionen:
	Vorbereitung zum endlichen Siege.
XIV. 1—5.	a. Das Lamm auf dem Berge Zion und mit ihm 144000.
6—13.	b. Die Dreiengelvision und die Stimme vom Himmel.
6. 7.	α. Erster Engel.
8.	β. Zweiter Engel.
9—12.	γ. Dritter Engel.
13.	δ. Die Stimme vom Himmel.
14—20.	c. Ankündigung des Gerichts (über die Kirche und die abgefallene Christenheit) unter den Bildern der Ernte und des Kelterns.
XIV. 14—16.	α. Die Ernte.
17—20.	β. Das Keltern.
XV und XVI.	B. Fortsetz. des dritten Wehes in der siebenten Posaune oder
	Zorngerichte Gottes über die antichristische Welt.
XV und XVI.	1. Sieben Engel mit den letzten sieben Plagen.
XV. 1.	a. Ankündigung im Allgemeinen.
2—4.	b. Lobgesang derer im Himmel, welche den Sieg behalten haben wider den Antichrist.
5—8.	c. Die sieben Engel empfangen die sieben Zornschalen.
XVI.	d. Ausgießung der sieben Zornschalen.
XVI. 1. 2.	α. Der erste Engel gießt seine Schale aus.
3—9.	β. Der andere. γ. Der dritte. δ. Der vierte.
10—21.	ε. Der fünfte. ζ. Der sechste. η. Der siebente.
	Zwischenvisionen:
XVII.	Erklärungen über die große Hure und das Thier und Beider Verhältniß zu einander.
XVII. 1. 2.	a. Aufforderung eines Engels an den Seher zu einer neuen Vision.

Kapitel.	
XVII. 3—11.	b. Das Weib, die große Hure, auf dem Thiere mit den sieben Häuptern.
XVII. 12—18.	c. Die zehn Hörner und ihre Thaten.
XVIII.	C. Fortsetzung des dritten Wehes in der siebenten Posaune: Babels Fall.
XVIII. 1—3.	1. Ein Engel verkündet den Fall der großen Babel.
4—20.	2. Eine Stimme vom Himmel setzt die Verkündigung fort.
4. 5.	a. Aufforderung an das Volk Gottes, aus Babylon auszugehen.
6—20.	b. Aufforderung an die Gerichtsvollstrecker.
21—24.	3. Ein Engel übernimmt wieder die weitere Verkündigung.
XIX. 1—10.	Zwischenvisionen:
1—4.	a. Siegesfeier im Himmel über den Untergang Babels.
5—10.	b. Ankündigung der Hochzeit des Lammes.
XIX. 11— XX. 3.	D. Schluß des dritten Wehes in der siebenten Posaune: Besiegung des Antichrists.
XIX. 11—16.	1. Erscheinung oder Zukunft des Herrn.
17—21.	2. Der Sieg über das Thier und die antichristischen Heere.
17—18.	a. Ankündigung des Siegs durch einen Engel.
19—21.	b. Der Sieg.
XX. 1—3.	3. Das Binden des Satans auf tausend Jahre.
XX. 4—15.	**III. Das tausendjährige Reich** oder Die messianische Gemeine im Siege.
XX. 4—6.	1. Aufrichtung des Reichs. Erste Auferstehung.
7—9.	2. Loswerden des Satans und Sieg über Gog und Magog.
10.	3. Sturz des Teufels in den Feuerpfuhl.
11—15.	4. Jüngstes Gericht. Allgemeine Auferstehung.
XXI-XXII 5.	**IV. Der neue Himmel und die neue Erde** oder Die messianische Gemeinde in der Verklärung.
XXI. 1.	1. Der neue Himmel und die neue Erde.
XXI. 2— XXII. 5.	2. Das neue Jerusalem.
XXI. 2—4.	a. Es fährt vom Himmel herab.
5—8.	b. Segen und Fluch.
9—27.	c. Beschreibung des neuen Jerusalems.
XXII. 1—5.	d. Fortsetz. Der Lebensstrom mit dem Holz des Lebens.
6—21.	Schlußworte zur Offenbarung.
6.	a. Stimme des Engels.
7.	b. Stimme des Herrn.
8. 9.	c. Der Seher und der Engel.
10—20.	d. Die Stimme Christi.
21.	e. Abschiedsgruß des Sehers.

Die Offenbarung St. Johannis.

Die Offenbarung St. Johannis ist das allerletzte Buch in der Bibel und das einzige prophetische Buch des N. T.'s, ein kostbares Geschenk unsers Herrn Jesu Christi an seine Kirche. Da lesen wir von seiner Kirche Kampf und Sieg, von dem Kampfe, welchen die Kirche in den Jahrhunderten zu durchkämpfen hat gegen irdische und höllische feindliche Mächte, und von ihrem endlichen Siege über beide, ja über den Sieg hinaus öffnet sie uns einen Blick in die selige Ewigkeit und zeichnet uns in wunderseligen Bildern die Gemeine Gottes in ihrer zukünftigen Verklärung. So herrliche Bilder sind in dem Buche und doch lassen viele Christen, die sonst fleißig in der Bibel lesen, dieses Buch ungelesen; woher mag das kommen? Weil sie meinen, die Offenbarung sei auch heute noch ein mit sieben Siegeln verschlossenes Buch, dessen Bedeutung man Gott und der Zeit anheim stellen müsse. Aber ist das recht geurtheilt? Will nicht das Buch selber eine Offenbarung, eine Enthüllung sein und nicht eine Verhüllung? Und fordert es nicht selbst auf, daß wir fleißig in ihm lesen sollen, wenn es spricht: „Selig ist, der da lieset und die da hören die Worte der Weissagung und behalten, was darinnen geschrieben ist?" Wer sich nur erst einmal die Mühe gegeben hat, sich in das Buch hinein zu lesen und dabei nicht vergessen hat, Gott um erleuchtete Augen des Verständnisses zu bitten, der wird es sicherlich lieben lernen, und es wird ihm ein theueres Buch werden.

Aber warum hat denn der Herr Jesus seiner Kirche diese Offenbarung, dieses prophetische Buch gegeben? Ist denn nicht in Ihm alle Weissagung der alten Propheten erfüllt? Darauf diese Antwort!

Die alten Propheten trösten in vielen Weissagungen das Volk Israel in Zeiten des Elends mit der Zukunft des Messias und bringen Alles, was sie Herrliches über das zukünftige Reich Israel weissagen, mit der Erscheinung des Messias in Verbindung, so daß sich bei dem größten Theile der Israeliten zur Zeit Christi die Hoffnung festgesetzt hatte, daß mit dem Erscheinen des Messias auch die gänzliche Befreiung Israels von fremdem Zwingherrnjoche und seine hohe Weltstellung unter den Völkern der Erde eintreten werde. Wie tief diese Hoffnung auch bei den Jüngern des Herrn wurzelte, ist bekannt. War nun mit dem Erscheinen des Messias, Jesu Christi, die Hoffnung Israels nicht erfüllt, so hatte sich doch bei den gläubig gewordenen Israeliten, den frühesten Christen, die Hoffnung festgesetzt, daß bei Christi naher Wiederkunft die noch unerfüllten Weissagungen der alten Propheten in Erfüllung gehen würden. Da sich aber die Wiederkunft Christi gegen Erwarten verzog, so waren sie in großer Gefahr, zweifelhaft zu werden an der Messiaswürde Jesu zumal, als auch Jerusalem, die Allen so werthe Stadt, von den Römern zerstört worden war, und als später ein falscher Messias, Barchochba, auftrat und die christlichen Gemeinen aufs grausamste verfolgte. Solche Gefahren machten es der Liebe des Herrn zu den Seinen nothwendig, ihnen eine Offenbarung der Zukunft zu geben, welche ihnen als ein festes prophetisches Wort, ein Anhalt werden könnte in Zeiten der Drangsal und Anfechtung. Aber auch die Gläubigen aus den Heiden, zumal in der Folgezeit, wo sich Verfolgung auf Verfolgung häufte, bedurften einer prophetischen Stütze, eines Lichtes, den dunkeln Weg, welchen die Kirche im Heidenlande Jahrhunderte lang gehen mußte, zu erleuchten mit der sichern Hoffnung eines endlichen herrlichen Sieges nach langem schweren Kampfe. Und nicht minder ist ein solches Bedürfniß auch für uns vorhanden, und wird noch größer werden, je näher wir der endlichen Entwickelung der Dinge kommen werden. Solchem allgemeinen Bedürfnisse ist nun der Herr entgegengekommen durch die Offenbarung, welche er seinem Jünger und Apostel Johannes mitgetheilt hat.

Die nachfolgende Auslegung und Deutung der Offenbarung hat ganz besonders den Zweck, das Gemüth derer, die sie lesen, auf die nahende Zukunft des Herrn zu richten, welcher die schwere antichristische Zeit vorangehen wird, deren Anbruch schon vorhanden. Bei unserer Auslegung folgen wir keinem gelehrten Systeme, sondern ganz einfach der Offenbarung in der Eintheilung, welche sie selbst an die Hand giebt, und wollen nur überall nicht vergessen, daß sie ein Buch ist, das von unserm Herrn Jesus Christus gegeben ist, wie alle Schrift, zur Lehre, zur Strafe, zur Besserung, zur Züchtigung in der Gerechtigkeit, daß ein Mensch Gottes sei vollkommen zu allem guten Werke geschickt. Dazu möge sie uns dienen, dann werden wir nicht leer ausgehen, wenn wir ihr einige Stündchen widmen; unsre Liebe zu unserm Haupte Jesu Christo wird dann inniger, unsere Hoffnung auf seinen endlichen Sieg wird dann gewisser werden, und unser Glaubensmuth in trüber Zeit wird nicht erlöschen, sondern desto lebendiger in uns wirken die Treue, welcher die Krone des Lebens verheißen ist.

Dazu segne uns Allen Gott diese Auslegung nach seiner Gnade!

Ueberschrift und Eingang.
Kap. 1, 1—3.

1. Dieß ist die Offenbarung Jesu Christi, die ihm Gott gegeben hat, nachdem er durchs Leiden des Todes gekrönt mit Preis und Ehre, auch nach seiner menschlichen Natur verkläret, zur Rechten der Majestät erhoben ist, seinen Knechten, die ihm im Glauben ergeben sind, zu zeigen, was in der Kürze, sofort nach Kundmachung dieser göttlichen Offenbarung und dann weiter bis ans Ende der Welt, ja noch darüber hinaus geschehen soll; und hat sie gedeutet in allerlei Zeichen und Bildern und gesandt durch seinen Engel zu seinem Knechte Johannes, indem der Engel dem Apostel Johannes, nachdem er in den Zustand der Verzückung versetzt, Gesichte und Bilder erscheinen und ihn Stimmen hören ließ und darin ihm das Geheimniß der Zukunft erschloß,

2. Der bezeuget hat das Wort Gottes in seinem Evangelium und seinen Briefen, wie auch in mündlicher Verkündigung und das Zeugniß von Jesu Christo, was er gesehen hat im Geiste d. h. im Zustande der Verzückung als der Prophet des neuen Testaments.

3. Selig, darum höre nicht auf die Stimmen, welche das Lesen und Forschen in diesem Buche wehren wollen, ist, der da liest und die da hören die Worte der Weissagung, und behalten in einem gläubigen Herzen und mit einem Sinne, der auf die Zeichen der Zeit achtet, was darinnen geschrieben ist, denn die Zeit der Erfüllung war damals und ist an ihrem Theile auch jetzt nahe.

I. Die messianische Gemeine in ihren Erscheinungsphasen hinsichtlich ihres Glaubenslebens,

oder:

Die sieben Briefe an die sieben Gemeinen.

1. Der Gruß des Johannes an die sieben Gemeinen.

Kap. 1, 4—8.

4. Johannes den hernach genannten sieben Gemeinen in Asien (in Kleinasien): Gnade sei mit euch, dieser Born, aus welchem das heilige Werk der Erlösung und aller Segen in diesem und in jenem Leben herfließet, und Friede, jene heilige Frucht der Gnade, wenn sie ihr Werk an einem Menschenherzen mit Erfolg treibet; solche Gnade aber und solcher Friede kömmt allein von dem dreieinigen Gott, dem Vater, dem Sohne und dem Heiligen Geiste; darum setzt Johannes hinzu: von dem, der da ist, und der da war, und der da kommt, von dem Herrn, dem wahrhaftigen Gott von Ewigkeit und in alle Ewigkeit, und von den sieben Geistern, d. i. von dem Heiligen Geiste, wie er in seinen Gaben und Wirkungen mannigfaltig ist und vom Vater und dem Sohne ausgehend die ganze Christenheit auf Erden berufet, sammelt, erleuchtet und bei Jesu Christo erhält im rechten einigen Glauben, die da sind vor seinem Throne als Diener Gottes in der die Welt durchdringenden Thätigkeit, während der Heilige Geist nach seiner Persönlichkeit dem Wesen Gottes selbst angehört;

5. und von Jesu Christo, dem eingebornen Sohne Gottes und nun verklärten Gottmenschen, welcher ist der treue Zeuge der Wahrheit, der einige Offenbarer Gottes und seines Rathschlusses zur Seligkeit der Menschen, so daß außer seinem Worte, welches die heilige Schrift ist, alles Menschenwort, das seinem Worte widerspricht, Lüge und Irrthum ist, und der Erstgeborne von den Todten, der am dritten Tage, nachdem er sich am Stamm des Kreuzes zum Opferlamm für die Sünden der Welt gegeben, auferstanden ist von den Todten, sich vierzig Tage lang lebendig erwiesen hat seinen Jüngern und darauf gen Himmel gefahren ist und nun sitzet zur Rechten der Majestät: **und der Fürst der Könige auf Erden,** also auch der Völker, und ob sie ihn auch nicht anerkennen mögen als ihren Herrn und König, doch müssen sie es sich gefallen lassen, daß er ihre Schicksale lenket zum Besten seines Reichs; ihr feindliches Ankämpfen gegen die Kirche Christi ist vergeblich; ihr Triumph nur scheinbar, muß in den Sieg der Gemeine Christi ausschlagen, welche auch die Pforten der Hölle nicht überwältigen sollen, **der uns geliebet hat und gewaschen von den Sünden mit seinem Blute,** indem er in unendlicher Liebe zu uns armen, verlornen Sündern sein Blut am Stamme des Kreuzes vergossen, und das Blut Jesu Christi, des Sohnes Gottes macht uns rein von allen Sünden. Und nur, wenn wir besprengt sind mit seinem Blute — in jedem andern Falle würden wir zur Spreu gehören — gilt von uns auch das, was nun noch der Apostel hinzufügt:

6. **und hat uns zu Königen und Priestern gemacht vor Gott und seinem Vater,** denn Christen sind ein göttlich Volk, — aus dem Geiste des Herrn gezeuget, — Ihm gebeuget — und von seiner Flammen=Macht angefacht: — Es glänzet der Christen inwendiges Leben, — obgleich sie die Hitze des Tages verbrannt, — was ihnen der König des Himmels gegeben, ist Keinem, — als ihnen nur selber bekannt; — was Niemand verspüret, — was Niemand berühret, — hat ihre erleuchteten Sinne gezieret — und sie zu der göttlichen Würde geführet —, darum redet auch der Apostel Petrus die Christen also an: „Ihr aber seid das auserwählte Geschlecht, das königliche Priesterthum, das heilige Volk, das Volk des Eigenthums." Sollten wir nicht aus Herzensgrunde einstimmen in die Schluß= worte des apostolischen Grußes an die sieben Gemeinen!) dem=

selbigen (unserm Herrn Jesu Christo) sei Ehre und Gewalt von Ewigkeit zu Ewigkeit! Amen.

7. Eine herrliche Zukunft wartet unser, aber der Weg zur Herrlichkeit geht durch Kampf; durch Noth und Tod kommt man zu Gott — durch Spott und Hohn zur Ehrenkron, — durch Traurigkeit zur wahren Freud, — durch Kreuz und Pein zum Himmel ein; aber die Kinder dieser Welt wird der Schrecken überfallen und das Entsetzen verderben; denn Siehe, er kommt mit den Wolken, und es werden ihn sehen alle Augen, und die ihn gestochen haben, also Lebende und Todte, wenn er kommt zum Gericht, und werden heulen alle Geschlechter der Erde, wenn es dann aus ist mit aller Macht der Gewaltigen, und die Spötter verstummend erzittern müssen, und die Heuchler entlarvt dastehen, und die Verfolger wie Würmer sich krümmen in Verzweiflung, und die stolzen Klüglinge mit Schmach und Schimpf überdeckt erscheinen, und die Weltweisen zu Schanden werden, Alle als Betrüger und Betrogene offenbar, stürzend in die Grube des ewigen Verderbens. Ja, Amen, so ist's, und die Stimme Christi betheuert es und spricht:

8. Ich bin das A und das O (nach unserm Alphabet das A und das Z), der Anfang und das Ende, der Einzige und der Ewige, dem sich alle Gewalt beugen muß, der Herr, der da ist, und der da war, und der da kommt, der Allmächtige Gott, hochgelobet in Ewigkeit! Amen.

2. Schilderung der Vision.
Kap. 1, 9—20.

9. Ich, Johannes, der Apostel, der auch euer Bruder durch die Wiedergeburt aus Wasser und Geist und Mitgenosse an der Trübsal ist; denn die Jünger Jesu müssen gehasset werden um seinetwillen von Jedermann, während die Welt das Ihre lieb hat, und am Reich (durch Leiden gehen die Erlöseten Christi ihm nach in die Herrlichkeit) und an der Geduld Jesu Christi, wie sie im Leiden offenbar wird war in der Insel, die da heißt Patmos, (jetzt Palmosa, eine Felseninsel im ägeischen Meere, nicht weit von der kleinasiatischen Küste), um des Wortes Gottes willen und des Zeugnisses Jesu Christi in der Verbannung, vom römischen Kaiser Nero, oder nach Andern von Domitian dahin verbannt.

10. Ich war im Geist, in Verzückung d. h. während der äußere Sinn sich jeder irdischen Einwirkung verschloß, war ihm der innere Sinn aufgethan für himmlische Erscheinungen, an des Herrn Tage, an einem Sonntage, der früh schon, weil die Auferstehung Jesu Christi und die Ausgießung des Heiligen Geistes an einem Sonntage stattgefunden, vor den übrigen Wochentagen, anfangs neben dem Sabbathe von den Christen ausgezeichnet wurde, und hörte hinter mir eine große Stimme als einer Posaune, (der Posaunenton künbigt in der Schrift Erscheinungen Gottes und Christi an; in dem Getöne vernimmt Johannes eine redende Stimme),

11. Die sprach: Ich bin das A und das O, der Erste und der Letzte und darum der Sieger über alle feindliche Gewalten; und was du siehest, das schreibe in ein Buch, und sende es zu den (sieben) Gemeinen in Asien (Klein=Asien), gen Ephesus, und gen Smyrnen, und gen Pergamus, und gen Thyatira, und gen Sardes, und gen Philadelphia, und gen Laodicea.

12. Und ich wandte mich um, zu sehen nach der Stimme, von wem die Stimme käme, die mit mir redete.

13. Und als ich mich wandte, sahe ich sieben güldene Leuchter, und mitten unter den sieben Leuchtern Einen, der war eines Menschen Sohne gleich, Jesum Christum, der war angethan mit einem Kittel, Talar, einem Gewande, das von den Schultern bis auf die Füße hinabreichte und das Kleid des Hohenpriesters im alten Bunde war, und begürtet um die Brust mit einem güldenen Gürtel, dem Zeichen der königlichen Würde, so daß hier Christus als Hoherpriester-König dem Seher erschien mitten unter den sieben Leuchtern, welche die sieben Gemeinen abbilden; die sieben Gemeinen aber stellen seine Kirche dar, also Christus Hoherpriester-König über seine Kirche.

14. Sein Haupt aber und sein Haar war weiß, wie weiße Wolle, als der Schnee, deutet auf die Reinheit und Unschuld Jesu Christi, welche er auf die Seinen vererbt, und seine Augen wie eine Feuerflamme, er ist der Herzenskündiger, vor dessen Richterstuhle wir alle offenbar werden müssen.

15. Und seine Füße gleichwie Messing, Güldenerz, das im Ofen glühet, gerüstet, seine Feinde niederzutreten als Herr und Richter der Welt, und seine Stimme wie groß Wasserrauschen, vor welcher erbeben werden alle Widerwärtigen und stürzen in den Abgrund; aber seine Kirche wird triumphiren und das Reich einnehmen.

16. Und hatte sieben Sterne in seiner rechten Hand, ein Herr, Beschützer, Versorger und Ernährer seiner Gemeine, und aus seinem Munde ging ein scharf zweischneidig Schwert, er bedarf nicht des Schlachtschwertes an der Seite, sein Wort genügt, auch seine gewaltigsten Feinde nieder zu werfen, denke nur an das Wörtlein: „ich bin's" — da wichen sie zurück und fielen zu Boden; „was wird thun, der da kommt zu richten, da er solches that, als er gerichtet ward! Welche Gewalt wird er haben, wenn er kommen wird zu herrschen, da er solche Gewalt hatte, als er kam zu sterben!" und sein Angesicht leuchtete wie die helle Sonne, wie die Sonne in ihrer Kraft: strahlte in göttlicher Klarheit und Majestät, zu heilig und hehr, als daß ein sündiger Mensch den göttlichen Strahlenglanz in des verklärten Menschensohnes Antlitz hätte ertragen können.

17. Und als ich ihn sahe, fiel ich zu seinen Füßen als ein Todter (O mein Jesu, dem die Seraphimen — im Glanz der höchsten Majestät — selbst mit bedecktem Antlitz dienen, — wenn dein Befehl an sie ergeht; — wie sollten blöde Fleischesaugen, — die der verhaßten Sünden Nacht — mit ihren Schatten trüb gemacht, — dein helles Licht zu schauen taugen?); und er legte seine rechte Hand auf mich, die durchbohrte, und neue Lebenskraft ergoß sich über den Seher, und sprach zu mir: Ich bin der Erste und der Letzte und der Lebendige, der das Leben hat in ihm selbst, von dem Niemand das Leben nehmen konnte, wenn er es nicht aus Liebe zu den Sündern freiwillig gelassen, der Macht hatte, es zu lassen und Macht, es wieder zu nehmen, der sein Leben gelassen für die Schafe.

18. Ich war todt um der Welt Sünde willen und siehe, ich bin um der Welt Lebens willen lebendig von Ewigkeit zu Ewigkeit, und habe die Schlüssel der Hölle und des Todes, oder nach dem griechischen Grundtexte richtiger: „die Schlüssel des Todes und des Hades, der Unterwelt," wo sich die Seelen der Nichterlöseten bis zum jüngsten Gerichte aufhalten, und von wo die Seelen derer, welche im Leben das Evangelium nicht gehört, erlöst werden können.

19. Schreibe, was du gesehen hast, und was da ist (gegenwärtig), und was geschehen soll hernach, also die Gesichte sämmtlich, die ihm werden sollten über den damals gegenwärtigen und über den zukünftigen Zustand der Kirche bis zur Entwickelung derselben zum Reiche Christi auf Erden, ja noch darüber hinaus bis nach dem jüngsten Gerichte in die Zeit des neuen Himmels und der neuen Erde.

20. Das Geheimniß der sieben Sterne, die du gesehen hast in meiner rechten Hand und die sieben Leuchter — Geheimniß ist, was eine geheime, nicht durch sich selbst erkennbare Bedeutung hat, hier eine prophetische, indem die sieben Gemeinen zugleich Bilder oder Typen der sieben Kirchenzeiten sind, in welche die Geschichte der Kirche Christi zerfallen wird —: Die sieben Sterne sind Engel (Vorsteher,

Lehrer, Bischöfe) der sieben Gemeinen, und die sieben Leuchter, die du gesehen hast, sind sieben Gemeinen, an welche die nachfolgenden sieben Briefe geschickt werden sollen, daß sie wirken bei Jedem, der sie lieset: die rechte Einkehr in's eigene Herz und gläubige Zukehr zu unserm lieben Heilande.

3. Die sieben Briefe.

a. Der Brief an die Gemeine zu Ephesus.

Kap. 2, 1—7.

1. Und dem Engel, dem Bischof und den Aeltesten der Gemeine zu Ephesus, der großen Hauptstadt Joniens und der vornehmsten Handelsstadt Kleinasiens, wo der berühmte Tempel der Göttin Diana war, und wo der Apostel Paulus auf seiner dritten Missionsreise eine christliche Gemeinde gestiftet hatte, schreibe (also Christi eigne Worte rein von allem Zuthun des Schreibers): Das sagt, der da hat die sieben Sterne in seiner Rechten, der Herr der Kirche, der da wandelt mitten unter den sieben güldnen Leuchtern, überall gegenwärtig in seiner Kirche herrschet, den ganzen Lehrstand in seiner Gewalt hat, Alles weiß, was geschiehet und was unterlassen wird, jede Gemeinde selbst beaufsichtigt und ihren Leuchter von seiner Stelle rücken, die Gemeinde vernichten kann, wenn sie seiner unwürdig geworden ist und doch nicht will Buße thun:

2. Ich weiß, spricht der Mund der Wahrheit, ein kräftiges, durchbringendes Wort an der Spitze des Briefs! Wer will sich in Sicherheit wiegen? deine Werke, denn der Glaube kann nicht ohne Werke bleiben: „wir sind sein Werk, geschaffen zu guten Werken, zu welchen Gott uns zuvor bereitet hat, daß wir darinnen wandeln sollen", und deine Arbeit und deine Geduld, wer da bittet: „Dein Reich komme!" und wer Gottes Reich will bauen, legt nicht die Hände in den Schooß; da giebts viel Arbeit für's Ganze und an den Einzelnen. An Beidem ließ es der Engel der Gemeinde nicht fehlen und dem Engel der Gemeinde entsprach auch die Gemeinde, und daß du die Bösen nicht tragen kannst, bei aller löblichen Geduld doch strenge Kirchenzucht, und hast versucht, mit Ernst nach der Apostellehre geprüft, die, so da sagen sie seien Apostel, Irrlehrer, die sich für Apostel ausgaben, und sind es nicht, und hast sie Lügner erfunden; der Engel der Gemeinde wachte also streng über die Reinheit der Lehre, war intolerant gegen falsche Lehrer und das rühmt der Mund der ewigen Wahrheit, unsern neuen Geistern ist es ein Greuel!

3. Und verträgst alle üble Nachreden der Kinder dieser Welt, und hast Geduld, auf den Sieg deines Heilandes hoffend, und um meines Namens willen, Jesu Ruhm und Ehre, Reich und Gewalt auszubreiten, arbeitest du und bist nicht müde geworden bei dem mühseligen Kampfe mit den Widersachern, wohl beherzigend das Wort Jesu: „Wer seine Hand an den Pflug legt und siehet zurück, der ist nicht geschickt zum Reiche Gottes."

4. Aber ich habe wider dich, daß du die erste Liebe verlässest, die inbrünstige Liebe zum Herrn und zu den Brüdern, das Zeichen rechter Jüngerschaft; kaltes Nebeneinandergehen ist Tod. Die erste Liebe war in der Ephesinischen Gemeinde abhanden gekommen in der Sorge für die Reinheit der Lehre und der Sitte im Kampfe mit der Lüge und dem Irrthume und der Bosheit; die Werke waren noch da, aber nicht mehr getragen, belebt, durchdrungen von dem heiligen Liebesfeuer, das in den Herzen der Jünger Jesu brennen und alle Bewegungen zu Wort und Werk entzünden und treiben soll.

5. Gedenke, wovon du gefallen bist, welchen Schatz du verloren hast, und thue Buße, erkenne reumüthig deinen Fall und kehre zurück, und thue die ersten Werke, deine Werke wieder in jener heiligen und seligen Liebe; denn nicht die Werke an sich machen uns vor Gott und unserm Heilande wohlgefällig, sondern die Liebe, welche sie trägt. Wo aber nicht, werde ich dir kommen bald, und deinen Leuchter wegstoßen von seiner Stätte, wo du nicht Buße thust; der Leuchter deutet auf die Gemeinde; wie die Hirten, so die Heerde: das ist das größte Unglück für eine Gemeinde, wenn sie einen Miethling zum Hirten hat; die Gemeinde, welche ihr Heil bedenkt, betet für ihren Hirten.

6. Aber — die Liebe hat ernst gestraft, die Liebe übersieht auch nichts von dem Lobenswürdigen, um aufzumuntern — das hast du, das lobe ich an dir, daß du die Werke der Nikoaliten, einer nicht mehr genau bekannten Secte von Irrgläubigen, dem Fleischesdienste ergeben, hassest, welche ich auch hasse.

7. Wer Ohren hat, der höre, was der Geist den Gemeinen, also seiner ganzen Kirche, sagt: Wer überwindet alle Hindernisse in ihm und außer ihm, Alles, was ihn nicht zum lebendigen Glauben in der Liebe will durchdringen lassen, dem will ich zu essen geben von dem Holz des Lebens, das im Paradies Gottes ist, der soll der höchsten Stufen der Seligkeit im neuen Jerusalem theilhaftig werden.

Der Brief an den Engel der Ephesinischen Gemeinde ist nicht bloß ein Wort an diesen, sondern an alle Gemeinden der apostolischen Zeit. Von Ephesus ist nichts mehr übrig, als einige wenige Steinhaufen und elende, schmutzige Hütten, in welchen sich dann und wann Türken aufhalten. Das Apostolat in der christlichen Kirche hat aufgehört mit dem Tode des Johannes im Anfange des zweiten Jahrhunderts, und von einer Erneuerung desselben in der letzten Zeit, wie die Irvingianer behaupten, findet sich keine Andeutung weder in den übrigen Schriften des N. T.'s, noch in der Offenbarung Johannis, dem prophetischen Buche desselben.

b. **Der Brief an die Gemeinde zu Smyrna.**
Kap. 2, 8—11.

8. Und dem Engel der Gemeine zu Smyrna, (einer uralten blühenden Handelsstadt, nördlich über Ephesus, in Jonien, damals am linken Ufer des Melos, jetzt etwas südlicher am rechten Ufer,) schreibe: Das sagt der Erste und der Letzte, der todt war und ist lebendig geworden, der Auferstandene, der den Tod überwunden und das Leben an den Tag gebracht hat, und wer ihm angehöret, der wird leben, ob er gleich stirbet, für den hat der Tod den Stachel verloren, dem ist die dunkle Todespforte der Eingang in das himmlische Paradies:

9. Ich weiß deine Werke, dein ganzes Verhalten und Wirken in der Liebe aus dem Glauben, und deine Trübsal von Juden und Heiden schon damals, als der Brief geschrieben wurde, aus Feindschaft wider das Evangelium erregt, und deine Armuth an irdischen Gütern, — du bist aber reich an himmlischen Schätzen durch Jesum Christum, der arm ward um unsertwillen, um uns reich zu machen durch seine Armuth, — und die Lästerung, als ob dein Glaube an Jesum den Christ und Sohn Gottes gotteslästerlich wäre, von denen, die da sagen in ihrer Verstockung, sie sind Juden, und sind es nicht, sondern sind des Satans Schule oder Synagoge, weil sie dem Teufel nach ihrer Feindschaft wider die Gemeine Christi dienen und sich vorlügen, wenn sie meinen, Gott einen Dienst zu thun in ihrer Feindschaft wider euch; doch getrost, du kleines Häuflein! in der Welt hast du Angst, aber dein Heiland hat die Welt überwunden und du bist in seine Hand gezeichnet und Niemand vermag dich aus seiner Hand zu reißen, darum

10. Fürchte dich vor Keinem, das du leiden wirst, deine Trübsal wird nach Gottes Zulassung noch anhalten, ja zur Erprobung deiner Treue, zur Schmach deiner Widersacher noch größer werden; denn: Siehe, der Teufel, von dem alle Angriffe gegen die evangelische Wahrheit ausgehen, wird Etliche von euch ins Gefängniß werfen, auf daß ihr versuchet werdet, durch Noth und Tod kömmt man zu Gott, durch Spott und Hohn zur Ehrenkron, durch Traurigkeit zur wahren Freud, durch Kreuz und Pein zum Himmel ein; und werdet Trübsal haben zehn Tage, eine kurze Zeit, und da wird es sich erweisen, daß der Herr nicht läßet versucht werden über Vermögen, sondern den Seinen vielmehr Kraft darreichet, zu kämpfen bis aufs Blut, damit sie den Sieg davon tragen, sollte auch die Treue mit dem Tode besiegelt werden müssen: „Auf, auf, mein Geist, entschließe dich — bis in den Tod zu kämpfen, — brich durch, was dir ist hinderlich, — und deinen Muth will dämpfen; — willst du den Kranz der Ehren tragen, — so mußt du was für Jesum wagen; — es wird die Krone, die so schön, — nur auf dem Haupt der Sieger stehn." Darum Sei getreu bis in den Tod, so will ich dir die Krone des Lebens geben.

11. Wer Ohren hat, der höre, was der Geist den Gemeinen sagt: Wer überwindet, dem soll kein Leid geschehen von dem andern Tode, der ist auf ewig der Verdammniß entgangen und wird einst, eingebürgert im neuen Jerusalem, der höchsten Seligkeit theilhaftig werden.

Die Gemeine zu Smyrna, das da heißet die Myrrhe, die Bittere, stellt das nachapostolische Zeitalter dar, die Zeit der martervollen Verfolgungen bis zum Siege unter Constantin d. Gr. 313 n. Chr.

c. Der Brief an die Gemeine zu Pergamus.
Kap. 2, 12—17.

12. Und dem Engel der Gemeine zu Pergamus (einer Stadt in der Landschaft Aeolis in Mysien, nordöstlich von Smyrna, einem alten Sitze des gräulichsten Götzendienstes) schreibe: Das sagt, der da hat das scharfe zwei=

schneidige Schwert d. i. das scharfe zweischneidige Mund=
schwert Kap. 1, 16., sein vernichtendes Richtwort;

13. Ich weiß deine Werke und wo du wohnest, da
des Satans Stuhl ist, weßhalb die Gemeine von vielen
Gefahren der Verführung zum Abfall umgeben war; um so
mehr erkennt der Herr der Gemeine Treue und ihr offenes Be=
kenntniß an: und hältst an meinem Namen, und hast
meinen Namen nicht verleugnet, auch in den Tagen,
in welchen Antipas, mein treuer Zeuge, bei euch
getödtet ist, da der Satan wohnet. Genaueres über
diesen Antipas ist nicht bekannt. Hatten sie nun den Glauben
nicht verleugnet, doch hat der Herr einen harten Tadel über
sie auszusprechen wegen laxer Kirchenzucht und sündlicher To=
leranz:

14. Aber ich habe ein Kleines wider dich, daß du
daselbst hast, die an der Lehre Balaams halten,
welcher (nach 4. Mos. 31, 16) lehrete den Balak ein
Aergerniß aufrichten vor den Kindern Israel, zu
essen der Götzen Opfer und Hurerei treiben; damit
sind solche gemeint, welche es nicht für Sünde erkennen wollten,
wenn sie mit den Heiden an ihren Opfermahlzeiten Theil nah=
men, davor doch Paulus 1. Cor. 10, 20. 21 als vor einer
schweren Sünde gewarnt hat. Auch in unsrer Zeit herrscht
solche Sünde, welcher theilhaftig werden Alle, die übersehen
das Wort: „Wie stimmt Christus mit Belial? Oder was
für ein Theil hat der Gläubige mit dem Ungläubigen? Darum
gehet aus von ihnen und sondert euch ab, spricht der Herr und
rühret kein Unreines an, so will ich euch annehmen und euer Vater
sein, und ihr sollt meine Söhne und Töchter sein, spricht der
allmächtige Herr" — und an sündlichen Volksfesten, Bällen,
Maskeraden, Kirmessen u. dgl. Theil nehmen, wenn sie auch
die dabei vorkommenden Ausschweifungen nicht gut heißen. Ein
zweiter Tadel:

15. Also hast du auch, die an der Lehre der

Nicolaiten halten, das hasse ich. Gemeindeglieder waren das, welche die Grundsätze der Nicolaiten zu den ihrigen gemacht hatten, und die Gemeinen und ihre Vorsteherschaft lud dadurch eine Schuld auf sich, daß sie weder die ersteren, noch diese der Kirchenzucht und im Nothfalle dem Banne unterwarf, sondern in großer und sündlicher Toleranz gewähren ließ; darum spricht der Herr:

16. Thue Buße, werde strenger gegen die Leichtfertigen, welche die Gnade auf Muthwillen ziehen und den Christennamen vor der Welt stinkend machen. Wo aber nicht, so werde ich dir bald kommen, und mit ihnen kriegen durch das Schwert meines Mundes, jene zügellosen und greuelvollen Glieder in dir sollen mein Racheschwert fühlen, und die ganze Gemeine wird dann mitleiden. Nach dieser ernsten Drohung fügt der Herr eine Verheißung für die Bußfertigen hinzu:

17. Wer Ohren hat, der höre, was der Geist den Gemeinen sagt: Wer überwindet, dem will ich zu essen geben von dem verborgenen Manna, d. i. die Speisung der Gläubigen mit dem rechten Himmelsbrote, das er selber ist, und wer dieß Brot isset, der wird leben in Ewigkeit; somit giebt der Herr den Bußfertigen die Verheißung des ewigen Lebens, des Eingehens in das ewige Reich Gottes zur Seligkeit, und will ihm geben einen weißen Stein und auf dem Stein einen neuen Namen geschrieben, welchen Niemand kennt, denn der ihn empfähet. Der weiße Stein deutet nach damaligem Gerichtsgebrauche auf Freisprechung und der Name auf dem Steine auf Wahl, und demnach bezeichnet das Bild die beiden Begriffe der Rechtfertigung und der ewigen Erwählung; der neue Name deutet zugleich auf die neue himmlische Persönlichkeit des Erwählten, die Niemand in ihrer Wesenheit kennt, davon sich Niemand einen Begriff machen kann außer dem, der sie selbst empfangen hat.

Pergamus heißt Hohenburg; eine solche Hohenburg wurde die christliche Kirche durch Constantin d. Gr., der ein christlicher David und Salomo sein wollte. Die christliche Kirche wurde zur Staatskirche im römischen Reiche; nur sah sie, aber schnell vorübergehend, noch eine Zeit der Angst unter Julianus Apostata. Die Periode, welche der Brief an Pergamus zeichnet, können wir von Constantin d. Gr. bis auf Papst Leo III. rechnen. Der Satan hat in dieser Periode seinen Stuhl mitten in der Kirche aufgeschlagen und breitet über sie ein Netz der Lüge und des Truges aus, als dessen Mittelpunkt immer mehr und mehr Rom erkennbar wird.

d. Der Brief an die Gemeine zu Thyatira.
Kap. 2, 18—29.

8. Und dem Engel der Gemeine zu Thyatira (einem kleinen Orte in Lydien, einer Colonie der Macedonier, die mit dem Mutterlande in fortwährendem Handelsverkehr stand, berühmt war durch Purpurwirkerei und Purpurfärberei, und woher die Lydia war, jene Purpurkrämerin, die zu Philippi in Macedonien durch die Predigt des Paulus gläubig wurde,) schreibe: das sagt der Sohn Gottes, der Augen hat, wie Feuerflammen, und seine Füße gleichwie Messing (Güldenerz). Der Welterlöser, der auch der Weltrichter sein wird, und dann sind seine Augen wie Feuerflammen, die Alles durchdringen und Alles verzehren: wer will vor ihm bestehen? — und seine Füße gleichwie Messing, das im Ofen glühet; denn er wird in seinem Grimm alle seine Feinde zertreten, wie ein Keltertreter die Beeren zertritt, wer will ihm trotzen? So kündigt er sich dem Engel der Gemeine zu Thyatira an, Rache und Gericht drohend; denn in dieser Gemeine wurde der Same des Abfalls gepflegt, ihre Priesterschaft diente falscher Lehre:

19. Ich weiß deine Werke, und deine Liebe, und deinen Dienst, und deinen Glauben, und deine Gedulb, und daß du je länger je mehr thust. Hier steht die Liebe vor dem Glauben und bezeuget der ganze Vers eine große Werkthätigkeit, die so leicht den Grundpfeiler alles Heils „der Gerechte wird seines Glaubens leben" verdunkelt, daß auch der Irrthum offen hervortreten und eine Macht gewinnen kann, wenn er nur den Werken huldigt; so war's zu Thyatira, darum spricht der Herr weiter:

20. Aber ich habe ein Kleines wider dich, daß du lässest das Weib Jesabel, die falsche, verführerische Lehre, die da spricht, sie sei eine Prophetin, göttliche Offenbarung vorgiebt und sich auf besondere höhere Erleuchtung beruft, lehren frei und ungehindert als eine unbekämpfte Macht, und verführen meine Knechte, Hurerei zu treiben und Götzenopfer zu essen und sie also in den Abfall zu verstricken und sie um ihr Heil zu betrügen.

21. Und ich habe ihr Zeit gegeben, den Trägern der falschen Lehre, daß sie sollte Buße thun von ihrer Hurerei, und sie thut nicht Buße; so pflegen die Anführer, der Kern einer falschen Kirchenpartei unrettbar verloren zu sein durch immer größere Verstockung und immer tieferes Versinken in den Irrthum, endlich ereilt sie die Rache:

22. Siehe, ich werfe sie in ein Bett, Schmerzensbett, und die mit ihr die Ehe gebrochen haben, die sich durch dieselbe haben verführen lassen, mir die Treue zu brechen, und nun mit ihr vereint und in ihrem Dienste die Irrlehren weiter verbreiten, also die falschen Lehrer, in große Trübsal, wo sie nicht Buße thun für ihre Werke, wo sie nicht von ihrem heidnischen und widerchristlichen Wesen lassen und zum wahren Evangelium ohne Vorbehalt zurückkehren.

23. Und ihre Kinder will ich zu Tode schlagen, die durch das Wort ihrer Lehre ihren Irrthümern zugefallen sind, will ich tödten durch Pestilenz und andere Trübsal. Und sollen erkennen alle Gemeinen, daß ich's bin, der die Nieren und Herzen erforschet, vor dem aller Schein und Trug offenbar ist, und dessen gerechtem Gerichte Niemand entrinnen kann; und werde geben einem Jeglichen unter euch nach euern Werken. — Unter dem widerchristlichen Treiben der Isabelliten haben alle die zu Thyatira geseufzt, welche ihrem Herrn und Heilande ein treues Herz bewahret; ihnen giebt er ein Trostwort: —

24. Euch aber sage ich, den Uebrigen die zu Thyatira sind, die nicht haben solche Lehre, die jener Lehre nicht anhangen, und die nicht erkannt haben die Tiefen des Satans, als sie sagen, die sich nicht haben verblenden lassen durch Jener Hirngespinnste, welche die Irrlehrer zwar göttliche Tiefen nennen, der Herr aber Tiefen des Satans: Ich will nicht auf euch werfen eine andere Last, als Ihr unter Jener Feindschaft zu ertragen habt.

25. Doch was ihr habt, das haltet, laßt euch nicht abbringen von euerm Wege, bis daß ich komme, bis ich bei meiner Zukunft Alles ins Gleiche bringe, wo dann die Isabelliten werden vertilgt werden, die treuen Gläubigen aber sollen dann herrlich werden.

26. Und wer da überwindet und hält meine Werke bis an das Ende, wandelt in meiner Gesinnung und in meinen Wegen nach meinem Worte und nicht nach Menschenwort, sondern in der Kraft des wahren Glaubens, dem will ich Macht geben über die Heiden. Feiert der Herr jetzt seine seligen Siege seiner Gnadenkraft, einst wird er triumphiren ls Rächer und Richter über seine Feinde. An beiderlei Sieg und Herrschaft sollen seine Treuen in Thyatira Theil nehmen.

27. Und er soll sie weiden mit einer eisernen Ruthe, und wie eines Töpfers Gefäße soll er sie zerschmeißen, — die Isabelliten übten Herrschaft und Gewalt in der Gemeine, und Druck gegen die Treuen war die natürliche Folge ihres Hochmuths; der Name Isabel deutet schon darauf hin. Aber „das ist je gewißlich wahr," schreibt der Apostel Paulus an den Timotheus, „sterben wir mit, so werden wir mit leben; dulden wir, so werden wir mit herrschen." Dieß Wort wird den Treuen in Thyatira durch diese Verheißung bestätigt; dann spricht der Herr weiter:

28. **Wie ich von meinem Vater empfangen habe,** wie es Pf. 2, 8. 9. zuvorgesagt war; **und ich will ihm geben den Morgenstern,** sie sollen mit Christo Könige sein vor Gott und seinem Vater. — War in den drei ersten Briefen vor der Verheißung die Aufforderung zu hören, in diesem und den folgenden Briefen folgt sie nach, und es schließt nun der Brief mit der allgemeinen Aufforderung:

29. **Wer Ohren hat, der höre, was der Geist den Gemeinen sagt.**

Dieser Brief weissaget von dem Glaubensleben in der vierten Periode der Kirche, in der Zeit der Machtentwickelung des Papstthums in der abendländischen Kirche von Leo III. bis auf Leo X. (von c. 800 bis 1517). Schon der Name Thyatira, zu deutsch etwa Opferstädt, weiset auf die Eigenthümlichkeit der römisch-katholischen Kirche dieses Zeitraums, auf die äußerliche Pracht der Gottesdienste, auf die Abgötterei der Meßopfer, auf die Selbstopfer und Büßungen, auf die Opferfreudigkeit in Widmungen für die Kirche und in frommen, milden Stiftungen, aber auch auf die Schlachtopfer, auf die Märtyrer der Wahrheit, wie auf die bedauernswerthen Opfer aus Juden und Muhamedanern. Der bezeichnete Zeitlauf stellt ein eigenthümliches Gemisch von Wahrheit und Lüge, von Frömmigkeit und Heuchelschein auf. Die Isabel ist das römische Papstthum, das in diesem Zeitraume den höchsten Gipfel seiner Macht erreicht; durch den Papismus wurde die Kirche voll Menschensatzungen, Abgöttereien, Werkheiligkeit und Greueln, und die evangelisch-apostolische Lehre von der Gerechtigkeit aus dem Glauben kam abhanden. Zur Verdunkelung der Wahrheit und zur Bestätigung der papistischen Irrlehren mußten untergeschobene Schriften und neue Offenbarungen dienen, unter denen besondere Be=

rühmtheit die Offenbarungen der heiligen Hildegard erlangten; die heilige Schrift wurde ihrer Tiefen wegen, die nur für Gelehrte wäre, den Laien entzogen — der Papismus hat auch keinen größeren Feind als die h. Schrift —. Aber trotz der großen und allgemeinen Finsterniß gab es auch noch Treue, ein Samen Gottes, befruchtet und genährt durch die Schrift, die bei aller Ueberwachung dennoch in Manches Hand fiel. Diese aber mußten den ganzen Haß der Isabelliten tragen. Mit der Reformation ist der Papismus aufs Siechbett geworfen; die Jesuiten vermögen weder zu retten, noch das hereinbrechende Gericht aufzuhalten; das Antichristenthum wird den Vernichtungsproceß beschleunigen, und bei der Zukunft des Herrn wird der Isabellismus vernichtet sein.

e. Der Brief an die Gemeine zu Sardes.

Kap. 3, 1—6.

1. Und dem Engel der Gemeine zu Sardes, (nordöstlich über Smyrna, einst Hauptstadt des alten Lydischen Reichs, dessen König Crösus durch sein unglückliches Schicksal allgemein bekannt geworden) schreibe: Das sagt, der die sieben Geister Gottes hat und die sieben Sterne, der Herr der ganzen Kirche, welcher Macht hat, die Gemeine zu erhalten und zu vertilgen: Ich weiß deine Werke; denn du hast den Namen, daß du lebest, und bist todt, du heißt eine christliche, eine evangelische Gemeine, aber wahres Christenthum ist nicht in dir; die Formen sind noch da, der Geist fehlt; dein Leben ist wie das Leben der Weltkinder ohne gründliche Sinnesänderung; du meinst Christum zu haben, und hast ihn verloren.

2. Sei wacker, oder richtiger: werde wachend, kehre zum lebendigen Glauben zurück, und stärke das Andere, das sterben will; auch die Glieder der Gemeine, in welchen noch Glaube ist, sind, weil ihnen ein Anhalt, eine Stütze in rechter Seelsorge fehlt, dem Ersterben nahe; ihnen werde die

nöthige Stütze, und dann werden auch manche erstorbene Glieder wieder zu neuem Leben erweckt werden nach der Verheißung: „Wer an mich glaubet, von deß Leibe werden Ströme des lebendigen Wassers fließen;" das kann von dir jetzt nicht gelten; denn ich habe deine Werke nicht völlig erfunden vor Gott, weil sie nicht vom Glauben und von der Liebe getragen sind, sind sie werthlos und ungenügend.

3. So gedenke nun, wie du empfangen und gehöret hast, und halte es, und thue Buße. Denke zurück an die erste Zeit der Gründung der Gemeine, wie waret ihr damals so lebendig, so selig! Also zurück zu dem einfachen Worte Gottes in Demuth und Buße, zurück zu dem fröhlichen, lebendigen Glauben, zurück zu der ersten Liebe! Dann wird der Heilige Geist wieder rechten Raum gewinnen zu wirken, dann werden die Predigten angehaucht sein vom Heiligen Geiste und Leben zeugen: die Gemeine wird wieder lebendig werden! So du (aber) nicht wirst wachen, werde ich über dich kommen, wie ein Dieb, und wirst nicht wissen, welche Stunde ich über dich kommen werde. Jetzt dürfen die Spötter in der Gemeine frei und ohne Scheu des ernsten Widerspruchs höhnen: „Wo ist die Verheißung seiner Zukunft? Denn nachdem die Väter entschlafen sind, bleibt es Alles, wie es von Anfang der Kreatur gewesen ist." Doch es wird der Tag kommen, der die Spötter zum Schweigen bringt; es wird des Herrn Tag kommen als ein Dieb in der Nacht. Daran gedenke! — So tadelswürdig nun auch im Allgemeinen der Zustand der Gemeine zu Sardes ist, einige treue lebendige Jünger sind doch in ihr:

4. Du hast auch wenige Namen zu Sarden, die nicht ihre Kleider, das sind die Kleider der Gerechtigkeit, die vor Gott gilt, welche sie überkommen haben durch den Glauben aus Gnaden, besudelt haben, die bei der großen Gefahr, ins allgemeine Verderben zu versinken, sich treu und wach erhalten haben im Glauben und in der Liebe und in der

Hoffnung; und sie werden mit mir wandeln einst im Stande der Herrlichkeit in weißen Kleidern in Heiligkeit und Seligkeit, denn sie sind es werth. O Jesu, du inneres Leben der Seelen, — Du heilige Zierde, verhüllt vor der Welt, — Laß deinen verborgenen Weg uns erwählen, — Wenn gleich uns die Bürde des Kreuzes entstellt! — Hier übel genennet — Und ewig erkennet, — Hier heimlich mit Christo im Vater gelebet, — Dort öffentlich mit ihm im Himmel geschwebet.

5. Wer überwindet, sich aufwecken läßt und aller Hindernisse ungeachtet durchbricht zum lebendigen Glauben, und Treue hält, der soll mit weißen Kleidern angelegt werden, in die Aehnlichkeit Christi verklärt werden von einer Klarheit zur andern, und ich als der Richter der Welt werde seinen Namen nicht austilgen aus dem Buch des Lebens, will ihn als würdiges Bundesglied anerkennen vor meinem Vater und allen Engeln, und ihm das ewige Leben geben, und also will ich seinen Namen, ihn als den Meinigen, als meinen Erlöseten, der meiner würdig geworden ist, bekennen vor meinem Vater und vor seinen Engeln.

6. Wer Ohren hat, der höre, was der Geist den Gemeinen sagt. Wer das lieset, der merke wohl auf und prüfe sich ernstlich, ob er im lebendigen Glauben stehe und sich der Fürsprache seines Richters getrösten könne; denn nicht bloß die ersterbenden und todten Glieder in der Gemeinde zu Sardes, auch uns aus dem Todesschlafe des Unglaubens und des trägen Alltagsglaubens zu erwecken, die Erweckten aber zu stärken zu einem fröhlichen Laufe nach dem vorgesteckten Ziele, sind die sieben Briefe an die sieben Gemeinen geschrieben und auf uns gekommen.

Der Brief an die Gemeine zu Sardes ist zu beziehen auf lie protestantische Kirche, sowohl der Lutherischen das der Reformirten, in ihrem Verlaufe seit der

Reformation, besonders in der Zeit ihres beider=
seitigen Verfalls. Was sie empfangen hatten, bewahreten
sie nicht, der Glaube an die Heilswahrheiten erstarrte allmäh=
lig zur todten Orthodoxie, aus welcher der Rationalismus
aufstieg und die Hauptlehre „von der Gerechtigkeit aus dem
Glauben" beseitigte und an ihre Stelle eine oberflächliche Mo=
rallehre einschwärzte. Lebendige Glieder, wie Arnd, Spener,
Franke und Andere gehören zu den Wenigen, die ihre Kleider
nicht besudelt haben; zuletzt aber siegte der Rationalismus in
solchem Grade, daß das Bekenntniß der Reformation antiquirt,
bei Seite gelegt wurde. Der Brief hat seine volle Bedeutung
für beide Kirchen noch bis auf den heutigen Tag.

f. **Der Brief an die Gemeine zu Philadelphia.**
Kap. 3, 7—13.

7. Und dem Engel der Gemeine zu Philadelphia
(einem kleinen Lydischen, vom König Attalus Philadel=
phus erbaueten oder ausgebaueten Orte, südöstlich von Sardes,
jetzt genannt Allah=Schehr d. ist Gottesstadt) schreibe:
Das sagt der Heilige, der Heilige in Israel, in welchem
die ungläubigen Juden, da er ins Fleisch gekommen war, nur
einen Gotteslästerer erkennen wollten, weil er sagte, er sei
Gottes Sohn und sich selbst zu Gott machte, der Wahrhaf=
tige, in dem alle Gottesverheißungen Ja und Amen sind, und
der gekommen war, ein König der Wahrheit, daß er die Wahr=
heit zeugete, und wer aus der Wahrheit ist, der höret seine
Stimme, der da hat den Schlüssel Davids, d. i. die
Vollgewalt des Himmelreichs, der aufthut denen, welche
die Einladung zu seinem Abendmahl annehmen mit Freuden
und Niemand, auch kein Papst, schließt ihnen die Thür
des Himmelreichs zu; der zuschließt Allen, welchen das
Wort vom Kreuze ein Aergerniß oder eine Thorheit ist, und
Niemand, auch kein Papst und wenn er auch Jemand heilig
spricht, thut den Ausgeschlossenen und Verdammten die Him=
melsthür auf.

8. Ich weiß deine Werke, die mir wohlgefällig sind; darum sei getrost! Und Siehe, ich habe vor dir gegeben eine offene Thür, die Missionsthür: es sollen sich dir öffnen die Thore der Länder und die Thüren der Herzen, und Niemand kann sie zuschließen, dein Missionswerk soll ungehinderten Fortgang haben; denn du hast eine kleine Kraft, bist nur eine kleine Gemeine und hast doch mein Wort; unverfälscht und treu behalten, und hast meinen Namen in der Drangsal und Versuchung, nicht verleugnet, darum sollst du mein Panier weit austragen und allen Gemeinen ein Beispiel der Nachfolge werden.

9. Siehe, ich werde geben aus Satanas Schule, die da sagen, sie sind Juden, und sind es nicht, sondern lügen. Siehe, ich will sie machen, daß sie kommen sollen und anbeten zu deinen Füßen, und erkennen, daß ich dich geliebet habe. Die Gemeine zu Philadelphia soll die Freude haben, daß einige ihrer größten Hasser bußfertig und reuig zu ihr übertreten, überwunden von dem Liebesgeiste, der in den Philadelphiern waltet, und nun erkennen, daß sie eine geliebte Gemeine Jehovahs seien; so sollte an ihnen in Erfüllung gehen, um was der Herr gebetet in seinem hohenpriesterlichen Gebete: „auf daß sie Alle eins seien, gleichwie du, Vater, in mir und ich in dir, daß auch sie in uns eins seien, auf daß die Welt glaube, du habest mich gesandt." — Zwei Verheißungen hat der Herr seinen geliebten Philadelphiern schon gegeben: die offene Missionsthür und die Bekehrung Mancher ihrer Hasser: noch eine dritte fügt er hinzu:

10. Dieweil du hast behalten, treu bewahrt, das Wort meiner Geduld, das Evangelium vom Kreuze, will ich auch dich behalten, bewahren vor der Stunde der Versuchung, die kommen wird über den ganzen Weltkreis, zu versuchen, die da wohnen auf Erden. Schon viele Stunden der Versuchung sind über die Kirche

Christi dahingegangen, aber alle trafen nur Theile der Kirche; diese Stunde der Versuchung aber, in welcher die Philadelphier bewahrt werden sollen, soll das Ganze treffen und ist noch zukünftig, ist die Stunde der Finsterniß auf Erden, wenn der Mensch der Sünde, das Kind des Verderbens, der Antichrist in die Welt eintreten wird. Eine schwere Stunde der Versuchung ging über die morgenländische Kirche durch Muhamed und seine Nachfolger, und in Asien ist von den griechischen Colonien und Gemeinden nur Philadelphia übrig, eine aufrecht stehende Säule mitten in einem Gefilde von Trümmern. Wenn nun aber die zukünftige Stunde der Versuchung wird eingetroffen sein, dann steht auch die Zukunft des Herrn bevor und damit der Sieg seiner Kirche:

11. Siehe, ich komme bald. Halte, was du hast, daß Niemand deine Krone, die dir zugedacht ist, nehme: dich verführe und dich deiner Krone unwerth mache. Das aber wird die Krone sein:

12. Wer überwindet, den will ich machen zum Pfeiler in dem Tempel meines Gottes, und soll nicht mehr hinausgehen, der soll im Reiche Gottes erhöhet werden zu solcher Ehre, daß man in ihm eine Zierde, ja eine Stütze des Reichs erkennt, und wenn der neue Himmel und die neue Erde wird gekommen sein, sollen diese treuen Philadelphier als die Säulen im Tempel Gottes geschmückt und geehrt sein durch Erfüllung der nachfolgenden dreifachen Verheißung: Und ich will auf ihn schreiben den Namen meines Gottes, wie der Hohepriester das A. B.'s den Namen Jehovah an seiner Hauptbedeckung trug als geheiligt dem Herrn, so soll der treue Philadelphier den Namen Gottes des Vaters an seiner Stirne tragen, ihm besonders geheiligt sein, zu seinem königlichen Hofpersonale gehören, und den Namen des neuen Jerusalems, der Stadt meines Gottes, die vom Himmel hernieder kommt, und soll im neuen himmlischen Jerusalem wohnen, nicht in der Ebene, welche es umgeben wird, sondern mitten im Heiligthum drinnen, und meinen Namen, den neuen, den Niemand kennt, als Er selbst, der demnach uns verborgen ist, wie denn die ganze Herrlichkeit dieser dreifachen Verheißung uns jetzt noch dunkel und uns und den Philadelphiern erst in der Verklärung völlig offenbar werden wird: „Wir sehen jetzt durch einen Spiegel in einem dunkeln Wort, dann aber von Angesicht zu Angesicht." „Jetzt ist unser Wissen Stückwerk. Wenn aber kommen wird das Vollkommene, so wird das Stückwerk aufhören."

13. Wer Ohren hat, der höre, was der Geist den Gemeinen sagt.

Das Philadelphia im Gegenbilde ist die Brüdergemeine mit ihrem alten Stamme in den böhmischen und mährischen Brüdern und deren Gleichgesinnten, den Waldensern, von welchen sich jene die bischöfliche Ordination geholt. Ihre Geschichte ist der Beleg dazu, und lange verkannt, weigert man sich jetzt weniger, ihnen Gerechtigkeit widerfahren zu lassen, man müßte denn vom Orthodoxismus nicht beseelt, sondern befangen sein.

g. Der Brief an die Gemeine zu Laodicea.

Kap. 3, 14--22.

14. Und dem Engel der Gemeine zu Laodicea (einer großen und reichen Handelsstadt am Flusse Lykus in Phrygien, welche seit ihrer Zerstörung durch Timur Tamerlan im J. 1402 völlig in Trümmern liegt) schreibe: Das sagt Amen, in dem alle Gottesverheißenen Ja und Amen sind, der treue und wahrhaftige Zeuge, der sich seinen Mund (Ps. 40, 10.) nicht wird stopfen lassen und alle Tage seine Zeugen der Wahrheit wird ausrüsten, bis er kommt, der Anfang der Kreatur Gottes, nicht die erste Kreatur Gottes, sondern im Rückblick auf Kap. 1, 8, wo er sich den Anfang und das Ende nennt, der Ursprung aller Kreatur, sodaß von ihm die Kreatur ihren Anfang bekommen hat. Vrgl. Joh. 1, 3.:

15. Ich weiß deine Werke, daß du weder kalt wie

die völlig Ungläubigen, noch warm wie die Gläubigen in der ersten Liebe bist. Ach daß du kalt, dann ließe sich mit dir disputiren und du könntest gewonnen werden, oder warm wärest, mir in heißer Liebe durch den Glauben gehörtest!

16. Weil du aber lau bist, des Glaubens Schärfe scheuest und es mit der Welt hältst und meinest, es mit mir nicht zu verderben, wenn du dem Grundsatze huldigest: „Leben und leben lassen, Jeder könne auf seine Weise und bei seinem Glauben selig werden," und weil du nichts davon hören willst, daß nur und nur in mir das Heil zu finden ist, und du also weder kalt noch warm bist, werde ich dich ausspeien aus meinem Munde, wie man laues Wasser, weil es Ekel erregt, aus dem Munde ausspeiet.

17. Du sprichst in deiner thörichten Verblendung und Indifferenz: Ich bin reich an Wissen und Tugend und menschlicher Würde, auch an irdischem Gute und habe gar satt und bedarf nichts: das Bedürfniß nach Versöhnung, nach Vergebung der Sünden und nach dem Beistande des H. Geistes zur Erkenntniß und zur Heiligung hatten sie nicht; sie rühmten sich aber ihrer Aufklärung und Bildung; ihre Augen waren in Hochmuth verblendet. Der Herr aber sagt es ihnen mit dürren Worten, wie sie vor ihm, dem Herzenskündiger, stehen: und weißt nicht, daß du bist elend und jämmerlich, gleich der Todtengruft, die auswendig gleißet und inwendig voll Moder ist, arm in deinem Reichthum des Wissens, das aus dem Irrthum geboren, nur Irrthum zeugen kann, blind und bloß, siehest nicht dein Seelenverderben.

Doch hat der Herr die Gemeine noch nicht ganz aufgegeben, aber er tritt ihr fremder, als den Übrigen entgegen und spricht:

18. Ich rathe dir, daß du Gold von mir kaufest, das mit Feuer durchläutert ist, daß du umkehrest von deinem Indifferentismus zu einem Glauben, der sich fest auf das Wort gründet und im Feuer der Trübsal sich zu bewähren im Stande ist, daß du reich werdest an geistlicher Erkenntniß und himmlischen Gütern, und weiße Kleider, nämlich das Kleid der Gerechtigkeit, die dem Glauben zugerechnet wird, daß du dich anthuest und nicht offenbar werde die Schande deiner Blöße; denn ohne die Gerechtigkeit aus dem Glauben an Christi Versöhnungstod werden einst alle Seelen vor dem Richterstuhle Christi zu Schanden werden und erkennen müssen, daß ihre Tugenden Lumpen sind und ihre selbstgemachte Gerechtigkeit ein durchlöchertes Kleid; und salbe deine Augen mit Augensalbe, suche die Salbung des H. Geistes, daß du sehen mögest, aus der geistlichen Blindheit errettet, erleuchtete Augen bekommest, dich selbst zu erkennen und das Heil in Christo.

Seinen strafenden Worten will der Herr zu Hilfe kommen mit Noth und Weh:

19. Welche ich lieb habe, die strafe und züchtige ich; denn welchen der Herr lieb hat, den züchtiget er; er stäupet aber einen jeglichen Sohn, den er aufnimmt, und alle Züchtigung, wenn sie da ist, dünket sie uns nicht Freude, sondern Traurigkeit zu sein; aber darnach wird sie geben eine friedsame Frucht der Gerechtigkeit denen, die dadurch geübet sind. Das sollen die Laodiceer erfahren, wenn sie die kommenden Züchtigungen sich dienen lassen zur Buße und zu einem neuen Leben im Glauben: So sei nun fleißig, nur die Gewalt thun, reißen das Himmelreich an sich, und thue Buße.

20. Siehe, ich stehe vor der Thür deines Herzens und klopfe an durch Wort und Trübsal, um Einlaß zu bekommen und Wohnung bei dir zu machen. So Jemand meine Stimme hören wird: So nun hie und da Jemand in der Gemeine ist, der sich wecken lässet aus seinem geistlichen Schlafe, zu dem werde ich eingehen, nicht er soll sich zu mir in den Himmel versetzen durch den Glauben, ich selbst will zu ihm kommen, und er soll mich innerlich wohl empfinden, und das Abendmahl mit ihm halten und er mit mir, das bisher unwürdig, weil ohne Buße und lebendigen Glauben, und darum zum Gericht genossen war.

21. Wer überwindet, in der so verkommenen Gemeine zum lebendigen Glauben durchbringt und darin treulich beharret, dem will ich geben, mit mir auf meinem Stuhle zu sitzen, der soll mit mir nach Ehre, Gewalt und Seligkeit in die innigste Gemeinschaft treten, wie ich überwunden habe und bin gesessen mit meinem Vater auf seinem Stuhl, und habe auch nach meiner verklärten Menschheit in der Himmelfahrt den Thron der Majestät und Herrlichkeit zur Rechten Gottes eingenommen.

22. Wer Ohren hat, der höre, was der Geist den Gemeinen sagt.

Laodicea (Volksjustiz) deutet auf den Zeitgeist der Emancipation der Völker von der rechtmäßigen Obrigkeit in Staat und Kirche, und der ganze Brief giebt uns ein Bild der kirchlichen Zustände unserer Zeit, die zum Abfall von Christo führt und dem Antichrist die Bahn bricht.

Lieber Leser, laß die sieben Briefe nicht vergeblich für dich geschrieben sein und lerne aus ihnen, wie du zum Manne in Christo heranwachsen sollst in Kraft seines Blutes unter dem Beistande des H. Geistes: dann wird dein Gang sicher durch die kommenden Gerichte gehen, und du wirst nach vollbrachtem Kampfe gekrönt werden mit der Krone des ewigen Lebens. Dazu helfe dir und mir, und allen seinen Erlöseten in allen seinen Gemeinen der dreieinige Gott, Vater, Sohn und Heiliger Geist! Amen.

II. Die messianische Gemeine im Kampfe mit der Weltmacht. Vorbereitungsvision zur Eröffnung der Siegel.

Kap. 4 und 5.

a. Der Schauplatz und was da zu sehen.

Kap. 4, 1—7.

1. Darnach, nach der Offenbarung der Sendschreiben, sahe ich, hatte ich eine neue Vision, und siehe, eine Thür ward aufgethan im Himmel; und die erste Stimme des Herrn Jesu Stimme, die ich gehört hatte mit mir reden (Kap. 1, 10 ff.) als eine Posaune, die sprach: Steige her, ich will dir zeigen, was nach diesem geschehen soll. Und kraft dieser Worte des Herrn ist der Seher in den höchsten Grad der Verzückung versetzt, von welchem Paulus spricht 2. Cor. 12, 1—4., und davon berichtet er nun:

2. Und alsobald war ich im Geiste. Und siehe, ein Stuhl ward gesetzt im Himmel, und auf dem Stuhle saß Einer, den der Seher in heiliger Scheu und Demuth nicht mit Namen zu nennen wagt, während der Thronende es nicht unter seiner Würde hält, in der Gestalt des Menschen sich zu offenbaren.

3. Und der da saß, war gleich anzusehen wie der Stein Jaspis und Sardis; in solchem blendenden Glanze erschien der auf dem Throne Sitzende, daß ein menschliches Auge die Herrlichkeit nicht zu ertragen vermochte; denn die beiden genannten Steine in ihren, das Auge blendenden Farben deuten auf Gottes unnahbare Heiligkeit und auf seine Gerechtigkeit; und ein Regenbogen war um den Stuhl, gleich anzusehen wie ein Smaragd, welcher auf den

Gnadenbund mit der erlöseten Menschheit hindeutete, indem der Jaspis- und Sardiusglanz in dem Grün des Smaragd sich milderte, durch welches der Seher als ein begnadigter Sünder hindurchschauete.

4. Und um den Stuhl, um den Hauptthron, waren vier und zwanzig Stühle (Thronsessel); und auf den Stühlen saßen vier und zwanzig Aelteste, Vertreter, Repräsentanten der erlöseten Menschheit, selbst Erlösete, um durch sie die Erhöhung der Erlöseten Jesu Christi über die Engel bis zur Theilnahme an der Weltregierung und dem Weltgerichte anzudeuten, mit weißen Kleidern angethan, und hatten auf ihren Häuptern güldene Kronen.

5. Und von dem Stuhl gingen aus Blitze, Donner und Stimmen, auf das Gesetz und den strafenden, rächenden Gott hinweisend; und sieben Fackeln mit Feuer brannten vor dem Stuhl, welches sind die sieben Geister Gottes, andeutend die Gnade, wie sie im Evangelium offenbar geworden, und wie sie der Geist der Gnaden, der H. Geist, den Herzen der Menschen versiegelt.

6. Und vor dem Stuhl war ein gläsernes Meer, gleich dem Krystall, soll das Firmament andeuten. Gott thronet in der Höhe und von seinem unerschütterlichen Throne schauet er auf Alle, die auf Erden wohnen, während Er Allen unsichtbar ist; und mitten im Stuhl und um den Stuhl vier Thiere, Lebewesen, als Repräsentanten der ganzen lebendigen Erdschöpfung, gleich den Seraphim und Cherubim der alten Propheten, voll Augen, vornen und hinten.

7. Und das erste Thier war gleich einem Löwen, und das andere Thier war gleich einem Kalbe, und das dritte hatte ein Antlitz wie ein Mensch, und das vierte Thier gleich einem fliegenden Adler: vier symbolische, sinnbildliche Gestalten, und sollen andeuten, wie Gott alles organische und geistige Leben zur Verherrlichung dienen und auch bereit sein muß, seine Gerichte über alles Böse in der Welt auszuführen; ihre Vierzahl ist die Zahl der Welt; nach den vier Weltgegenden umgeben sie den Thron Gottes, die Mitte der Seiten einnehmend, vom Schöpfer um seiner unnahbaren Heiligkeit willen getrennt durch einen Raum.

b. Der vier Thiere und der Aeltesten Lobpreisung.

Kap. 4, 8—11.

8. Und ein Jegliches der vier Thiere hatte gleich den Seraphim bei Jesaias sechs Flügel umher, dazu bestimmt, daß sie mit zweien das Gesicht, mit zweien die Füße deckten, die übrigen zwei wie zum Fluge ausgerüstet, anzudeuten die tiefe Ehrfurcht beim Aublick des heiligen Gottes, die Demuth beim Blick auf sich selbst und den willigen Gehorsam, Gottes Befehle auszurichten, und waren inwendig voll Augen, gleich den Rädern der Cherubim des Ezechiel, anzudeuten ihr Erfülltsein vom göttlichen Lichte und unaufhörlich Leben einziehend im seligen Anschauen Gottes und deßhalb hatten sie keine Ruhe Tag und Nacht nach Menschenweise geredet, und sprachen: Heilig, heilig, heilig ist Gott der Herr, der Allmächtige, der da war, und der da ist, und der da kömmt.

9. Und da die Thiere gaben Preis und Ehre und Dank dem, der da auf dem Stuhle saß, der da lebet von Ewigkeit zu Ewigkeit.

10. Fielen die vier und zwanzig Aeltesten vor den, der auf dem Stuhle saß, vor dem ewig Thronenden, und beteten an den, der da lebet von Ewigkeit zu Ewigkeit, und warfen ihre Kronen als die nicht werth seien, vor dem Angesicht des Alleinheiligen gekrönt zu erscheinen, vor den Stuhl, und sprachen:

11. Herr, du bist würdig zu nehmen Preis und Ehre und Kraft, denn du hast alle Dinge geschaffen, und durch deinen Willen haben sie das Wesen und sind geschaffen. Unsere Repräsentanten am Throne Gottes können nicht müde werden im Lob und Dank Gottes, und wir? Warum ist doch nicht jedes Haus eine Kirche? Warum nicht jeder Vater ein Priester unter den Seinen? Zeugt unsre Mattigkeit im Loben und Danken nicht von der Lauheit unsers Glaubens? „Weil du aber lau bist," spricht der Herr, „werde ich dich ausspeien aus meinem Munde." Das Wort bohre sich tief in unsre Herzen!

c. Das versiegelte Buch und Uebergabe desselben an das Lamm.

Kap. 5, 1—7.

1. Und ich sahe in der rechten Hand deß, der auf dem Stuhle saß, ein Buch, eine Buchrolle, wie damals die Bücher waren, wahrscheinlich eine siebenfache, um einen runden Stab gewickelte Pergamentrolle, nach oben hin spitz zulaufend, so daß die eine über der andern hervorragte, daher man sehen konnte, wie sie geschrieben inwendig und auswendig und versiegelt waren mit sieben Siegeln. Es enthielt das Buch den Rathschluß Gottes über die Gemeine Christi bis zum Kommen des Reiches; und dieß war die Sehnsucht jener Zeit, auch die Sehnsucht des heiligen Apostels; darum zieht das Buch seine ganze Aufmerksamkeit auf sich, und als er nun aufs höchste gespannt nach dem Buche blickt, tritt ein Herold vor und fordert auf zur Entsiegelung des geheimnißvollen Buches:

2. Und ich sahe einen Engel predigen mit großer Stimme, er rief aus mit lauter Stimme: Wer ist würdig, das Buch aufzuthun und seine Siegel zu brechen d. i. die Zukunft zu offenbaren?

3. Und Niemand im Himmel, noch auf Erden, noch unter der Erde, konnte das Buch aufthun und darein sehen. Damit wird aller lebendigen Wesen Unwürdigkeit, mögen sie Engel, Geister (der Verstorbenen) oder Menschen heißen, ausgesprochen.

4. Und ich, der Seher, weinete sehr, daß Niemand würdig erfunden ward, das Buch aufzuthun und zu lesen, noch darein zu sehen. Johannes weinte, daß ihm die Zukunft der Gemeine des Herrn sollte verschlossen bleiben, daß er die verfolgten Brüder nicht trösten sollte mit einem trostreichen Blick in die Zukunft. Die verstehen jene Johannisthränen nicht, welche es als Demuth und Weisheit empfehlen, nicht im Buche der Offenbarung zu forschen, und welche das h. Buch bei Seite liegen lassen. Solchen Johannisthränen erschließt sich auch das Dunkel der Zukunft, und als nun der Seher in heiligem Schmerze weinet, siehe, da tönt ein Wort des Trostes aus dem Munde Eines der vier und zwanzig Aeltesten:

5. Und Einer von den Aeltesten spricht zu mir: Weine nicht; siehe, es hat überwunden der Löwe, der da ist vom Geschlechte Juda, die Wurzel Davids, aufzuthun das Buch und zu brechen seine sieben Siegel. Als Johannes von Ihm, seinem lieben Herrn Jesus Christus hört, da erwacht er aus seinem Schmerze und in froher Hoffnung richtet sich sein Blick wieder in die Höhe:

6. Und ich sahe, blickte auf, und siehe, mitten im Stuhl und der vier Thiere und mitten unter den Aeltesten stand ein Lamm, das Lamm Gottes unschuldig, das der Welt Sünde getragen und die Sünder mit dem heiligen Gott versöhnt und eine ewige Erlösung gebracht hat, wie es erwürget wäre, mit den heiligen Wundenmaalen, wie er nach seiner Auferstehung den Jüngern erschienen; jetzt aber auch noch mit den Zeichen seines Sieges, seiner Macht und Herrlichkeit geschmückt; denn weiter heißt es: und hatte sieben Hörner, welche ihn kennzeichnen als den Herrn der Kirche in den sieben Gemeinen und sieben Augen, welche sind die sieben Geister Gottes, gesandt in alle Lande.

Die sieben Augen deuten auf den Geist, der mit seinen siebenfachen Gaben (Jesaias 11.) auf ihm ruhete, und der von ihm gesendet wird in alle Welt, den Menschen das blutig erworbene Heil mitzutheilen und zu versiegeln.

7. Und es, das Lamm Gottes, kam, nahete sich dem Throne des Allmächtigen, und nahm das Buch aus der rechten Hand deß, der auf dem Stuhle saß und erhielt also die Vollmacht der Offenbarung und der Ausrichtung dessen, was im Rathschlusse Gottes über die Gemeine der Erlöseten zum Sieg über die Welt und ihren Fürsten bestimmt war.

d. Allgemeine Huldigung, dem Lamme erwiesen.
Kap. 5, 8—14.

8. Und da es das Buch nahm, da fielen die vier Thiere und die vierundzwanzig Aeltesten vor das Lamm, ihm Huldigung bringend als ihrem Könige und Herrn; und hatten ein Jeglicher Harfen und goldene Schalen voll Räuchwerk, welches sind die Gebete der Heiligen. So vertreten sie alle Erlösete aus allerlei Volk: daß wir doch auch einstimmten in heiliger Andacht in ihre anbetende Huldigung!

9. Und sangen ein neues Lied, weil sich ein Neues im Himmel begeben: dem Lamme ist die Vollmacht geworden vom Vater, das Buch der Zukunft zu enthüllen und seine Offenbarungen ins Werk zu setzen, und sprachen: Du bist würdig zu nehmen das Buch, und aufzuthun seine Siegel; denn du bist erwürget, und hast uns Gott erkauft mit deinem Blut aus allerlei Geschlecht und Zungen und Volk und Heiden.

10. Und hast uns unserm Gotte zu Königen und Priestern gemacht, wie auch Petrus in seinem ersten Briefe die Gläubigen anredet: „Ihr aber seid das auserwählte Geschlecht, das königliche Priesterthum; das heilige Volk, das Volk des Eigenthums," und wir werden Könige sein auf Er=

ben, wenn das Reich der Heiligen wird aufgerichtet sein und auf der neuen, verklärten Erde.

11. Und ich sahe, und hörete eine Stimme vieler Engel um den Stuhl und um die Thiere und um die Aeltesten her; diese Alle wurden nun plötzlich dem Seher in der Vision sichtbar, und er hörte ihre Stimme, und ihre Zahl war viel tausend mal tausend,

12. Und sprachen mit großer Stimme, dem Lamme Huldigung darbringend: Das Lamm, das erwürget ist, ist würdig zu nehmen Kraft und Reichthum, und Weisheit und Stärke, und Ehre und Preis und Lob.

13. Und alle Kreatur, die im Himmel ist und auf Erden und unter der Erde und im Meer, und Alles, was darinnen ist, hörte ich sagen, es wird nun die Huldigung, dem Vater und dem Sohne dargebracht, ganz allgemein, wie sie ihm einst werden wird, wenn Ihm alle seine Feinde zum Schemel seiner Füße gelegt sind, zu dem, der auf dem Stuhl saß, und zu dem Lamm: Lob und Ehre und Preis und Gewalt von Ewigkeit zu Ewigkeit.

14. Und die vier Thiere sprachen: Amen. Und die vier und zwanzig Aeltesten fielen nieder und beteten an den, der da lebet von Ewigkeit zu Ewigkeit. Diese allgemeine Anbetung schließt die feierliche Scene im Himmel, welche der Eröffnung der sieben Siegel unmittelbar voraufgeht.

A. Eröffnung der sechs ersten Siegel.
oder
Die messianische Gemeine im Kampfe vor Aufrichtung des antichristischen Reichs.

A. Eröffnung der vier ersten Siegel
oder der Kampf mit der römischen Weltmacht.
Kap. 6, 1—8.

1. Das erste Siegel.
V. 1 und 2.

1. Und ich sahe, daß das Lamm der Siegel eins aufthat. Und ich hörete der vier Thiere eins sagen als mit einer Donnerstimme: Komm und siehe zu! Und als nun der Seher die Augen dahin wendet und sehen will, was auf der ersten Buchrolle geschrieben stehe, stellt sich der ganze Inhalt ihm dar in einem Bilde:

2. Und ich sahe, und siehe, ein weiß Pferd, und der darauf saß, hatte einen Bogen, und ihm ward gegeben eine Krone, und er zog aus zu überwinden, und daß er siegte.

Der Reiter auf dem weißen Pferde erscheint (Kap. 19) am Ende der Kampfeszeit wieder mit vielen Kronen auf seinem Haupte, aber statt des Bogens nun mit einem scharfen Mundschwerte gerüstet zum Gericht über den Antichrist und seine Streitgenossen. Der Reiter ist Christus, hier gerüstet mit einem Bogen, seine Widersacher zu erlegen; damit ist angedeutet die Predigt des Evangeliums, die alle Lande durchzieht. Bei seinem Auszuge erhält er eine Krone, um ihn als Missionskönig zu kennzeichnen, und die Krone kann ihm Niemand entreißen, denn er zieht aus nach dem ewigen Rathschlusse der Liebe zu überwinden und daß er siegete. Ein tröstliches Bild im Anfang der Offenbarungen der Kämpfe, welche die messianische Gemeine erwarten, und rufet ihr zu: Getrost du streitende Gemeine des Herrn, du wirst siegen unter deinem Siegesfürsten und das Reich und die Herrschaft erhalten auf Erden!

2. Das andere Siegel.
V. 3 und 4.

3. Und da es das andere Siegel aufthat, hörte ich das andere Thier sagen: Komm und siehe zu! Und wiederum wird dem Seher eine Offenbarung in einem Bilde:

4. Und es ging heraus ein ander Pferd, das war roth, die Farbe deutet auf viel Blutvergießen, und dem, der darauf saß, ward gegeben, den Frieden zu nehmen von der Erde, von dem römischen Reiche, und daß sie sich unter einander erwürgeten, deutet auf Mord und Todtschlag innerhalb des Reichs; und ihm ward ein groß Schwert gegeben, deutet auf großen und vielen Krieg.

Beide Andeutungen finden ihre Erfüllung theils in den Kriegen Vespasians und seines Sohnes Titus in Palästina, die mit der Zerstörung Jerusalems endeten, theils in den wüthenden Christenverfolgungen im römischen Reiche bis zur vierten, theils in den verschiedenen Empörungen der Juden nach der Zerstörung Jerusalems, theils in den Kriegen Trajan's, welcher dem römischen Reiche die größte Ausdehnung gab. Es ist also hier über die Zeit bis in den Anfang des 2. Jahrhunderts nach Christo geweissagt. In dieser Zeit hatten die Christen furchtbare Verfolgungen zu erleiden theils durch die Juden in ihren Empörungen wider die Römer, theils durch die Heiden nicht nur in tumultuarischen Volksangriffen, sondern auch in polizeilich geordneten Verfolgungen. Man zählt bis zum Jahre 138 n. Chr. vier Hauptverfolgungen: die erste unter Nero, die zweite unter Domitian, die dritte unter Trajan und die vierte unter Hadrian. Wer die furchtbare Zeit will kennen lernen, so sie ihm noch unbekannt sein sollte, der lese sie nach in der „Kirchengeschichte, von dem christlichen Vereine im nördlichen Deutschland herausgegeben," im ersten Bande; das treffliche Buch sollte in allen christlichen Familien sein.

3. Das dritte Siegel.
V. 5 und 6.

5. Und da es das dritte Siegel aufthat, hörte ich das dritte Thier sagen: Komm und siehe zu! Und ich sahe, und siehe, ein schwarzes Pferd, die schwarze Farbe deutet auf Trauer, auf eine neue Plage, die hereinbrechen soll; und der darauf saß, hatte eine Wage in seiner Hand, das Sinnbild der Theuerung; die Theuerung, welche kommen soll, wird in ihrer Art weiter beschrieben:

6. Und ich hörte eine Stimme, von wem sie ausgegangen, bleibt unbestimmt, unter den vier Thieren sagen, sie tönt zwischen den vier Thieren her: Ein Maß Weizen um einen Groschen (Denar = 5 Sgr., der Verdienst eines Tagelöhners; gerade so viel rechnete man auf den Mann für einen Tag an Frucht) und drei Maß Gerste um einen Groschen; und dem Oel und Wein thue kein Leid, also die nothwendigen Lebensmittel sollten theuer werden, während die Luxusartikel, wie Wein und Oel (Sprüchw. 21, 17.) in gewöhnlicher Fülle gedeihen sollten. So mußte die Noth zumal die unbemittelten Klassen treffen.

Solche Zustände werden aus der Kaiserzeit Rom's mitgetheilt im zweiten Jahrhundert, und der Nothstand der Zeit gab Veranlassung, die Volkswuth gegen die Christen zu reizen, indem man meinte, die Christen hätten durch ihre Gottesverehrung den Zorn der Götter erregt. Zwei große Verfolgungen zählt man in dieser Zeit: die fünfte unter dem Kaiser Antoninus Philosophus und die sechste unter Severus.

4. Das vierte Siegel.
V. 7 und 8.

7. Und da es das vierte Siegel aufthat, hörte ich die Stimme des vierten Thieres: Komm und siehe zu!

8. Und ich sahe, und siehe, ein fahl Pferd, die fahle, blasse Farbe deutet auf gänzliche Ermattung, und der darauf saß, deß Name hieß Tod, und die Hölle der Hades oder die Unterwelt als Ort der Seelen derer, welche die Gnade Gottes in Christo nicht haben, und daselbst auf den Tag des Gerichts warten müssen, folgte ihm nach. Und ihnen ward Macht gegeben zu tödten das vierte Theil auf der Erde, den vierten Theil der Bewohner des römischen Reichs, mit dem Schwert in Krieg und Aufruhr, und Hunger, Theuerung, und mit dem Tod durch Pestilenz, und durch die Thiere auf Erden, durch wilde Thiere.

Es soll also diese Zeit alle vorige Zeit an Plage, Noth und Entsetzen übertreffen. Und solche Zeit war es im dritten Jahrhundert, wo durch Bürgerkriege, Aufruhr und Krieg das Blut in Strömen floß, und wo Theuerung, Pestilenz, und wilde Thiere vieler Menschen Leben hinrafften, so daß man am Ende des Jahrhunderts genöthigt war, gegen wilde Thiere förmlich zu Felde zu ziehen. Das Elend der Zeit schoben die Heiden auf Schuld der Christen; dazu kam mehrerer Kaiser persönliche Wuth gegen das Christenthum, und so konnte es nicht fehlen, daß die Verfolgungen gegen die Christen eine schreckliche Höhe erreichten und Unzählige ihren Glauben durch einen furchtbaren Märtyrertod besiegeln mußten. Da folgt die siebente Verfolgung unter Maximinus Thrax, die achte unter Decius, die neunte unter Valerianus.

Drei Plagegeister auf rothem, schwarzem und fahlem Rosse sind neben dem siegreichen Reiter auf weißem Rosse hergeritten, und drei Jahrhunderte der messianischen Gemeine sind vollendet unter den blutigsten Kämpfen mit dem Reiche der Finsterniß, da der Teufel der Fürst ist; aber der Fürst dieser Welt hat die Gemeine Christi nicht zu tilgen vermocht, sie hat sich vielmehr weiter und weiter ausgebreitet. Das deutet doch auf gewissen Sieg; aber wann wird er kommen? Die Sehnsucht darnach war groß, und der Sehnsucht jener Zeit und dem bangen Fragen der Gläubigen nach der Stunde der Erlösung giebt das fünfte und sechste Siegel Antwort.

B. Eröffnung des fünften und sechsten Siegels oder der nahende Sieg über das römische Heidenthum.

Kap. 6, 9—17.

1. Das fünfte Siegel.

V. 9—11.

9. Und da es das fünfte Siegel aufthat, sah ich unter dem Altar, dem Brandopferaltar im himmlischen Tempel, dem Urbilde der Stiftshütte und des Salomonischen Tempels, die Seelen derer, die erwürget waren um des Wortes Gottes willen, und um des Zeugnisses willen, das sie hatten, also die Seelen der Märtyrer. Und als er sie anschauete und ihre Menge erstaunte, hörte er eine Stimme von ihnen herkommend:

10. Und sie schrieen mit großer Stimme, und sprachen dieselben Gedanken aus, welche die Herzen der Gläubigen auf Erden bewegten, nämlich: Herr, du Heiliger und Wahrhaftiger, wie lange richtest du und rächest nicht unser Blut an denen, die auf der Erde wohnen?

11. Und ihnen wurde gegeben einem Jeglichen ein weißes Kleid, nicht das Kleid der Gerechtigkeit, das hatten sie schon mitgebracht, sondern ein Ehrenkleid: es wurde ihnen eine neue Stufe der Seligkeit und Herrlichkeit zugestanden, und damit erweiterte sich zugleich ihre Erkenntniß in die Wege Gottes mit seiner Gemeinde, und ward zu ihnen gesagt, daß sie ruheten noch eine kurze Zeit, bis daß vollends dazu kämen ihre Mitknechte und Brüder in Christo Jesu, die auch sollten noch ertödtet werden, gleichwie sie, welche die Zahl der Märtyrer nach Gottes Rathschluß voll machen sollten.

Damit empfing die kämpfende Gemeine des Herrn auf Erden Antwort auf ihre Bitten und Fragen, und hatten sich zu rüsten auf neue Verfolgungen, die dann auch hereinbrachen am Ende des dritten und im Anfang des vierten Jahrhunderts. Aber nur eine kleine Zeit noch und die Gemeine bekömmt Ruhe.

2. Das sechste Siegel.
V. 12—17.

12. Und ich sahe, daß es das sechste Siegel aufthat, und dieß bringt die ersehnte Erlösung aus der Heiden Gewalt; es verkündigt das sechste Siegel den Fall des Heidenthums im römischen Reiche in Bildern, in welchen im A. T. der Fall einer politischen, dem Herrn feindseligen Macht mehrfach verkündet wird, also des Herrn Sondergericht über das römische Heidenthum, den Fall desselben und damit den Sieg der messianischen Kirche über dasselbe; und siehe, da ward ein großes Erdbeben, und die Sonne ward schwarz wie ein härener Sack, und der Mond ward wie Blut.

13. Und die Sterne des Himmels fielen auf die Erde, gleichwie ein Feigenbaum seine Feigen abwirft, wenn er vom großen Winde beweget wird.

14. Und der Himmel entwich, wie ein eingewickeltes Buch, und alle Berge und Inseln wurden bewegt aus ihren Oertern.

15. Und die Könige auf Erden, und die Obersten, und die Reichen, und die Hauptleute, und die Gewaltigen, und alle Knechte, und alle Freien verbargen sich in den Klüften und Felsen an den Bergen;

16. Und sprachen zu den Bergen und Felsen: Fallet auf uns und verberget uns vor dem Angesicht deß, der auf dem Stuhl sitzt, und vor dem Zorn des Lammes.

17. Denn es ist gekommen der große Tag seines Zorns, und wer kann bestehen?

Als mit Constantin d. Gr. (323 n. Chr.) zuerst das Christenthum zur Herrschaft gekommen, da durchzog die Ahnung von dem gänzlichen Siege des Kreuzes die Herzen der Heiden, und als ihr kaiserlicher Beschützer Julian gefallen war, erfaßte sie Verzweiflung, und sie mußten erkennen, daß der Gott der Christen der Allmächtige sei und der Gekreuzigte das Lamm Gottes, das sich nun aufgemacht als König des Himmels und der Erde, Rache zu nehmen an den Heiden ob der furchtbaren Greuel, die sie an seinen Gläubigen verübt. Da war über sie gekommen der Tag seines Zorns, und Hohe und Niedrige, Bürger und Krieger, Freie und Sklaven ergriff ein Grausen vor der Macht, die, Rache zu nehmen, sich gegen sie aufgemacht.

Nachdem die Kirche im römischen Reiche zum Siege über das Heidenthum gekommen, fängt aber eine Erschlaffung in der Kirche selbst an, und der Herr wird genöthigt durch das Verderben, welches in die Kirche immer tiefer eindringt, noch manche Geißel über die Kirche zu schicken, ob sie Heilung suchen möchte, damit er nicht genöthigt würde, endlich über sie selbst zum Gerichte zu kommen, wie er über das Heidenthum zum Gericht gekommen war. Das siebente Siegel öffnet uns den Blick in die weitern Wege des Herrn mit seiner Gemeine und zeigt uns die Geißeln und Zuchtruthen, die er über sie senden wird. Ehe er nun aber das siebente Siegel öffnet, wird dem Seher eine neue Vision der Tröstung zu Theil, die er uns im 7. Kapitel mittheilt.

Zwischenvisionen.

Vorblick in Israels Zukunft und auf den weitgehenden Sieg des Evangeliums.

Kap. 7.

1. Versiegelung der Knechte Gottes aus den Kindern Israel.
V. 1—8.

a. Die Versiegelung. V. 1—4.

1. Und darnach sahe ich, darnach hatte ich eine neue Vision, — welche also nicht mehr zum sechsten Siegel gehört, sondern mit der in V. 9 folgenden Vision auf das siebente Siegel vorbereiten soll — vier Engel stehen auf den vier Ecken der Erde, nach den vier Weltgegenden vertheilt, die hielten die vier Winde der Erde, bereit aber, sie loszulassen, daß sie über die Erde verwüstend und zerstörend hinbrauseten, sobald ihr Herr und Gott den Befehl dazu erlassen würde; die Winde deuten auf Gottes Strafgerichte wider seine Widersacher; noch halten sie die vier Engel zurück, auf daß kein Wind über die Erde bliese, noch über das Meer, noch über einigen Baum. Es soll dem Loslassen der Winde, dem schrecklichen Strafgerichte, das die Erde treffen soll im Verlauf des siebenten Siegels, noch eine Gnadenthat Gottes vorangehen, welche dem Seher nun geoffenbart wird:

2. Und ich sahe einen andern Engel aufsteigen von der Sonne Aufgang', der hatte das Siegel des lebendigen Gottes, ein Bewahrungssiegel, wie Ezech. 9, 4 ff. und schrie mit großer Stimme zu den vier Engeln, welchen gegeben ist, zu beschädigen die Erde und das Meer,

3. Und er sprach: Beschädigt die Erde nicht, noch das Meer, noch die Bäume, bis daß wir versiegeln die Knechte unsers Gottes an ihren Stirnen, welche in den Strafgerichten sollten erhalten werden zu demselben

Zwecke, zu welchem Kap. 3, 10 den Philadelphiern die Verheißung gegeben ist der sonderlichen Bewahrung in der Stunde der Versuchung, die da kommen wird über den ganzen Erdkreis. Sie sollen als die Braut Christi in das Reich eingehen und die Stammgemeinde bilden, so daß sich an ihnen erfüllt, was Jesaias 43, 5—7 und in andern Stellen über Israel geweissagt ist. Darum sind auch die Versiegelten aus Israel, wie sofort dem Seher offenbaret wird:

4. Und ich hörte die Zahl derer, die versiegelt wurden, hundert und vier und vierzig tausend, die versiegelt waren von allen Geschlechtern der Kinder Israels; also nicht verworfen für ewig ist das alte Bundesvolk, nicht zurück genommen die Verheißung; nur ihre Erfüllung verzögert sich; wenn aber die Zeit erfüllet ist, wird Alles geschehen, was durch die Propheten über das Volk verheißen ist. Die Zahl 144,000 ist das Tausendfache der Quadratzahl der Wurzel 12, und diese die Zahl der Stämme Israels, welche nun dem Seher genannt werden doch so, daß der Stamm Juda, aus welchem Christus herkommt nach dem Fleische, als der königliche Stamm zuerst gestellt wird, der Stamm Levi nicht mehr als besonderer Priesterstamm auftritt, der Stamm Dan aber ganz ausfällt, wahrscheinlich als ausgestorben nach einem geheimnißvollen Gerichte Gottes über diesen Stamm, worauf alte hebräische Nachrichten hindeuten, welche angeben, daß Dan ausgestorben sei bis auf die Familie Hussim. Es folgt nun die Anführung der Anzahl der Versiegelten aus jedem Stamme:

b. Die Versiegelten aus den Stämmen Israels.

V. 5—8.

5. Vor dem Geschlecht **Juda** zwölf tausend versiegelt; von dem Geschlecht **Ruben** zwölf tausend versiegelt; von dem Geschlecht **Gad** zwölf tausend versiegelt;

6. Von dem Geschlecht **Asser** zwölf tausend versiegelt; von dem Geschlecht **Naphthali** zwölf tausend versiegelt; von dem Geschlecht **Manasse** zwölf tausend versiegelt;

7. Von dem Geschlecht **Simeon** zwölf tausend versiegelt; von dem Geschlecht **Levi** zwölf tausend versiegelt; von dem Geschlecht **Isaschar** zwölf tausend versiegelt.

8. Von dem Geschlecht **Zabulon** zwölf tausend versiegelt; von dem Geschlecht **Joseph** zwölf tausend versiegelt; von dem Geschlecht **Benjamin** zwölf tausend versiegelt.

Das sind die Versiegelten aus Israel, die der Herr sich ersehen wird zu seiner Zeit gegen Menschen Gedenken, und welche mit den Bewahreten aus den Philadelphiern die Stammgemeinde bilden werden in dem Reiche Christi auf Erden, das den Strafgerichten des siebenten Siegels in den sieben Posaunen folgen wird als tausendjähriges Reich.

2. Das Erscheinen einer großen Schaar Erlöseter vor dem Throne Gottes.

V. 9—17.

a. Der Schaaren Lobgesang. V. 9—12.

Johannes hat den Trost empfangen, daß Israel nicht auf ewig verworfen sei; nun schauet er eine unzählbare Schaar Erlöseter aus allerlei Volk als triumphirende Gemeinde vor dem Throne Gottes. Diese Fernblicke in die Zukunft müssen ihn mit reichem Troste erfüllen, wenn ihn auch Schrecken und Schmerz ergriffen hatten bei dem Drohen der vier Engel an den vier Ecken der Erde. Und wie den Johannes kann diese Vision auch die Glieder der streitenden Kirche trösten und ermuthigen im Kampfe mit der Welt und ihrem Fürsten, wenn sie ansehen die Herrlichkeit darnach. Die neue Vision war aber also:

9. Darnach sahe ich, und siehe, eine große Schaar, welche Niemand zählen konnte, aus allen Heiden und Völkern und Sprachen, als Frucht der Mission, vor dem Stuhle stehend und vor dem Lamm, als selig Vollendete, angethan mit weißen Kleidern und Palmen, als Siegeszeichen, daß sie überwunden, in ihren Händen,

10. Schrieen mit großer Stimme und sprachen: Heil sei dem, der auf dem Stuhl sitzt, unserm Gott und dem Lamme.

11. Und alle Engel standen um den Stuhl und um die Aeltesten und um die vier Thiere, und fielen vor dem Stuhl auf ihr Angesicht, und beteten Gott an,

12. Und sprachen zu dem Lobgesange der Erlöseten aus der Menschheit: Amen, Lob und Ehre und Weisheit und Dank und Preis und Kraft und Stärke sei unserm Gott von Ewigkeit zu Ewigkeit. Amen. Johannes, überwältigt von dem gewaltigen Eindrucke dieser erhabenen Vision, starrt in das selige Gewühl der lobsingenden und anbetenden Schaaren und ist erstaunt über die Menge der Erlöseten und daß sie aus allerlei ihm unbekanntem Volk sind; Einer der Aeltesten reißt ihn aus seinem Erstaunen und giebt ihm:

b. Aufschluß über die Schaaren. V. 13—17.

13. Und es antwortete auf die Frage, welche Johannes wohl im Herzen erregt haben mochte, der Aeltesten Einer und sprach zu mir, meine eigenen Gedanken mir fragend vorlegend: Wer sind diese mit weißen Kleidern angethan? Und woher sind sie gekommen?

14. Und ich, die Frage mir selbst zu beantworten nicht im Stande, sprach zu ihm: Herr, du weißt es, und kannst mir's wohl sagen. Und er sprach zu mir: Diese sind es, die gekommen sind aus großer Trübsal, denn wer ohne Trübsal geblieben ist, ist ein Bastard, und nicht ein Kind, die Kinder aber sind der Züchtigung alle theilhaftig geworden, und haben ihre Kleider gewaschen, und haben ihre Kleider helle gemacht im Blut des Lammes, durch Treue im Glauben.

15. Darum sind sie vor dem Stuhl Gottes, und dienen ihm Tag und Nacht in seinem Tempel. Und der auf dem Stuhl sitzt, wird über ihnen wohnen, wird über ihnen zelten, wird wie ein Zelt, daß den müden Wanderer zur Erquickung aufnimmt, sich zu ihnen verhalten.

16. Sie wird nicht mehr hungern, noch dürsten; es wird auch nicht auf sie fallen die Sonne oder irgend eine Hitze, also frei von Leibes- und Seelennoth.

17. Denn das Lamm mitten im Stuhl wird sie weiden auf seliger Aue, und leiten zu dem lebendigen Wasserbrunnen, daß sie mit Freuden Wasser schöpfen aus dem Quell des Lebens, und Gott wird abwischen alle Thränen von ihren Augen; als sie noch auf Erden walleten, gingen sie hin und weineten und trugen edlen Samen; nun kommen sie mit Freuden und bringen ihre Garben; eingegangen in die triumphirende Gemeinde umfängt sie unaussprechliche Seligkeit.

Nachdem dem Johannes diese zwei Trostvisionen geworden, kann er getrost die Eröffnung des siebenten Siegels ansehen, und auch wir können nun mit diesem Trostbilde im Herzen ruhig zuschauen, was das siebente Siegel bringen wird, und was etwa auch uns als uns besonders angehend die noch nachfolgenden Gesichte kundthun werden.

C. Eröffnung des siebenten Siegels in den vier ersten Posaunen oder Gericht Gottes über das weströmische Reich.

1. Sieben Posaunen werden an sieben Engel übergeben.

Kap. 8, 1—6.

1. Und da es, das Lamm, das siebente Siegel aufthat, ward eine Stille in dem Himmel bei einer halben Stunde; deutet darauf, wie gespannt auch die Himmlischen waren auf die Eröffnung des siebenten Siegels, deutet auf ihre innige Theilnahme an dem Wohl und Wehe der Erde und ihrer Menschen und auf ihre heilige Sehnsucht nach dem Triumph des Reiches Gottes auf Erden. Als nun in tiefes, ehrerbietiges Schweigen alle Himmlischen versunken, da wird plötzlich die Vision wieder lebendig:

2. Und ich sahe sieben Engel, die da traten vor Gott, Engelfürsten, die vor Gott stehen, wie sich der Engel Gabriel Luc. 1, 19. so bezeichnet: „Ich bin Gabriel, der vor Gott stehet," und ihnen wurden sieben Posaunen gegeben, um damit die folgenden Ereignisse, welche den Inhalt des siebenten Siegels ausmachen, anzukündigen; wir sehen also, daß das siebente Siegel sich in sieben Posaunen entfalten wird.

3. Und ein anderer Engel kam, und trat bei den Altar (Brandopferaltar), und hatte ein goldenes Rauchfaß; und ihm ward viel Räucherwerk gegeben, daß er es darbrächte für die Gebete der Heiligen auf den goldenen Altar vor dem Stuhl.

4. Und der Rauch des Räuchwerks für die Gebete der Heiligen ging auf von der Hand des Engels vor Gott. Es ist das, was die Vision im Himmel darstellt, das Abbild von dem, was unter den Heiligen auf Erden und im Himmel geschieht. Ihre Sehnsucht nach der Erfüllung der Verheißung der Herrlichkeit bei der Zukunft des Herrn treibt sie zum Gebete, und ihre Gebete steigen zum Throne Gottes auf und finden Erhörung.

5. Und der Engel nahm das Rauchfaß, nachdem er es auf den Altar ausgeschüttet hatte, und füllete es von dem Feuer des Altars, und schüttete es auf die Erde: über die Heiligen Gottes kömmt eine neue Kraft als starke, göttliche Rüstung für das kommende Weh, das Gott zum Gericht senden wird über seine Kirche, sie zu wecken, und die Erde erzittert im Innersten, wie von einer Ahnung des Zukünftigen ergriffen: Und da geschahen Stimmen und Donner und Blitze und Erdbeben. So kündigt die heilige Schrift, wie an andern Stellen, auch in dieser Vision den wunderbaren Zusammenhang an, in welchem der jetzige Zustand der ganzen irdischen Natur nicht nur zur Sünde des Menschen steht, sondern auch zu seiner Erlösung und einstigen Verklärung. So durchschauerte sie, als der Erlöser sein Werk vollbracht hatte am Stamme des Kreuzes, gleichsam eine Ahnung ihrer einstigen Erlösung, und sie erbebete, und die Felsen zerrissen, und bei der Eröffnung des siebenten Siegels läßt sie die Vision erzittern und ihre Theilnahme an der Sehnsucht der Heiligen, an ihrem Bangen und an ihrem Hoffen andeuten, daß da geschahen Stimmen und Donner und Blitze und Erdbeben.

Nachdem das Werk heiliger Anbetung und Rüstung vollendet, da bereiten sich die sieben Engel zu posaunen, und welche Enthüllungen über die Zukunft bringen sie nun?

2. Die erste Posaune.
V. 7.

Bei der Deutung der Posaunen muß das festgehalten werden, daß sie ein wirklicher Fortschritt sind in der Enthüllung der Zukunft, und da nun die erste Zeit der Kirche schon enthüllt, der Sieg über das Heidenthum schon verkündet ist, so müssen die Posaunen über die Folgezeit Enthüllungen bringen; da ferner das römische Reich nach Daniel das letzte Weltreich ist, so wird die Offenbarung ganz besonders dieses Weltreich zum Gegenstande der Enthüllung haben.

7. Und der erste Engel posaunete. Und es ward ein Hagel mit Feuer und Blut gemenget, und fiel auf die Erde. Die Wetter blutigen und verheerenden Krieges brechen über das römische Reich ein auf dem Festlande. Und das dritte Theil, Steigerung gegen frühere Gerichte, wo nur das vierte Theil dem Verderben preisgegeben ward; dort waren es Heiden, hier aber sind es Christen, über welche das Gerücht ergeht, darum wohl die Steigerung, der Bäume verbrannte, und alles grüne Gras verbrannte, nämlich auch zum dritten Theile. Bäume sowohl, als Gras bezeichnen die Menschen — Jes. 61, 3., Matth. 7, 19., Ps. 92, 8. —; hier die Großen des Volks und zwar als grünes Gras: noch im Wohlstande befindlich.

Nach Besiegung des Heidenthums im römischen Reiche brach in die Kirche großes Verderben ein nicht nur hinsichtlich des Wandels, sondern auch der Lehre; da schickte Gott der Herr seine Strafgerichte über sie, die schnell auf einander folgen, wie die ersten Posaunen ohne Unterbrechung hinter einander posaunen. Sie umfassen das Gericht Gottes über Rom, enden mit dem Untergange des weströmischen Reichs und werden ausgeführt durch die Völkerwanderung in vier Hauptstößen gegen das weströmische Reich. Den ersten Hauptstoß verkündet die erste Posaune, und ist das Wetter gemeint, welches Alarich, der seinen Weg nach Italien über die Alpen genommen, mit seinen Westgothen über Rom und seine Provinzen bringt.

3. Die zweite Posaune.
V. 8 und 9.

8. Und der andere Engel posaunete. Und es fuhr wie ein großer Berg mit Feuer brennend ins Meer. Eine verheerende Weltmacht — Jerem. 51, 25. — kömmt über das weströmische Reich und verwüstet zumal die Länder, am Meere gelegen. Und das dritte Theil des

Meeres ward Blut, deutet auf das große Verwüsten im Kriege, das im Folgenden mit Beibehaltung des Bildes specialisirt wird:

9. Und das dritte Theil der lebendigen Kreaturen im Meere starben (Menschen — Habak. 1, 14. u. 17.—), **und das dritte Theil der Schiffe,** Städte und Dörfer, **wurden verderbet.**

Einen zweiten harten Schlag empfing das Abendländische Reich durch Genserich oder Geiserich, den König der Vandalen, der seinen verheerenden Zug übers Meer nahm und die nordafrikanische Küste, die zu Rom gehörte, eroberte und für sich in Besitz nahm. Das Rauben und Morden und Verheeren war entsetzlich; auch Rom erfuhr seine schwere Hand, als Eudoxia, ihren Gemahl zu rächen, ihn aus Afrika herüber rief, und alle folgenden Kaiser bis zum Untergange des Abendländischen Reichs zitterten vor ihm.

4. Die dritte Posaune.
V. 10. und 11.

10. Und der dritte Engel posaunete. Und es fiel ein großer Stern vom Himmel, ein König, ein großer gewaltiger Kriegsheld — Daniel 8, 10. — wird von Gott gesendet, **der brannte wie eine Fackel,** ließ die Kriegsfackel verheerend über das römische Reich flammen, **und fiel auf das dritte Theil der Wasserströme,** deutet auf die Gegend, in welcher er als verheerende und bald wieder gelöschte Fackel hausen wird, **und Wasserbrunnen.**

11. Und der Name des Sterns heißt Wermuth, denn er erfüllet Alles, wohin er kömmt, mit bitterm Schmerz und großer Noth, **und das dritte Theil der Wasser ward Wermuth,** erlitt seine Verheerung. **Und viele Menschen starben von den Wassern, daß sie waren so bitter geworden,**

Der Stern ist Attila, der Hunnen König, eine brennende

Fackel, zur Geißel gesendet, wie er sich selbst auch gern nennen hörte Godesgisel, d. i. Gottes Geißel. Der Rhein, die Marne, die Rhone sind die Flüsse, die er überschreitet, und auf seinem Zuge herrschet der Tod. Rom zitterte vor ihm, wurde aber gerettet durch den damaligen Bischof Leo d. Gr., welcher ihn zum Rückzuge bewegte. Sein Lauf war vollendet, er starb und die Fackel war verloschen. Das war der dritte Hauptstoß gegen das weströmische Reich, und bald kömmt es zu seiner völligen Auflösung.

5. Die vierte Posaune.
V. 12.

12. Und der dritte Engel posaunete. Und es ward geschlagen das dritte Theil der Sonne, und das dritte Theil des Mondes, und das dritte Theil der Sterne, daß ihr drittes Theil verfinstert ward, und der Tag das dritte Theil nicht schien, und die Nacht desselben gleichen. Das Bild der Verfinsterung der Himmelslichter deutet auf den Untergang einer Weltmacht — Amos 8, 9. Jes. 13, 9. 10. — und im Zusammenhange mit den vorigen Posaunen auf den Untergang des weströmischen Reichs; wie aber die Verfinsterung nicht gänzlich war, so war auch der Untergang nicht gänzlich: die Geschichte des weströmischen Reichs setzt sich fort in der Geschichte der päpstlichen Macht und des römisch-deutschen Kaiserthums.

Die vierte Posaune deutet nicht auf eine bestimmte Persönlichkeit, sondern ganz allgemein auf den Untergang des Reichs, und es kam derselbe auch nicht durch Einfluß eines Einzelnen, sondern durch Einfluß fremder Gewalthaber, welche Kaiser ein- und absetzten, bis Odoaker, der Anführer des sogenannten Bundesgenossenheeres, den Romulus Augustulus absetzte, und sich dann nach Besiegung des Odoaker durch Theoborich, den König der Ostgothen, auf den Trümmern des weströmischen Reichs das große ostgothische Reich erhob, welchem das longobardische Reich folgte.

Die Christenheit war durch schwere Drangsale gegangen, und doch war nicht eine allgemeine Umkehr zum reinen Evangelium zu finden. Statt dessen bereitete sich allmählig in Rom die Macht vor, welche später in den Päpsten als geistlich-weltliche Macht die Gewalt hat über die Könige der Erde.

Nach dem Tönen der vier ersten Posaunen mochte wohl der Seher tief aufseufzen und sich nach dem Tönen einer Friedensposaune sehnen; aber kaum hatte der vierte Engel posaunt, da hörte er ein dreifaches Wehe verkündigen:

6. Ankündigung der drei Wehe.
V. 13.

13. Und ich sahe, in der Vision ein Neues, einen Zwischenfall, und hörte einen Engel fliegen mitten durch den Himmel und sagen mit großer Stimme: Wehe, wehe, wehe, denen, die auf Erden wohnen, vor den andern Stimmen der Posaune der drei Engel, die noch posaunen sollen. Durch den dreimaligen Weheruf des mitten durch den Himmel fliegenden Engels werden die drei folgenden Posaunen als drei Wehe angekündigt für die Christenheit. Die Drangsale der vier ersten Posaunen lösten sich insofern noch günstig für die Kirche auf, als sie in den erobernden Völkern zumal deutschen Namens einen guten Boden fand, die Feinde zu den Füßen des Heilands anbeteten und zu Freunden wurden. Das findet nicht statt in den folgenden Posaunen; da bleibt das Wehe auch nach seinem Verlaufe in seinen Nachwirkungen nachtheilig für die Kirche, und ist eher keine Rettung, als bis der Herr selbst kommt und dem letzten Wehe ein Ende macht und nun Alles neu wird in seinem Siege. Die drei Wehe sind von einander so getrennt, daß die zwei Wehe der fünften und sechsten Posaune zusammengehören und das dritte und letzte Wehe nach einem längern Zwischenraume eintritt und die letzte Zeit der messianischen Kirche ausfüllt.

D. Die zwei ersten Wehe in der fünften und sechsten Posaune: Gericht Gottes über das oströmische Reich.

Die vierte Posaune hat den Untergang des weströmischen Reiches verkündet; immer tiefer sank das Glaubensleben sowohl in dem zertrümmerten, als auch und ganz besonders in dem noch fortbestehenden oströmischen Reiche. Da sandte Gott der Herr auch über dieses, über das morgenländische Reich und seine Christenheit seine Gerichte; und davon künden die fünfte und sechste Posaune.

1. Das erste Wehe in der fünften Posaune.
Kap. 9, 1—12.

1. Und der fünfte Engel posaunete. Und ich sahe einen Stern, Bild sowohl eines Lehrers, als auch eines Kriegsfürsten, hier von Beidem in der Person Muhameds, gefallen vom Himmel auf die Erde, deutet darauf, daß er von Gott zur Strafe gesendet, und ihm ward der Schlüssel zum Brunnen des Abgrundes gegeben, des Ortes, wo die bösen Geister der Verstorbenen sich aufhalten woher die teuflischen Mächte aufsteigen, und wohin der Teufel wird verbannet werden.

2. Und er that den Brunnen des Abgrundes auf, um den Ursprung seiner Lehre anzudeuten. Und es ging auf ein Rauch aus dem Brunnen, wie ein Rauch eines großen Ofens. Der Rauch deutet auf die teuflische, widerchristliche Lehre, welche der Stern auf die Erde bringt, und welche die Gemüther nach dem Willen deß, der sie lehret, zum Kriege aufreizet gegen Alle, die ihr widerstehen wollen: die Anhänger der Lehre werden Streiter für dieselbe und bringen sie mit Feuer und Schwert zur Herrschaft. Das will das Folgende sagen:

3. Und aus dem Rauch kamen Heuschrecken auf die Erde. Heuschrecken sind ein biblisches Bild für feindliche Heere, hier die Heere der Saracenen. Und ihnen ward

Macht gegeben, wie die Scorpionen auf Erden Macht haben d. h. Macht zu schaden nach Art der Scorpionen und nicht nach Art der Heuschrecken, wie das noch näher bestimmt wird:

4. Und es ward zu ihnen gesagt, daß sie nicht beleidigten, beschädigen sollten nach Art der Heuschrecken, das Gras auf Erden, noch kein Grünes, noch keinen Baum, sondern allein die Menschen, die nicht haben das Siegel Gottes an ihren Stirnen, geht nicht auf die 144000 Versiegelten aus Israel, sondern auf die lebendig gläubigen Christen, versiegelt durch den H. Geist, im Gegensatz zu den todten Namenchristen, und bezieht sich nicht sowohl auf Einzelne, sondern auf ein Ganzes, auf einen lebendigen Theil der christlichen Kirche, auf die zu jener Zeit neu aufblühenden Christengemeinden im Abendlande, in Frankreich und Deutschland, darum auch der Saracenen verheerendem Zuge gegen das Abendland ein Halt geboten wurde durch den Sieg Karl Martell's.

5. Und es ward ihnen gegeben, befohlen, daß sie nicht tödteten, so lautete die Botschaft der Saracenen an die Bewohner Jerusalems: „Wir verlangen von euch, zu bekennen, daß nur Ein Gott und Muhamed sein Gesandter ist, und daß ein Tag des Gerichts sein wird, da Gott die Todten aus ihren Gräbern erwecken wird. Wenn ihr solches Zeugniß ablegt, so ist es uns nicht erlaubt, euer Blut zu vergießen. Wollt ihr das nicht, so ist es euch noch vergönnt, Tribut zu zahlen und uns unterwürfig zu sein, sondern sie quäleten fünf Monate lang, mit Bezeichnung auf die Länge der Zeit, in welcher die Heuschrecken, wie die Scorpionen ihr Wesen zu haben pflegen, zugleich wohl mit andeutend, weil 5 die Hälfte von der vollkommenen Zahl 10 ist, das Halbe und Unvollendete des Gerichts, das erst in der folgenden Posaune eine Vollendung findet, und ihre Qual war wie eine Qual vom Scorpion, wenn er einen Menschen hauet. Im Bilde bleibend werden die Qualen gezeichnet, welche in Folge der Heere der Saracenen über die morgenländische Christenheit kommen.

6. Und in denselben Tagen werden die Menschen den Tod suchen, werden vor Furcht und Schrecken wünschen zu sterben, und nicht finden, werden begehren zu sterben, und der Tod wird vor ihnen fliehen. Und nun wird das Heuschreckenheer noch näher als ein Kriegsheer der Barbaren beschrieben:

7. Und die Heuschrecken sind gleich den Rossen, die zum Kriege bereitet sind, und auf ihrem Haupt wie Kronen, dem Golde gleich, und ihr Antlitz gleich der Menschen Antlitz, also kriegerische Reiterschaaren mit prächtig geschmückten Turbanen.

8. Und hatten Haare wie Weiberhaare, lange Haare, und ihre Zähne waren wie der Löwen, deutet auf die Alles zermalmende Macht der Krieger.

9. Und hatten Panzer wie eiserne Panzer, darum schwer zu fällen, und das Rasseln ihrer Flügel wie das Rasseln an den Wagen vieler Rosse, die in den Krieg laufen, nach alter Kriegführungsweise dargestellt.

10. Und hatten Schwänze gleich den Scorpionen, nach dem oben angeführten Bilde, und es waren Stacheln an ihren Schwänzen; und ihre Macht war zu beleidigen, zu beschädigen, die Menschen fünf Monate lang (siehe oben!).

11. Und hatten über sich einen König, einen Engel aus dem Abgrund, dessen Name heißt auf Ebräisch Abaddon, und auf Griechisch hat er den Namen Apollyon. Es stand also die ganze Saracenenmacht unter diabolischem Einflusse. Das Gegentheil von dem hier Verkündigten siehe 2. Könige 6, 15—17. Was würden wir Alles sehen, wenn es der Herr für gut fände, uns die Augen zu öffnen!

Die fünfte Posaune verkündet also die Verwüstung der morgenländischen Kirche durch die von Muhamed erregten Kriegszüge der Saracenen als die nächste große Begebenheit, welche auf den Untergang des abendländischen Reichs gefolgt ist.

12. Ein Wehe ist dahin; siehe, es kommen noch zwei Wehe nach dem. Nach dem ersten Wehe folgen noch zwei Wehe, ehe das Friedensreich Christi auf Erden aufgerichtet werden kann.

2. Das zweite Wehe in der sechsten Posaune.
Kap. 9, 13—21.

13. Und der sechste Engel posaunete. Und ich hörte eine Stimme aus den vier Ecken (Hörnern) des goldenen Altars vor Gott. Vergl. Kap. 8, 3. 4. Zwischen den Hörnern her, wo das Rauchwerk aufgestiegen, kömmt die Stimme, und ist nicht gesagt, wer sie rede; sie steht aber in Beziehung zu den Gebeten der Heiligen: es kann das Strafgericht durch ihre Gebete nicht mehr aufgehalten werden.

14. Die sprach zu dem sechsten Engel, der die Posaune hatte: Löse auf die vier Engel, gebunden an dem großen Wasserstrom Euphrat! Vom Euphrat her soll eine verheerende Macht, Verderben bringend, vorbringen.

15. Und es wurden die vier Engel los, die bereit waren auf eine Stunde, und auf einen Tag, und auf einen Monat, und auf ein Jahr, gerüstet auf die Zeit, wo sie hervorbrechen sollten, daß sie tödteten das dritte Theil der Menschen.

16. Und die Zahl des reisigen Zeuges war viel tausend mal tausend, und ich hörete ihre Zahl, eigentlich $2 \times 10,000 \times 10,000 = 200$ Millionen; eine solche Schaar ist niemals zugleich in den Krieg gezogen, daher kann man aus der Größe der Zahl auf eine sehr lange Kriegszeit schließen. Nun schauet der Seher die Schaaren selbst:

17. Und also sahe ich die Rosse im Gesicht, in der Vision, und die darauf saßen, daß sie hatten feurige, und gelbe, und schwefelichte Panzer; und die Häupter der Rosse wie die Häupter der Löwen, und aus ihrem Munde ging Feuer und Rauch und Schwefel, auf die wilde Wuth der Tapferkeit, auf den Mordgeist der Grausamkeit und auf die teuflische Zerstörungslust in dem Verwüsten der Schaaren deutend.

18. Von diesen dreien Plagen ward ertödtet das dritte Theil der Menschen von dem Feuer, und Rauch, und Schwefel, der aus ihrem Munde ging. Der Schaaren hinterlistige und satanische Bosheit wird noch mehr hervorgehoben durch die nachfolgende Beschreibung:

19. Denn ihre Macht liegt in ihrem Munde, und ihre Schwänze waren den Schlangen gleich, und hatten Häupter, und mit denselben thaten sie Schaden.

20. Und blieben noch Leute, die nicht getödtet wurden von diesen Plagen, noch Buße thaten für die Werke ihrer Hände, daß sie nicht anbeteten die Teufel (Dämonen) und die goldenen, silbernen, ehernen, steinernen und hölzernen Götzen, welche weder sehen, noch hören, noch wandeln können;

21. Die auch nicht Buße thaten für ihre Morde, Zauberei, Hurerei und Diebenrei. Es hatte also die entsetzliche Noth, welche die Schaaren gebracht, nicht die Wirkung gehabt, die Uebrigen zur Buße über ihren Götzendienst und ihre Laster zu führen; sie blieben in ihren Lastern und Verbrechen, wie ihre Väter.

Daß die Weissagung dieser Posaune auf die Muhamedaner gehe, darüber findet im Allgemeinen bei den Auslegern der Offenbarung kein Zweifel statt, die Einen aber sehen hier die ältern Saracenen, die Andern die spätern Osmanischen Türken, und diese letztere Deutung möchte wohl die richtige sein.

Zur Zeit Karls des Gr. war die Grenze des byzantinischen oder oströmischen, morgenländischen Kaiserreichs der Euphrat; bis in diese Zeit etwa hatte das erste Wehe, nämlich die Kriegsmacht der Saracenen gewüthet. Jetzt trat ein Stillstand für die Eroberungszüge ins oströmische Reich ein, und der Herr gab Raum für die Bekehrung von dem falschen Wege, welchen die griechische Kirche eingeschlagen. Aber fruchtlos ging das erste Wehe vorüber, die Abgötterei des Bilderdienstes wurde sanctionirt, der sittliche Verfall erreichte die Höhe, welcher das Gericht Gottes folgte. Da begannen, seit dem elften Jahrhundert die Angriffe auf den Rest des griechischen Reichs durch die Seldschukkischen Türken, die als Osmanische Türken dem Reiche nach einem Kampfe von etwa 300 Jahren ein Ende machen durch die Eroberung von Constantinopel im Jahre 1443. Was da noch übrig geblieben von der griechischen Christenheit, es bekehrte sich nicht von seinem Götzen- oder Bilderdienste, sondern sank immer tiefer in Todesschlaf, in welchem diese Ueberreste die Mission noch heut zu Tage findet.

Zwischenvisionen.

Vorbereitung auf die siebente Posaune.

Wie die sieben Siegel unterbrochen wurden durch eine Zwischenvision im siebenten Kapitel, so werden hier die sieben Posaunen unterbrochen durch eine Zwischenvision, die sich bis zum 13. Verse des 11. Kapitels hinerstreckt, und mit dem 14. Verse des 11. Kapitels wird dann die Vision der Posaunen wieder aufgenommen.

a. **Die sieben Donner.** Kap. 10, 1—4.

Nachdem durch das Gesicht der sechsten Posaune das zweite Wehe, das Zorngericht Gottes über die morgenländische Christenheit und den Untergang des oströmischen Reichs geweissagt ist, ist der Seher wieder auf der Erde, und es kömmt ihm nun eine neue Vision:

1. Und ich sahe einen andern, also nicht einen Engel

mit einer Posaune, starken Engel vom Himmel herab=
kommen, den Engel des Bundes, den Messias, der war mit
einer Wolke bekleidet, in eine Wolke gehüllt, wie zum
Gerichte gerüstet, das mit der siebenten Posaune sollte vollendet
werden, und ein Regenbogen auf seinem Haupte als
Zeichen seines Gnadenbundes, ein Trost für seine Erlöseten,
und sein Antlitz wie die Sonne, schon auf dem Berge
der Verklärung, schreibt Matthäus 17, 12, leuchtete sein Antlitz
wie die Sonne, und seine Füße wie die Feuerpfeiler;
denn er zertritt mit dem Feuer seines Zorns alle Macht und
Gewalt der Erde, die sich wider ihn auflehnt;

2. Und er hatte in seiner Hand ein Büchlein auf=
gethan, eine kleine Buchrolle, vielleicht ein besonderes Stück=
lein aus der Rolle des siebenten Siegels, das nicht durch die
Posaunen sollte verkündigt werden, das er dem Seher selbst zu
überreichen für gut hielt; und er setzte seinen rechten
Fuß auf das Meer zum Zeichen, daß er der Herr sei und
Gewalt habe auch über die wild aufbrausenden Wogen des
Völkermeeres, und den linken auf die Erde, zum Zeichen
seiner Herrschaft und Gewalt über alle Reiche in der Welt;

3. Und er schrie mit großer Stimme, wie ein
Löwe brüllet, wodurch das Bild des Weltrichters noch weiter
ausgemalet wird. Vgl. Hosea 11, 10. Jerem. 25, 30; und
da er schrie, redeten sieben Donner ihre Stimme.

4. Und da die sieben Donner ihre Stimme ge=
redet hatten, die der Seher deutlich gehört, wollte ich
sie schreiben, wie er Alles, was er gesehen und gehört, auf=
geschrieben hatte. Da hörte ich eine Stimme vom Him=
mel sagen zu mir: Versiegele, was die sieben
Donner geredet haben, dieselben schreibe nicht; also
soll er sie nicht bloß einstweilen geheim halten; es kann mithin
der Inhalt der siebenfachen Donnerrede nicht, wie Etliche mei=
nen, Kap. 17—20 folgen, denn ausdrücklich wird ihm gesagt:
„dieselbigen schreibe nicht" d. h. schreibe sie überhaupt nicht.

Er würde sie nach dem ihm Kap. 1, 19 gewordenen Befehle
geschrieben haben, wenn ihm nicht dieser ausdrückliche Gegen=
befehl gekommen wäre. Das Versiegeln und Nichtaufschreiben
der sieben Donnerreden deutet eine Zeit der Kirche an, über
welche eine besondere Weissagung nicht gegeben, und das ist
die Zeit vom Untergange des morgenländischen Kaiserthums
bis zum Beginne der siebenten Posaune, in welcher Zeit große,
allgemeine Zorngerichte über die Kirche nicht vorkommen. Mit=
hin vergeht zwischen dem zweiten und dritten Wehe eine be=
stimmte und zwar geraume Zeit, in welcher die Kirche dem
Gerichte entgegenreist.

b. **Schwur des Engels von der Vollendung des
Geheimnisses Gottes in der Zeit der siebenten
Posaune. Kap. 10, 5—7.**

5. Und der Engel, den ich sahe stehen, mit dem
rechten Fuße auf dem Meere und mit dem linken Fuße
auf der Erde, hob seine Hand auf gen Himmel
Vgl. Daniel 12, 7.

6. Und schwur bei dem Lebendigen von Ewigkeit
zu Ewigkeit, der den Himmel geschaffen hat und
was darinnen ist, und die Erde und was darinnen
ist, und das Meer und was darinnen ist, daß hin=
fort keine Zeit mehr sein soll, kein Aufenthalt in der
Entwickelung zum Reiche und damit der Erlösung der Kirche;

7. Sondern in den Tagen, d. h. zu der Zeit, wo sich
die siebente Posaune erfüllt, der Stimme des siebenten
Engels, wenn er posaunen wird, so soll vollendet
werden das Geheimniß Gottes, wie er hat verkün=
digt seinen Knechten und Propheten, das Ende der
Zerstreuung Israels, seine Bekehrung zu Christo und die Auf=
richtung des Reiches Israel. Vergl. Apost.=Gesch. 1, 6. 7.
Kap. 3, 19—21. So ist denn die siebente Posaune die, welche
die letzte Zeit vor Aufrichtung des Reichs umfaßt; in ihr drängt
Alles dem Ende und der Entscheidung zu.

c. **Der Seher verschlingt das offene Büchlein.**
Kap. 10, 8—11.

8. Und ich hörte eine Stimme vom Himmel abermal mit mir reden; es war dieselbe, welche V. 4. zu ihm geredet hatte, und sagen: Gehe hin, nimm das offene Büchlein von der Hand des Engels, der auf dem Meere und auf der Erde steht.

9. Und ich ging hin zum Engel und sprach zu ihm: Gieb mir das Büchlein. Und er sprach zu mir: Nimm hin und verschlinge (iß) es; und es wird dich im Bauche grimmen, aber in deinem Munde wird es süß sein wie Honig. Aehnliches geschah mit dem Propheten Ezechiel Kap. 3, 1. ff., wodurch er zum Propheten in Israel geweihet wurde; Johannes empfängt hier eine neue Weihe zur Verkündigung der letzten wichtigen Dinge, welche die siebente Posaune tönen wird.

10. Und ich nahm das Büchlein von der Hand des Engels und verschlang es, und es war süß in meinem Munde wie Honig, und da ich es gegessen hatte, grimmete michs im Bauche. Alles Wort Gottes ist als himmlische Speise vom Baume des Lebens süß, wenn wir es zuerst annehmen im Glauben, aber danach wird es auch, während die Süße nicht aufhört, bitter als ein Richter der Gedanken und Sinne des Herzens, wenn nun der alte Adam unter der Schärfe dieses zweischneidigen Schwerts in den Tod sinken muß; doppelt süß aber ist dieses Wort, wenn es den endlichen Sieg Christi über das Reich der Finsterniß verkündigt, doch auch bitter zugleich, denn es verbindet sich damit Klage, Ach und Weh, das über die Messianische Gemeine schwer hereinbricht durch den letzten verzweifelten Kampf des Fürsten der Finsterniß gegen das Reich Gottes.

11. Und er sprach zu mir: Du mußt abermal weissagen den Völkern, und Heiden, und Sprachen, und vielen Königen. Ehe er aber dem Wehrufe folgt, bereitet noch eine zwiefache Vision, die sich an die vorige anschließt und die Kirche der letzten Zeit betrifft, auf die siebente Posaune vor, und wird uns im folgenden Kapitel bis zum 13. Verse mitgetheilt.

d. Das Messen des Tempels. Kap. 11, 1. u. 2.

1. Und es ward mir ein Rohr gegeben, einem Stecken, Stabe, gleich, und sprach, wohl der Engel, der ihm das Rohr gegeben hatte: Stehe auf, und miß den Tempel Gottes und den Altar und die darinnen anbeten; das Messen deutet hier auf ein Gericht, das sich in der antichristischen Zeit, vielleicht noch vor dem Offenbarwerden des Antichrists, in der messianischen Kirche vollziehen wird und zwar im Gegensatz zu dem nachherigen Nichtmessen, was gleich ist dem Preisgeben, bezeichnet es ein Bewahrtwerden: die wahrhaft gläubigen Christen werden durch Gottes Gnade auch in der Schreckenszeit der 42 Monate, die im folgenden Verse genannt werden, treu erhalten werden.

2. Aber den Vorhof außerhalb des Tempels, die Namenchristen — nicht wie Luther übersetzt hat: „das innere Chor des Tempels," wirf hinaus und miß ihn nicht, die Namenchristen bleiben dann nicht in der Kirche, sondern verfallen der antichristischen Macht, was die folgenden Worte andeuten: denn er ist den Heiden gegeben; und die heilige Stadt, die messianische Kirche, werden sie zertreten, grausam verfolgen, zwei und vierzig Monate, die letzte Schreckenszeit vor und unter dem Antichrist.

e. Die zwei Zeugen in der letzten Noth. Kap. 11, 3—13.

α. Ihr Zeugniß. V. 3—6.

3. Und ich will meine zwei Zeugen geben; auch in der allertrübsten Zeit der Verfolgung der Kirche schweigt nicht das Wort des Herrn; er rüstet zwei gewaltige Buß- und Zornprediger mit der Macht Mosis und Eliä, und sie sollen weissagen, predigen, tausend zwei hundert und sechzig Tage, angethan mit Säcken, als Bußprediger.

4. Dieß sind zwei Oelbäume, in ausgezeichneter Weise gesalbt mit dem Salböl des H. Geistes, und zwei Fackeln, oder Leuchter, weil durch sie das Licht der Wahrheit in die Finsterniß, die dann den Erdkreis bedecket, hineinscheint, stehend vor dem Gott der Erde, bereit, die Befehle des Herrschers über die Erde, ihres Herrn Jesu Christi, auszurichten, sind seine mächtigen Diener. Vgl. Sacharja Kap. 4.

5. Und so Jemand sie will beleidigen, so gehet das Feuer aus ihrem Munde, d. h. auf ihr Geheiß fällt Feuer vom Himmel. Vgl. 2. Kön. 1, 10, und verzehret ihre Feinde; und so Jemand sie will beleidigen, der muß also getödtet werden.

6. Diese haben Macht, den Himmel zu verschlie=ßen, wie Elias 1. Kön. 17, 1, daß es nicht regne in den Tagen ihrer Weissagung, und haben Macht über das Wasser, zu wandeln in Blut, (wie Moses 2. Mos. 17, 20. 21.) und zu schlagen die Erde mit allerlei Plage, so oft sie wollen.

β. Ihr Tod. V. 7—10.

7. Und wenn sie ihr Zeugniß geendet haben, bis sich die nach Gottes Willen für ihr Zeugniß bestimmte Zeit erfüllt hat, so wird das Thier, das aus dem Abgrund aufsteigt (der Antichrist Vgl. Kap. 17, 8.), mit ihnen einen Streit halten, und wird sie überwinden, und sie tödten. Wenn aber Gott der Herr zuläßt, daß seine treuen Diener durch die Feinde Christi gefällt werden, so muß ihnen das zur Verherrlichung gereichen, den Feinden aber zur Schmach und etlichen erwähleten Seelen zur Rettung; so auch hier:

8. Und ihre Leichname werden liegen auf der Gasse der großen Stadt, die da heißt geistlich die Sodoma und Aegypten, d. h. welche in ihrem Sittenver=

derbniß gleich ist Sodom und ihrer Feindschaft wider den Herrn und sein Volk gleich Aegypten, das in seinem Könige das Volk Israel knechtete und verfolgte, da unser Herr gekreuziget ist. Im wörtlichen Sinne wäre es Jerusalem, im abgeleiteten Sinne (Hebr. 6, 6.): „sich denen gleichstellen, die Christum kreuzigten" wäre es eine andere, wirklich große Stadt, als: Rom oder Paris. In der Stadt, wo sie getödtet werden, muß aber ein großer Verkehr von Fremden stattfinden; denn es heißt weiter:

9. Und es werden ihre Leichname etliche von den Völkern und Geschlechtern und Sprachen drei Tage und einen halben sehen, und sich über ihren Tod freuen, und werden ihre Leichname nicht lassen in Gräber legen, als solcher Ehre für unwerth geachtet. — Die Nachricht von ihrem Tode wird sich schnell durch die antichristischen Länder verbreiten, die Telegraphen werden dann in großer Thätigkeit sein, und ihr Tod gilt den Antichristischen als ein Triumph:

10. Und die auf Erden wohnen, die Antichristischen, werden sich freuen über ihnen, und wohl leben, Festschmause halten, und Geschenke unter einander senden, und sich Glück wünschen zu dem Siege über die zwei Zeugen und zu ihrem Tode, womit die letzten verhaßten Stützen des Christenthums gefallen sind, die sich allen Gegnern desselben noch schwer fühlbar machten: denn diese zwei Propheten quäleten, die auf Erden wohneten, durch ihre Wundererweisungen und Plagen; aber der Jubel war zu früh:

γ. Der zween Zeugen Auferstehung und Himmelfahrt. B. 11—13.

11. Und nach dreien Tagen und einem halben fuhr in sie der Geist des Lebens von Gott, wurden sie auferweckt, und sie traten auf ihre Füße, und eine große Furcht fiel über die, so sie sahen. Der Schrecken aber wurde noch vermehrt durch das, was weiter geschah:

12. Und sie, die sie sahen, hörten eine große, laute und gewaltige, Stimme vom Himmel zu ihnen, den Auferweckten, sagen: Steiget herauf! Und sie stiegen auf in den Himmel in einer Wolke, wie einst ihr Herr und Heiland Jesus Christus, und es sahen sie ihre Feinde aufsteigen.

13. Und zu derselben Stunde, als sie gen Himmel aufgehoben wurden, ward ein großes Erdbeben, und das zehnte Theil der Stadt fiel, wurde verwüstet, und wurden ertödtet in der Erdbebung sieben tausend Namen der Menschen, und die Andern erschraken, und gaben Ehre dem Gott des Himmels. Ist die Stadt, wo dieses geschehen wird, die Stadt Jerusalem, so könnte wohl diese Begebenheit die Veranlassung sein zur Bekehrung des dann dort schon versammelten Volkes aus Israel, wenigstens können die, welche Ehre geben dem Gott des Himmels, keine wirkliche Anhänger des Antichrist's sein, denn diese sind nach Kap. 14, 9—11. zeitlich und ewig verloren.

Schlußworte zur sechsten Posaune.

V. 14.

14. Das andere Wehe ist dahin; siehe, das dritte Wehe kommt schnell. Johannes hat nun die Zwischenvision berichtet, die auf das dritte Wehe vorbereitete, die Vision hat aufgehört, der Seher ist wieder zurückversetzt in die Vision der Posaunen, der siebente Engel wird nun beginnen zu posaunen: da giebt er den Uebergang durch obige Worte, welche also das Folgende mit Kap. 9, 21. verbinden.

B. Die siebente Posaune
oder
Die messianische Gemeine zur Zeit des antichristischen Reichs.

Einleitung.

1. Die himmlische Begrüßung der siebenten Posaune.
Kap. 11, 15—19.

15. Und der siebente Engel posaunete. Es tönet nun die letzte Posaune, die heißersehnte, denn sie soll das Gericht bringen über die abgefallene Christenwelt und den Sieg des Reiches Gottes auf Erden. Da wird ein frohes Bewegen laut im Himmel: Und es wurden große Stimmen im Himmel laut, die sprachen, den nahen Sieg im Voraus verherrlichend, und frohlockend die siebente Posaune begrüßend: Es sind die Reiche der Welt unsers Herrn und seines Christus geworden, und er wird regieren von Ewigkeit zu Ewigkeit. Vergl. Daniel 2, 34. 35. 44. Kap. 7, 13. 14. 26. 27.

16. Und die vier und zwanzig Aeltesten, als Repräsentanten der messianischen Kirche, die vor Gott auf ihren Stühlen, Thronen, saßen, fielen auf ihr Angesicht, und beteten Gott an,

17. Und sprachen: Wir danken dir, Herr, allmächtiger Gott, der du bist, und warst, und zukünftig bist, daß du hast angenommen deine große Kraft, und herrschest, und also erhöret hast das Gebet aller Heiligen und Erlöseten Jesu Christi. Vergl. Kap. 6, 10;

18. Und die Heiden, die abgefallenen Christen, die Antichristischen, sind zornig geworden, ihr Frevelmuth in der allgemeinen Empörung wider Gott und seinen Gesalbten hat den höchsten Grad erreicht, und es ist gekommen dein Zorn (Ps. 2, 9.) und die Zeit der Todten, der Treuen Gottes und Christi, die ihm je und je gedienet und dem Verderben auf Erden, so lange sie lebten, ja mit Aufopferung ihres Lebens gesteuert haben, ihnen wird er nun den ihnen verheißenen Gnadenlohn geben: zu richten, nicht das allgemeine Weltgericht zu halten, sondern das Gericht über die Kirche durch die Besiegung des Antichrists, und zu geben den Lohn deinen Knechten, den Propheten, und den Heiligen und denen, die deinen Namen fürchten, den Kleinen und den Großen, und zu verderben, die die Erde verderbet haben. Und wie zur Antwort und zur Betheuerung, daß ohne Zögerung das Gericht über die gott= und christusfeindliche Weltmacht hereinbrechen solle und Gott die alte Bundesverheißung vom Reiche in der Kürze in Erfüllung bringen werde, geschiehet das Folgende:

19. Und der Tempel Gottes, das Urbild der Stifts= hütte und des Salomonischen Tempels, ward aufgethan im Himmel, und die Arche seines Testaments, die Lade seines Bundes, ward in seinem Tempel gesehen, bedeckt von dem Gnadenstuhle, dem heiligen Thronsitze seiner Barm= herzigkeit und Leutseligkeit: die Gnade über die, welche seinem h. Bunde in Christo treu geblieben, wird nun groß und herr= lich sich erweisen, und es geschahen Blitze, und Stim= men, und Donner, und Erdbeben, und ein großer Hagel: die da gefrevelt haben gegen den Bund und einem Andern nachgegangen sind, werden erzittern und werden um= kommen unter dem Zorngerichte, das nun hereinbrechen wird; ihre schnelle Verrichtung ist beschlossen.

2. Rückblick auf den Anfang der Kämpfe des Drachen gegen den Messias als Einleitung zur Verkündigung des Endes.

Außer in den Briefen an die Gemeinen zu Smyrna, Per= gamus und Thyatira wird bis zur siebenten Posaune des Sa= tans nicht gedacht, jetzt aber, wo seine letzten und Hauptan= griffe gegen den Messias in seiner Gemeine vorgeführt werden sollen, tritt er als der eigentliche Held des Kampfes in die

Vision, um gleichsam hier nachzuholen, was früher nicht gezeichnet, nämlich ihn als den Hauptfeind Christi darzustellen, giebt das erste Bild der siebenten Posaune einen Rückblick bis auf den Anfang des Streits als Einleitung zur Verkündigung des Endes.

a. **Das gebärende Weib. Kap. 12, 1—6.**

1. Und es erschien ein großes Zeichen im Himmel: ein Weib mit der Sonne bekleidet, ganz mit Sonnenlicht umhüllt, so daß sie selbst als Sonne erschien, und der Mond unter ihren Füßen und auf ihrem Haupt eine Krone von zwölf Sternen. (Bild der Israelitischen Gemeine in ihrer von Gott gewollten und gegebenen kirchlich-bürgerlichen oder theokratischen Verfassung; ursprünglich Bild der Familie Jacobs oder Israels: 1. Mos. 37, 9 u. 10., übertragen auf die weitere Familie Jacobs d. i. auf die Israelitische Gemeine.)

2. Und sie war schwanger, und schrie und war in Kindesnöthen, und hatte große Qual zur Geburt. (Bezeichnung der Zeit, in welcher die Erfüllung der Verheißung vom Messias herbeigekommen, der Sehnsucht der frommen Israeliten nach dem Verheißenen, der Noth unter Herodes und der Römerherrschaft und der Trauerzeit der Jünger Jesu. Vgl. Joh. 16, 20—21. Die Geburtswehen des Weibes erreichten den höchsten Grad mit dem Kreuzestode Jesu, der durch den Tod zum Messias ausgeboren und durch die Auferstehung als wahrhaftiger, zuvor verheißener Messias von Gott bezeuget wurde. Vgl. Ap.=Gesch. 3, 25. 26. u. Kap. 13, 32 ff.)

3. Und es erschien ein anderes Zeichen im Himmel, und siehe, ein großer rother Drache, der hatte sieben Häupter und zehn Hörner und auf seinen Häuptern sieben Kronen, als Fürste dieser Welt, von dem Luther singt: Groß Macht und viel List sein' grausam' Rüstung ist, auf Erd' ist nicht sein's Gleichen.

4. Und sein Schwanz zog den dritten Theil, also einen großen Theil, der Sterne, der Lehrer, Obrigkeit und Fürsten, und warf sie auf die Erde, zog sie aus der himmlischen Bahn, vom Kirchenhimmel, in irdische, widergöttliche Intressen und Handlungen zur Bekämpfung des Heilswerkes Gottes im Messias besonders durch den Wahn, der Messias würde ein irdisches Weltreich, wie andere Reiche waren, stiften und dem Volke Israel alle übrige Völker zu Knechten machen. Und der Drache trat vor das Weib, die gebären sollte, auf daß, wenn sie geboren hätte, er ihr Kind fräße. Hierher gehören alle die grausamen Versuche des Teufels, das messianische Werk zu hindern entweder durch Wegräumung des Messias, wie im Bethlehemitischen Kindermorde, oder dadurch, daß er ihn in seine Gewalt bekäme durch die Versuchung desselben in der Wüste, oder als Alles vergeblich war, dadurch, daß er ihn dem Volke verächtlich machte durch den Kreuzestod, also Alles, was unter dem Fersenstich (1. Mos. 3.) zu verstehen, endlich die Lüge, durch welche er die Auferstehung, das also geborne Kind zu verschlingen, zu nichte zu machen gedachte. Wäre ihm das Letztere gelungen oder gelänge es ihm noch, so wäre sein Sieg gewiß; darum wird er zu diesem Zwecke im Antichrist, der aus dem Abgrunde aufsteigen wird, den Letzten und gewaltigsten Versuch machen.

5. Und sie gebar einen Sohn, ein Knäblein, der alle Heiden sollte weiden mit der eisernen Ruthe in dem die Weissagung Pf. 2, 8. u. 9. in Erfüllung gehen sollte. Und ihr Kind ward entrückt zu Gott und seinem Stuhl. (Der Messias nimmt in der Himmelfahrt seinen Thronsitz zur Rechten Gottes ein, vgl. Ap.-Gesch. 3, 21: „Welcher muß den Himmel einnehmen bis auf die Zeit, da herniedergebracht werde Alles, was Gott geredet hat durch den Mund aller seiner heiligen Propheten von der Welt an." Darum wird Jesus Christus von da an bis zu seiner Wiederkunft allen Völkern zuvor geprebigt.

Kann nun der Teufel gegen den Messias selbst nichts ausrichten: wie wird es dem Weibe gehen, das ihn geboren hat? Ein Reich Israel, darin sie Schutz und Herrlichkeit gefunden hätte, hat der Messias nicht aufgerichtet; soll dieser Theil der alten Weissagung nicht in Erfüllung gehen und wird nicht der Drache wüthen gegen das Weib, um zu verhindern, daß sich dieser Theil der Weissagung erfülle? Auf diese Frage giebt der folgende Vers vorläufig beruhigende Antwort:

6. Und das Weib, dasselbe, wie in V. 1, von welcher der Messias herkommt nach dem Fleisch und in welcher er ausgeboren ist durch sein bitteres Leiden und Sterben und sein Auferstehen, also nicht die christliche Kirche, welche erst in V. 17 Erwähnung findet, entflohe in die Wüste; floh das Weib in die Wüste, so flohe Israel in die Wüste, vgl. Hosea 20, 35—38. „Und ich will euch bringen in die Wüste der Völker u. s. w." — und das ist geschehen nach Christi Himmelfahrt durch die durch die Römer hereinbrechende Noth und Verfolgung, da sie hatte einen Ort bereitet von Gott; denn nur so konnte Israel bleiben trotz aller Verfolgungen durch die Jahrhunderte, denn während sie in einem Lande verfolgt wurden, wurden sie in einem andern begünstigt und konnten sich wieder sammeln, daß sie daselbst ernähret wurde tausend zweihundert und sechzig Tage, Bezeichnung der Herrschaftsdauer feindlicher, der messianischen Gemeine sowohl des Alten, wie des Neuen Bundes. Die Zeit des Aufenthalts Israels in der Wüste währet ihre bestimmte Zeit, und nach Ablauf derselben wird die Weissagung vom Reiche in Erfüllung gehen.

b. Der Streit Michaels mit dem Drachen und die Stimmen im Himmel. V. 7—12.

7. Und es erhob sich ein Streit im Himmel, und der Kampf, welchen der Seher in der Vision im Himmel kämpfen sieht, stellt einen Kampf auf Erden vor, der hier nach der Himmelfahrt Christi und nach Ausgießung des Heiligen Geistes gekämpft wird durch die Predigt von dem Versöhnungstode Christi in gänzlicher Hingabe an die Sache des Messias bis zum Märthrertode V. 11: **Michael, als Schutzengel des Volkes Gottes**, vgl. Daniel 10, 12. u. 21., **und seine Engel stritten mit dem Drachen, und der Drache stritt und seine Engel.**

8. Und siegeten nicht, auch ward ihre Stätte nicht mehr gefunden im Himmel. Satan verlor als Ankläger der Kinder Gottes alles Ansehen, denn in den Herzen der Erlöseten Jesu Christi hatte nun der Erlöser seinen Thron, und sein Blut schreiet für Alle, die ihm gehören: Barmherzigkeit! Barmherzigkeit!

9. Und es ward ausgeworfen — denn mit dem Siege Jesu Christi über Teufel, Tod und Hölle durch Leiden und Auferstehen beginnt über den Satan das Gericht, dessen Ende sein wird, daß er geworfen wird in den Pfuhl, der mit Feuer und Schwefel brennt Kap. 20, 10. — **der große Drache, die alte Schlange**, welche im Paradiese den Menschen verführte und dadurch die Gewalt über die Menschheit gewann, **die da heißt der Teufel und Satanas, der die ganze Welt verführet; und ward geworfen auf die Erde**, es bleibt ihm in Betreff der Erlöseten nur noch äußere, irdische Macht, er kann sie verfolgen und martern, aber ihrem inwendigen Menschen nichts anhaben, so lange sie dem Heilande treu sind, **und seine Engel wurden auch dahin geworfen**, darum die apostolische Ermahnung an die Gläubigen: „Ziehet an den Harnisch Gottes, daß ihr bestehen könnet gegen die listigen Anläufe des Teufels; denn wir haben nicht mit Fleisch und Blut zu kämpfen, sondern mit Fürsten und Gewaltigen, nämlich mit den Herren der Welt, die in der Finsterniß dieser Welt herrschen, mit den bösen Geistern unter dem Himmel."

10. Und ich hörete eine große Stimme, die sprach,

lobpreisend, im Himmel: Nun ist das Heil und die Kraft und das Reich und die Macht unsers Gottes seines Christus geworden; denn durch den Opfertod Jesu Christi ist dem Teufel der Kopf zertreten, ist ihm die Herrschaft genommen, und Christo Alles unterthan gemacht. Hat sich nun zwar der Teufel noch nicht in dieß unvermeidliche Loos ergeben, so kämpfen doch Christi Diener und Erlösete siegreich gegen ihn und sein Reich der Finsterniß, bis das Reich Christi den völligen Sieg wird erlangt haben, wenn auch der letzte Versuch des Teufels, durch Gog und Magog das Verlorne wieder zu erlangen, wird gescheitert sein. Der Anfang zum völligen und dann fortan ungetrübten Siege ist gemacht seit der ersten Predigt des Evangeliums:

11. **Und sie haben ihn überwunden durch des Lammes Blut,** in Bezug auf ihre Person, **und durch das Wort ihres Zeugnisses,** wodurch auch Andere zu Kämpfern und Siegern wider den Teufel gewonnen sind, **und haben ihr Leben nicht geliebet bis an den Tod,** haben es willig in den Märtyrertod gegeben, und das Blut der Märtyrer ist der Same der Kirche geworden.

12. **Darum freuet euch ihr Himmel,** Anrede an die Engel, **und die darinnen wohnen,** Anrede an die vollendeten Gerechten, — der Grund der Freude ist aber die Aussicht, daß nun die durch den Fall des Teufels gestörte und durch den Fall des Menschen in ihrer Wiederherstellung aufgehaltene Harmonie in der gesammten Schöpfung wieder vollkommen und herrlich wird hergestellt werden. **Wehe denen, die auf Erden wohnen und auf dem Meer, auf den Inseln des Meeres; denn der Teufel kommt zu euch hinab und hat einen großen Zorn,** weil er einsieht, was es mit dem Kopfzertreten für eine Bewandniß hat, und er inne geworden, daß es um seine Herrschaft und um ihn selbst geschehen, **und weiß, daß er wenig Zeit hat,** daß er bald gänzlich verloren sein wird; desto wüthender tritt er gegen die Gemeinen des Herrn auf, wird aber dadurch auch seine Sklaven, welche die Erlösung in Christo verachten, in großes, unaussprechliches Weh und Unheil stürzen.

c. Der Kampf des Drachen wider das Weib, das in die Wüste flieht. V. 13—17.

13. Und da der Drache sahe, daß er verworfen war auf die Erde, verfolgte er das Weib, die das Knäblein geboren hatte, die Israelitische Kirche. Schon V. 6 sah der Seher dieß Weib in die Wüste entfliehen; hier wird ihm diese Flucht umständlicher gezeigt.

14. Und es wurden dem Weibe zwei Flügel gegeben, wie eines großen Adlers, daß sie in die Wüste flöge an ihren Ort, erinnert an die Flucht Israels aus Aegypten; jetzt läßt es Gott der Herr zu, daß Satan das Weib verfolge, weil es abtrünnig geworden dadurch, daß es seinen Messias verworfen hat, und es verliert sein Heiligthum und Land; überall aber ist Israel in der Wüste, wo es nicht im Lande der Väter ist. Vgl. Hosea 20, 35 ff. Doch waltet in dieser Strafe noch die Gnade, welche dafür sorgt, daß Israel nicht gänzlich vertilget wird: da sie ernähret würde eine Zeit und zwei Zeiten und eine halbe Zeit vor dem Angesicht der Schlange, also in einer Zeit der Verfolgung und Drangsal; doch muß eben von dem Israel übrigbleiben ein Rest, auf daß die Verheißung vom Reiche, den Vätern gegeben, noch in Erfüllung gehen könne. Wie dieß ermöglicht wird, zeigt die Vision im Folgenden:

15. Und die Schlange schoß nach dem Weibe aus ihrem Munde ein Wasser, wie ein Strom, daß er sie ersäufete. Des Teufels Absicht war, Israel zu vertilgen, als er Gottes Strafgericht gegen Israel durch die Römer ausführte, und nun das sich erfüllte, was Daniel zuvorgesagt in der Weissagung von den siebenzig Wochen, Kap. 9, 26; aber Gott gab Israel nicht gänzlich auf, er erhielt sich, um seine Verheißung vom Reiche zu erfüllen und um einst die 144000 Versiegelten auszuerwählen, einen Rest des Volks:

16. Aber die Erde half dem Weibe, die Hilfe kam durch Volksverhältnisse auf Erden, und that ihren Mund auf, und verschlang den Strom, den der Drache aus seinem Munde schoß. Die Zerstreuung Israels unter die Völker der Erde wurde Israels Schutz gegen den Untergang; denn fortan traf jede der zahlreichen Verfolgungen nur einen Theil des Volks, während andere Theile Frieden hatten, und für die Verfolgten that sich immer ein Land der Zuflucht auf; so half die Erde dem Weibe.

17. Und der Drache ward zornig über das Weib, ärgerte sich über das Weib, daß er es nicht vertilgen konnte, ließ es in der Wüste, und ging hin zu streiten mit den Uebrigen von ihrem Samen, die da Gottes Gebot halten und haben das Zeugniß Jesu Christi, d. h. die Juden= und Heidenchristen zu einem Ganzen verschmolzen (Röm. 11, 17.). Damit heben die Christenverfolgungen an. Der Streit des Satans gegen die Gemeine des Herrn hat vom ersten Anfang bis zu dieser Stunde nicht aufgehört; er wird aber in dieser Vision nicht weiter durch die Zeiten verfolgt, weil er aus den Briefen, Siegeln und Posaunen ersehen werden kann, und es gehet nun die Vision der siebenten Posaune sofort über aufs Ende des Streits, der seiner großen Wichtigkeit wegen und um die Christenheit zu warnen, die speciellste Darlegung findet in Kap. 13 bis 20.

A. Anfang des dritten Wehes in der siebenten Posaune oder Anfang des antichristischen Reichs.

1. Das Thier aus dem Meere.

Kap. 12, 18 u. Kap. 13, 1—10.

Kap. 12, 18.

18. Und ich trat auf den Sand des Meeres. Die erste Vision nach dem Tönen der siebenten Posaune hatte ihren

Schauplatz im Himmel; jetzt muß der Seher eine andere Stellung einnehmen; er tritt auf den Sand des Meeres d. h. an die Küste des Meeres, und soll nun schauen die schrecklichen Dinge, welche der Zukunft Christi und der Gründung seines Reiches unmittelbar vorhergehen werden.

Kap. 13, 1—10.

1. Und sahe ein Thier aus dem Meere, das Meer kann kein anderes gewesen sein, als das Mittelländische Meer, aufsteigen; in diesem Aufsteigen des Thieres aus dem Meere liegt die Beziehung auf den Zustand des Volkes, in welchem das Thier zur Erscheinung kommen wird, nämlich, daß das Volk in der Unruhe, Revolution, sein wird, wenn das Thier aufsteigt. Den ersten offenen und schauerlichen Triumph feierte der antichristische Geist in der französischen Revolution, als man das Christenthum öffentlich abschaffte und decretirte: „es ist kein Gott," und die neue Religion proklamirte als eine Religion des werdenden, im Volkswillen zu sich selbst kommenden Gottes der Vernunft. Mit der französischen Revolution beginnt die letzte, eigentlich antichristische Zeit, welche den persönlichen Antichrist ausgebären wird, das hatte sieben Häupter und zehn Hörner, und auf seinen Häuptern Namen der Lästerung. (Darüber das Nähere Kap. 17.)

2. Und das Thier, das ich sahe, war, in seiner Grundgestalt, gleich einem Pardel, und seine Füße als Bärenfüße, und sein Mund eines Löwen Mund. In dem Thiere verbindet sich das Listige, Gewandte und Grausame des Pardels mit dem Zertreten und Verwüsten des Bären und mit der Kraft und Gier des Löwen zu einem erschrecklichen Ungeheuer, daß eine Geißel werden soll der abfälligen Christenheit. Mit ähnlicher Geißel drohet der Herr dem abgefallenen Israel durch den Mund des Propheten Hosea (13, 7. und 8.): „So will ich auch werden gegen sie wie ein Löwe, und wie ein Pardel auf dem Wege will ich auf sie lauern. Ich will ihnen begegnen wie ein Bär, dem seine Jungen genommen sind, und will ihr verstocktes Herz zerreißen, und will sie daselbst wie ein Löwe fressen." Und der Drache gab ihm seine Kraft und seinen Stuhl und große Macht. Das Thier kömmt also unter Gottes strafender Zulassung durch Wirkung des Teufels zu großer Gewalt.

3. Und ich sahe seiner Häupter eins, als wäre es tödtlich wund; genauer: „wie geschlachtet zum Tode" d. h. nach V. 14. und Kap. 17, 8. an einer tödtlichen Wunde erblichen; und seine tödtliche Wunde, genauer: „und die Wunde seines Todes," ward heil, es kehrt ins Leben zurück; mithin hat dieses Haupt eine zwiefache Geschichte, eine als unverwundetes Haupt, und eine, nachdem die Wunde seines Todes heil geworden, und eben das Letztere, das Zurückkehren ins Leben erzeugt die allgemeine Verwunderung: und der ganze Erdboden verwunderte sich des Thieres, nicht des siebenköpfigen und zehnhörnigen Thieres als solchen, sondern des einen, eben hervorgehobenen Hauptes, das schon hier und von jetzt an weiter selbst das Thier genannt wird, woraus zu entnehmen, daß dieses Haupt alle übrigen bei weitem an Wichtigkeit überragt und eigentlich das ist, auf welches es die ganze Vision abgesehen hat, der Antichrist.

4. Und beteten den Drachen an, also völliger Abfall von dem dreieinigen Gott, indem man meinet, nun erst nach Aussagen des Thieres den wahren Gott der Erde gefunden zu haben, der dem Thiere die Macht gab, und beteten das Thier an, als den eigentlichen Messias oder Christus, und sprachen: Wer ist dem Thiere gleich? Und wer kann mit ihm kriegen? Darnach muß das Thier in seinem ersten Auftreten als unverwundetes Haupt, wo es noch nicht der Antichrist war, schon mächtig gewesen sein auf Erden, ein gewaltiger Kriegsheld von großer Macht und großem Ruhm; sein erstes Auftreten dient dazu, seinem zweiten Auftreten die

Bahn zu bereiten; erst in seinem zweiten Auftreten wird es der Antichrist.

5. Und es ward ihm gegeben ein Mund zu reden große Dinge und Lästerung, und ward ihm gegeben, daß es mit ihm währete 42 Monate. (Vergl. Daniels kleines Horn Kap. 7, 24. und 25.)

6. Und es that seinen Mund auf zur Lästerung gegen Gott, zu lästern seinen Namen und seine Hütte und die im Himmel wohnen. Sein Hauptbestreben geht dahin, den Glauben an den Gott der Christenheit, an den Vater, Sohn und Heiligen Geist zu ersticken und den Teufel als den wahren Gott der Erde und sich selbst als den wahren Christus zur Anerkennung zu bringen. Nach des Antichrists Lehre sind alle Gläubige verloren, alle Ungläubige und Freidenker, Alle, die sich emancipirt haben von dem Herrn und seinem Gesalbten sind aber im Jenseits zu den höchsten Wonnen und Ehren gekommen. Wie groß und allgemein dann der Abfall, wenn dieser Mund redet, sein wird, das wird Jeder, der seine Zeit kennt, ahnen; doch wird es auch nicht an treuen Christusbekennern fehlen:

7. Und ward ihm gegeben zu streiten mit den Heiligen, mit den Gläubigen an Jesum Christum, und sie zu überwinden, äußerlich, so daß sie seiner Gewalt zu Marter und Tod verfallen, wodurch seine Macht immer größer wird auf Erden. Und ihm ward gegeben Macht über alle Geschlechter und Sprachen und Heiden, Nationen.

8. Und Alle, die auf Erden wohnen, werden es anbeten, deren Namen nicht geschrieben sind in dem Lebensbuche des Lammes; das erwürget ist von Anfang der Welt. Denn des Lammes Erlösete wissen eher die greulichsten Martern zu ertragen, als daß sie ihren Herrn und Heiland verleugneten, von ihm sich losrissen und das Thier anbeteten.

9. Hat Jemand Ohren, der höre! der merke auf

den Trost und die Warnung, die nun noch für die Gläubigen hinzugefügt wird:

10. So Jemand in das Gefängniß führet, der wird in das Gefängniß gehen; so Jemand mit dem Schwert tödtet, der muß mit dem Schwert getödtet werden, d. h. die Vergeltung wird nicht ausbleiben, und deutet an, was dem Thiere und seinem Anhange bevorsteht, zum Troste der verfolgten Gläubigen gesagt, aber auch zu ihrer Warnung, damit sie selbst nicht Gewalt üben gegen ihre Feinde; denn: Hier, während des Wüthens des Antichrists, ist Geduld und Glaube der Heiligen, hier gilt es für die Heiligen, Geduld und Glauben zu zeigen. Schwer und furchtbar wird ja die Zeit unter der Gewaltherrschaft des Thieres werden, aber die Gläubigen an Jesum Christum müssen gedenken des Haufens der Zeugen, die ihnen in Marter und Tod vorangegangen und in die Herrlichkeit eingegangen sind; sie müssen beten und flehen um Kraft in der Noth und es sich tief ins Herz schreiben, daß dieser Zeit Leiden nicht werth sei der Herrlichkeit, die an uns soll geoffenbaret werden.

2. Das Thier von der Erde.
Kap. 13, 11—17.

11. Und ich sahe ein anderes Thier aufsteigen von der Erde, — bedeutet in der vorigen Vision „das Meer" ein Volk in der Unruhe, so bedeutet hier „die Erde" einen geordneten Staat, eine bestehende Macht — und hatte zwei Hörner gleich einem Lamme, des Lammes zwei Hörner bedeuten seine geistlich-weltliche Macht, seine christokratische Gewalt als Hoherpriester-König, mithin wird das Thier durch die zwei Lammeshörner kenntlich gemacht in seiner Machtstellung, die es bisher auf Erden eingenommen hat, also ein Papst, und redete wie der Drache. Mit den Lammeshörnern ist gegen das Wesen des Lammes die Drachenrede verbunden als dem Thiere characteristisch; die Drachenrede ist keine andere als die Lüge, welche dem Worte Gottes widerspricht. Es ist also das andere Thier ein Papst zur Zeit des Antichrists, der an seiner Kirche zum völligen Verräther wird, sich in den Dienst des Antichrists begiebt und ein eifriger Beförderer der Interessen desselben wird.

12. **Und thut alle Macht des ersten Thieres vor ihm,** d. h. mit seiner Genehmigung, in seinem Dienste, **und es macht, daß die Erde und die darauf wohnen anbeten das erste Thier, welches tödtliche Wunde heil geworden war,** sorgt für den antichristischen Cultus, der seinen Höhepunkt findet in der Anbetung des Antichrists. So kömmt man von der Verehrung der Heiligen auf der einen und von der Verwerfung alles Gottesdienstes auf der andern Seite zur Anbetung des Menschen der Sünde und des Satans selbst. Dem Thiere von der Erde oder dem falschen Propheten, dem antichristischen Cultusminister, gelingt sein satanisches Werk um so mehr, als ihm satanische Kräfte zu Zeichen und Wundern zu Gebote stehen.

13. **Und thut große Zeichen, daß es auch macht Feuer vom Himmel fallen vor den Menschen.**

14. Und verführt die auf Erden wohnen um der Zeichen willen, die ihm gegeben sind zu thun vor dem Thier; und sagt denen, die auf Erden wohnen, daß sie dem Thiere ein Bild machen sollen, das die Wunde vom Schwert hatte und lebendig geworden war. Sein Hauptbeweis für den Antichrist, daß er der rechte Heiland der Welt sei, und für die Rechtmäßigkeit des neu eingeführten antichristischen Cultus besteht darin, daß er fortwährend auf das Lebendigwerden des Thieres, auf die Pseudo- oder Lügen-Auferstehung desselben hinweist und durch seine Helfershelfer hinweisen läßt. Nun werden aus allen Kirchen die Crucifixe und Alles, was auf den alten christlichen Cultus hindeutet, hinausgeschafft und Bilder des Thiers werden in die entweihten Kirchen gestellt.

15. Und es ward ihm gegeben, daß er dem Bilde des Thiers den Geist gab, daß des Thieres Bild redete; durch die diabolische Einwirkung wird entweder ein Hauptbild oder werden die Bilder (Statuen) des Thieres reden — schon im alten Heidenthum haben die Priester redende Bilder der Menge präsentirt — und man wird und muß den Bildern des Thiers den Gottesdienst der Anbetung erweisen, so daß, wer sich dieser Abgötterei weigert, der Todesstrafe verfällt: und daß es machte, daß, welche nicht des Thieres Bild anbeteten, ertödtet würden.

16. Und machte, damit sich Niemand diesem teuflischen Götzendienste entziehen könne, allesammt, die Kleinen und Großen, die Reichen und Armen, die Freien und Knechte, daß es ihnen ein Maalzeichen (ein Erkennungszeichen) gab an ihre rechte Hand (vielleicht ein farbiges Armband bei Frauen) oder an die Stirn (bei Männern, kein eingebranntes Zeichen, eher etwa eine Cocarde an Hut oder Mütze).

17. Daß Niemand kaufen oder verkaufen kann, er habe denn das Maalzeichen oder den Namen des Thiers, oder die Zahl seines Namens (seine Namens-Chiffer, Namenszug).

Wenn wir uns nach dieser Schilderung ein klares Bild von den Greueln jener Zeit machen, nichts bemänteln, und dabei noch gedenken an die Heere des Antichrists, mit denen er sich den Erdkreis unterwerfen will, und an die teuflische Brutalität seiner Krieger und aller seiner Anhänger, die alle vom Teufel entzündet sind: so müssen wir ja wohl hier die volle Erfüllung der Worte des Herrn erkennen, die zunächst zwar auf die Zeit der Zerstörung Jerusalems gehen, aber zugleich auch und ganz besonders auf die letzte Zeit: „Denn es wird alsdann eine große Trübsal sein, als nicht gewesen ist von Anfang der Welt bisher, und als auch nicht werden wird. Und wo diese Tage nicht würden verkürzet, so würde kein Mensch am Leben erhalten, aber um der Auserwählten willen, d. h. um derer willen, welche als Erstlinge in das Reich übergehen sollen, werden diese Tage verkürzet." Und gewiß wird die Zahl dieser Auserwählten nicht groß sein; der Herr deutet selbst darauf hin Luc. 18, 7 u. 8. „Sollte aber Gott nicht auch retten seine Auserwählten, die zu ihm Tag und Nacht rufen, und sollte Geduld darüber haben? Ich sage euch: Er wird sie erretten in einer Kürze. Doch wenn des Menschen Sohn kommen wird, meinest du, daß er auch werde Glauben finden auf Erden?" Eine schwere Zeit für die Gläubigen Jesu Christi! Die aber von seinen Gläubigen, welche in diese Schreckenszeit kommen, in diese Versuchungsstunde, welche über den ganzen Erdkreis kommen soll, die sollen Alles über sich ergehen lassen, wenn sie ohne Untreue an den Herrn nicht entfliehen können; denn nur wer beharret bis ans Ende, wird selig; denen aber, die als Märtyrer fallen, winket die Siegeskrone dort drüben im Lande des Friedens, und sie haben noch eine ganz besondere Verheißung Kap. 20, 4.

3. Die Zahl des Namens des Thieres.

Kap. 13, 18.

18. Hier ist Weisheit, Scharfsinn nöthig. Wer Verstand hat, wer es versteht, denn für Jedermann liegt die Sache nicht so ganz klar vor, der berechne die Zahl des Thiers, d. h. seines Namens; denn es ist eine Menschenzahl, wie sie von Menschen gebraucht wird, nicht eine geheime und göttliche Zahl, wie die 1260 Tage und andere, an deren Berechnung bis jetzt alle Ausleger zu Schanden geworden sind; diese aber kann von denen, die es verstehen, berechnet werden, und seine Zahl ist sechshundert sechs und sechzig. Die Worte dieses Verses bilden eine gematrische Aufgabe oder ein gematrisches Räthsel, d. h. es soll aus einer gegebenen Zahl ein Name gefunden werden, dessen einzelne Buchstaben als Zahlzeichen betrachtet, zusammengezählt die gegebene Zahl zur Summe haben. Diese Kunst gehörte den Hebräern eigenthümlich an, und der Geist der Weissagung bedient sich hier derselben, um den Namen des Antichrists versteckt anzugeben, damit man schon bei seinem ersten Auftreten als unverwundetes Haupt, wenn es Verdacht erregt, an seinem Namen prüfe, ob es etwa der Antichrist werden könne, also noch vor seinem eigentlichen Auftreten als Antichrist, denn nach seinem Auftreten ist er jedem Gläubigen kenntlich genug; aber das Vorherfinden dient den Glänbigen zur Warnung. Man hat nun schon sehr verschiedene Versuche gemacht mit den Namen solcher Männer, welche den Verdacht erregten, sie könnten zum Antichrist ausreifen; es sei hier nur erinnert an den neuesten, davon man im Brockhausischen Conversationslexicon in Bezug auf Gustav IV. Adolf, König von Schweden, Folgendes lesen kann: „Vieles von dem Unbegreiflichen, was er that, ist seiner Abergläubigkeit zuzuschreiben, die hinlänglichen Stoff besonders in Jungs Schriften fand. Ein müßiger Kopf hatte berechnet, daß in dem Namen Napoleon Bonaparte die Zahl 666 enthalten sei, und Gustav glaubte hierin das Thier in der Offenbarung zu erkennen, daß nur eine kurze Zeit regieren würde und zu dessen Sturz er berufen sei u. s. w." Man fürchtete in der That auch, nachdem er gefangen nach der Insel St. Helena geführt, ja nachdem selbst sein Tod bekannt geworden war, immer noch seine Rückkehr. Man war überhaupt damals in vielen Kreisen davon erfüllt, Napoleon werde der Antichrist sein, zum Theil dazu veranlaßt durch den Namen Apollyon Kap. 9, 11., der an den Namen Napoleon etwas anklingt, und als dem Kaiser einmal gesagt wurde, man hielte ihn für den Antichrist, so soll er darauf die Antwort gegeben haben: „Nicht der Antichrist, sondern sein Vorläufer."

Auch die gelehrten Ausleger gedenken seiner und überhaupt des Bonapartismus in der Auslegung der Offenbarung. Auberlen, ein Gelehrter in der Schweiz, hat eine Schrift herausgegeben: „Der Prophet Daniel und die Offenbarung Johannes in ihrem gegenseitigen Verhältnisse betrachtet und in ihren Hauptstellen erläutert" — und sagt darin in Bezug auf die Wiederkehr des Thiers aus dem Abgrund: „Die Wiederkehr des Thiers wird sich wohl darstellen oder doch anbahnen in jenem Princip, das seit 1789 in wiederholten bestialischen Angriffen sich manifestirt und immer weiter entwickelt und ausgebreitet hat. Die Revolution, der dieselbe sanctionirende Napoleonische Despotismus, der Socialismus und Communismus sind die Erscheinungsphasen dieser Richtung, deren weitere Entfaltung wir zu gewärtigen haben."

Auch Hengstenberg nennt Napoleon I. einen Widerchrist in der Auslegung des 9. Kapitels.

Und wie Napoleon I., so ist auch Napoleon III. und zwar schon als Präsident der französischen Republik als Antichrist bezeichnet von einem Manne, der ganz vom antichristischen Geiste erfüllt ist, von Proudhon, dem eifrigen Kämpfer für den Socialismus. In seinem Buche: „La révolution sociale démontrée par le coup d'état du 2. Decembre" sagt er nach einem Zeitungsartikel vom 2. August 1852: „Louis Napoleon kann sich nicht von der Gesellschaft trennen, deren Haupt er ist: er repräsentirt die revolutionäre Gottlosigkeit, eine Gottlosigkeit, welche nicht bloß die einer Epoche ist, sondern welche seit sechs Jahrhunderten datirt. Welches ist diese Gottlosigkeit? Die Nivellirung der Klassen, die Emancipation des Proletariats, die freie Arbeit, der freie Gedanke, das freie Gewissen, mit einem Worte, das Ende jeder Autorität. Louis Napoleon, Chef des Socialismus, das ist der Antichrist."

Der Leser wird nun wissen wollen, ob denn auch der Name Napoleon Bonaparte die Zahl 666 enthalte? In einer Broschüre, betitelt: „666 gefunden in dem Namen Buonaparte. In Commission der Wohlgemuthschen Buchhandlung in Berlin, 1840" wird der Name so geschrieben und berechnet:

בוּנַבַרְדָת

400 + 200 + 2 + 50 + 6 + 6 + 2 = 666.

Ebenso giebt der Name Louis Napoleon Bonaparte dieselbe Zahl, nur etwas anders geschrieben:

מוּסְנַפּוֹלִיוֹן

50 + 6 + 30 + 6 + 80 + 50 + 60 + 6 + 30

בוּנַאַפַּרְטְ

+ 9 + 200 + 80 + 1 + 50 + 6 + 2 = 666.

Indessen ist nicht der Name das Entscheidende allein, es hat schon viele Namen in der Weltgeschichte gegeben, deren Buchstaben als Zahlzeichen berechnet, die Zahl 666 gegeben haben und doch nicht Antichristen geworden sind; es müssen auch noch andere Bedingungen erfüllt sein, aus welchen man den Verdacht rechtfertigen kann; vor Allem darf auch die Wunde vom Schwert nicht fehlen, wie sie, wenn man den Ausdruck wörtlich nimmt, bei Napoleon I. fehlt. Meint man, die Namen Griechisch geschrieben oder Lateinisch, berechnen zu dürfen, so wächst die Zahl der Namen, und Frankreich hat in seinen Königen mit dem Namen Ludwig stets Regenten gehabt, deren Namen Lateinisch geschrieben die Zahl 666 geben;

    L V D O V I C V S

50 + 5 + 500 + 5 + 1 + 100 + 5 = 666.

Welches ist nun das Ergebniß unsrer Auslegung des dreizehnten Kapitels?

Folgende Sätze können wir als unzweifelhaft gewiß aufstellen:

1. Der Antichrist ist eine wirkliche, menschliche Person, keine Idee, keine bloße Zeitrichtung.
2. Der Antichrist ist kein Papst, sondern ein gewaltiger weltlicher Herrscher, ein König oder Kaiser.
3. Der Antichrist hat eine doppelte Laufbahn, die eine als Herrscher und Kriegsheld, die andere als eigentlicher Antichrist.
4. Zwischen beiden liegt sein natürlicher Tod und eine kürzere oder längere Zeit, wo er im Abgrunde (Hades) ist.

5. Seine zweite Laufbahn beginnt mit einem teuflischen Lügenwunder, durch welches die Auferstehung Jesu Christi nachgeäfft wird.
6. Sein Hauptbestreben ist, das Christenthum gänzlich auszurotten und dem Teufel und dem Reiche der Finsterniß den Sieg zu verschaffen.
7. Dazu ist ihm ein gewaltiger falscher Prophet, nicht eine Zeitrichtung, nicht die weltliche Philosophie, nicht ein katholischer Orden, sondern eine bestimmte Person behilflich.
8. Die gläubigen Christen haben die äußerste Verfolgung zu erleiden.
9. Wer Christo nicht mit festem Glauben anhängt und nicht bereit ist, Alles zu opfern, wird ein Anhänger des Antichrists und geht verloren.

Diese neun Sätze folgen unwiderleglich aus dem 13. Kapitel, sobald man ohne alle vorgefaßte Meinung Wirkliches und nicht Ideen, die nicht geweissagt werden, suchet. Und sie sind genügend, um zu verhüten, daß die Gläubigen durch ein beim Auftreten des Antichrists stattfindendes teuflisches Lügenwunder nicht zum Abfall verführet werden, sondern, wenn es geschieht, dadurch, daß sie voraus wußten, daß es geschehen sollte, desto mehr im Glauben erstarken. Das ist aber die Hauptsache.

Zwischenvisionen.
Vorbereitung zum endlichen Siege.
Kap. 14.

a. Das Lamm auf dem Berge Zion und mit ihm 144,000. Kap. 14, 1—5.

Schreckliche Dinge hatte Johannes gesehen, den Abfall in der Christenheit von seinem lieben Herrn, die undankbare, treulose Welt im Triumphe, die Treuen Jesu Christi aufs äußerste verfolgt; wie mußten diese letzten Gesichte sein Herz durchbebt haben! Wie mochte ihm um Trost bange sein! Siehe, da giebt der Herr seinem geliebten Jünger eine Trostvision und erquickt des Sehers Auge mit dem lieblichsten Bilde. Wüthen auch das Thier und der falsche Prophet mit ihren Henkersknechten in den Ländern der Christenheit; ist auch der heilige Name Jesu von ihnen in den Bann gethan; scheint auch die Kirche Christi in gänzlichem Unterliegen zu sein; hat nun auch die Gotteslästerung den Platz eingenommen, wo einst die lieblichen Lieder heiliger Gottesmänner im Chor der Gemeinde die Gemüther zur Andacht erhoben und wo das heilige Wort Gottes laut und fröhlich erschallte; ist nun auch da das Bild des Thieres aufgestellt, dem die betrogenen Völker ihre Knie beugen und das Thier und den Drachen anbeten, wo einst das Kreuz auf geweihetem Altar die größte Liebesthat Gottes predigte und allen Betrübten zurief: „Kommet her zu mir Alle, die ihr mühselig und beladen seid, ich will euch erquicken": ein liebes, heiliges Flecklein Erde ist noch vorhanden, und da feiert der Heiland einen Triumph, der den endlichen Sieg über seine Feinde verheißt: der geliebte Berg, das heilige Zion, tritt in die Vision und lässet den Seher die Stammgemeine des neuen Reichs sehen, die 144,000 Versiegelten aus Israel, welche Gott bewahret hat in den Greueln der Zeit und hat sie hingeführt nach dem Lande der Verheißung, und da haben sie ihren König David gefunden. Somit weiset diese Vision, die als eine Trostvision für den Seher eingeschoben ist, rückwärts auf die Vision der 144,000 Versiegelten aus Israel (Kap. 7, 1—8.); aber sie weissaget auch und weiset vorwärts auf die Hochzeit des Lammes, die Kap. 19, 5—10. als unmittelbar bevorstehend angekündigt wird und sich dann bei der Zukunft des Herrn vollzieht.

1. Und ich sahe ein Lamm, nämlich das Lamm Gottes, stehen auf dem Berge Zion, dem irdischen in Palästina, und mit ihm hundert und vier und vierzig tausend (vergl. Kap. 7, 1—8.), **die hatten den Namen seines Vaters geschrieben an ihrer Stirn,** wie einst der Hohepriester den Namen Jehovah, der auch der Name des

Messias ist, (Jerem. 23, 5—8.) im Gegensatze zum antichristischen Maalzeichen.

2. Und ich hörete eine Stimme vom Himmel, also befindet sich der Seher noch auf der Warte, wohin er getreten war, um die Eröffnung der siebenten Posaune zu schauen, als eines großen Wassers, es machte die Stimme vom Himmel den Eindruck auf sein Ohr, wie das Rauschen eines großen Wassers oder wie die Stimme des Donners: und wie die Stimme eines großen Donners; aber es war Harmonie in der Stimme, und das deutet er durch die folgende Vergleichung an: und die Stimme, die ich hörete, war als der Harfenspieler, die auf ihren Harfen spielen, und dazu singen.

3. Er vernimmt auch in der Stimme ein Lied, und es ist ihm ein neues Lied, das er noch nie gehöret, und angezogen von der wunderbaren Stimme hat sich sein Geist ganz dem Himmel zugewandt, und nun schauet er den Schauplatz der anfänglichen Vision (Kap. 4 u. 5.) und erkennt den Thron Gottes und die vier Thierwesen und die vierundzwanzig Aeltesten auf ihren Thronen: Und sangen wie ein neues Lied vor dem Stuhl und vor den vier Thieren und den Aeltesten, die Sänger sind wahrscheinlich eine unzählbare Schaar Seliger und Engel, und das Lied tönt vom Himmel herab auf die Erde hin; was mochte der Inhalt des Liedes sein? und Niemand, auf Erden, konnte das Lied lernen, ohne die Hundert und vier und vierzig tausend, mithin hatte es gewiß Bezug auf diese als Stammgemeine des neuen Reiches Israel, auf den Sieg des Lammes und die endliche Aufrichtung des Reichs, die erkauft sind von der Erde, durch das Blut Jesu Christi, und bewahrt in den Greueln des antichristischen Wüthens und hergeführt aus der Wüste der Völker in die heilige Stadt.

4. Diese sind es, die mit Weibern nicht befleckt sind, denn sie sind Jungfrauen, sie sind die liebende keusche Braut des Lammes, wie denn Israel nach dem Hohenliede die Braut des Messias ist, und folgen dem Lamme nach, wo es hingehet, wie einst ihre Väter in der Wüste, da der Herr vor ihnen herzog des Tags in der Wolkensäule und des Nachts in einer Feuersäule, und wenn die Wolkensäule stand, ruhete Israel, und wenn sie sich erhob, brach Israel auf und wanderte ihm nach. So geht hier das Lamm den hundert vier und vierzig tausend voran und sie folgen ihm, wohin es geht. Wohin aber das Lamm geht, da bringt es Erlösung und Heil und sammelt sich Gemeinden, und so deuten diese Worte auf die Mission, die von Zion aus durch das Israel des Reichs in größestem Maße wird betrieben werden. **Diese sind erkauft aus den Menschen zu Erstlingen Gott und dem Lamme.** Wie die ersten Christen aus Juden und Heiden Erstlinge genannt sind in Christo, so werden hier, wo wiederum ein Neues, das neue Reich Israel, eingeführt wird in die Welt, die Glieder der Stammgemeine aus Israel Erstlinge Gott und dem Lamm genannt.

5. **Und in ihrem Munde ist kein Falsches gefunden**, also lauter Nathanaelsseelen (Joh. 1, 47.), **denn sie sind unsträflich vor dem Stuhl Gottes**, nicht sie stehen vor dem Stuhl Gottes im Himmel, sondern sie sind unsträflich vor dem Stuhl Gottes, deutet auf ihre Annahme von Seiten des heiligen Gottes auf Fürsprache des Lammes.

b. Die Dreiengelvision und die Stimme vom Himmel. Kap. 14, 6—13.

Der Seher sieht von seiner Warte aus drei Engel nach einander mitten durch den Himmel fliegen.

α. Erster Engel. V. 6 u. 7.

6. Und ich sahe einen Engel fliegen mitten durch den Himmel, der hatte ein ewiges Evangelium, das Evangelium vom Reiche Gottes; das Wörtlein „ein" steht bei jedem Gegenstande, der in einer neuen Vision zum ersten

Male geschaut wird, mag der Gegenstand auch sonst schon bekannt sein oder auch in einer früheren Vision schon geschaut sein, zu verkündigen denen, die auf Erden sitzen und wohnen, und allen Heiden und Geschlechtern und Sprachen und Völkern: die Mission unter den Heiden (und Juden) wird gerade in der antichristlichen Zeit, die von der französischen Revolution her datirt, besonders aufleben, wie es am Tage ist, und das Evangelium in aller Welt verkündigt werden zu einem Zeugniß über alle Völker, und dann wird das Ende kommen.

7. Und sprach mit großer (lauter) Stimme: Fürchtet Gott und gebt ihm die Ehre, denn die Zeit seines Gerichts ist gekommen, nicht die Zeit des jüngsten Gerichts, sondern des Gerichts über die Völker des Abfalls und über den Antichrist, und betet an den, der gemacht hat Himmel und Erde und Meer und die Wasserbrunnen, also den wahren, lebendigen Gott im Gegensatz gegen die Götzen jeder Art.

β. Zweiter Engel. V. 8.

8. Und ein anderer, zweiter, Engel folgte nach, der sprach: Sie ist gefallen, sie ist gefallen — die Weissagung spricht die Zukunft oft als vergangen, das Zukünftige als geschehen aus — Babylon die große Stadt, Rom, die sogenannte ewige Stadt, aber nicht das alte heidnische Rom, sondern das jetzige papistische, und es fällt diese Weissagung tröstend in die trübe Zeit des Abfalls und der Verfolgung der Gläubigen; denn mit dem hereinbrechenden Gerichte über Babel-Rom nahet das Ende der Kampfeszeit: dieß Gericht muß dem Gerichte über den Antichrist vorangehen: denn sie hat mit dem Wein ihrer Hurerei (Vgl. Kap. 2, 18—29.) getränket alle Heiden, Völker, die sich zum Christenglauben bekehrt hatten.

γ. Dritter Engel. V. 9—11.

Im 3. Kapitel war eine einfache Weissagung vom Antichrist, seinem falschen Propheten und der großen Noth, welche über die Gläubigen hereinbrechen wird; die Zwischenvision hat es damit zu thun, das Herz der Gläubigen fest zu machen in der Gefahr. Sie hat zuerst das tröstliche Bild des Lammes mit den 144,000 Versiegelten auf dem Berge Zion gezeigt, hat die Predigt des Evangeliums unter den Heiden und Geschlechtern und Völkern verheißen, hat Babels Fall verkündet und läßt nun eine furchtbare Drohung nachfolgen, um die, welche den Kampf scheuen oder im Kampfe ermüden wollen, aufzurütteln und wacker zu machen, so es eben nicht anders geht, durch die Androhung ewiger, schrecklicher Qual.

9. Und der dritte Engel folgte diesem nach, und sprach mit großer, lauter, eindringender, Stimme: So Jemand das Thier anbetet und sein Bild und nimmt, wenn auch nur zum Schein, um sein Leben und Vermögen zu retten, das Maalzeichen an seine Stirn oder an seine Hand,

10. Der wird von dem Weine des Zornes Gottes trinken, der eingeschenkt und lauter, unvermischt, ohne alle Beimischung von Gnade, ist in seines Zornes Kelch, und wird gequälet werden mit Feuer und Schwefel vor den heiligen Engeln und vor dem Lamm, d. h. verurtheilt und verworfen von den heiligen Engeln und dem Lamme;

11. Und der Rauch ihrer Qual wird aufsteigen von Ewigkeit zu Ewigkeit; und sie haben keine Ruhe Tag und Nacht, die das Thier haben angebetet und sein Bild, und so Jemand hat das Maalzeichen seines Namens angenommen: Ein Solcher ist also für Zeit und Ewigkeit verloren, keine Buße kömmt in sein der Verstockung Preis gegebenes Herz, keine Gnade leuchtet ihm je wieder, er bleibt für ewig der Rache Gottes verfallen und wird nie eine Unterbrechung oder Linderung seiner unaussprechlichen Qual finden. Warum aber so fürchterliche Strafe für Alle, die dem Antichrist dienen oder sich ihm beugen werden? Darum, weil diese Sünde eine offenbare Sünde wider den H. Geist ist. Wäre die Person des Antichrists schwer zu erkennen und nicht aufs deutlichste vorher gezeichnet, so möchte noch Jemand sich entschuldigen; aber der Heilige Geist hat ihn so klar bezeichnet und in seinen Werken so deutlich abgemalet, daß alle Entschuldigung wegfällt. Also viel tausendmal lieber die schrecklichsten Martern, die doch nur kurze Zeit währen, ertragen zur Ehre unsres lieben Heilandes, als sich durch Verleugnung und Untreue eine kurze und scheinbare Errettung erkaufen, um dann ewiger Qual zu verfallen. Gehe, lieber Christ, ja nicht unvorbereitet in den großen Kampf, laß die Worte, die dir der Geist der Weissagung hier ernst und drohend zugerufen, nicht aus deinem Herzen, und denke ja nicht: „so schlimm wird's doch nicht werden!" Das Wort der Weissagung wird sich erfüllen, und wenn sie werden sagen, es ist Friede, es hat keine Gefahr, so wird sie das Verderben schnell überfallen, und

12. Hier, in dieser Zeit, ist, nöthig, hat sich zu bewähren, Geduld, die Standhaftigkeit, der Heiligen, Gläubigen an Jesum Christum; hier sind, zu erkennen, die da halten die Gebote Gottes und den Glauben an Jesum, die wahren und treuen Bekenner Jesu.

s. Die Stimme vom Himmel. V. 13.

Die furchtbarste aller Drohungen hat ein Engel verkündet, und wohl denen, die sie recht zu Herzen nehmen; doch das liebende Herz unsres Heilandes gedenkt seiner Treuen und will auch mit liebender Verheißung sie locken und stärken zum Ausharren:

13. Und ich hörete eine Stimme vom Himmel, vielleicht Jesu Stimme selbst oder Eines der 24 Aeltesten, zu mir sagen: Schreibe, eine ganz besondere Aufforderung für die Gläubigen, sich Trost und Kraft aus der nachfolgenden Verheißung zu holen: Selig sind die Todten, die in dem Herrn sterben, von nun an! Die Bestimmung „von nun an" weiset auf die letzte Drangsal, auf die Verfolgungen des Antichrists und seines Lügenpropheten, und welche unter diesen Verfolgungen in dem Herrn sterben, sterben zugleich um des Herrn willen als Märtyrer und sind selig zu preisen um der Krone willen, die ihrer wartet. Ja, der Geist spricht, daß sie ruhen von ihrer Arbeit, von ihren Mühen und Qualen und Martern, denn ihre Werke, der Liebe zum Heilande und zu den Brüdern und der Treue und Geduld und Standhaftigkeit, folgen ihnen nach, machen sie unbedingt würdig, die verheißenen Ehren zu empfangen; welche diese sind, hören wir Kap. 20: sie sind theilhaftig der ersten Auferstehung und würdig geachtet, an dem Regimente Christi im tausendjährigen Reiche Theil zu nehmen. Um so hoher Ehre, Herrlichkeit und Majestät theilhaftig zu werden, ist es ja wohl werth, Schmach und Schande vor der Welt, Qual, Marter und Tod zu erdulden. Das schreib dir in dein Herz, lieber Christ, und zweifle nicht daran, solltest du in die böseste der Zeiten kommen!

c. Ankündigung des Gerichts über die Kirche unter den Bildern der Ernte und des Kelterns.

Kap. 14, 14—20.

α. Die Ernte. V. 14—16.

Mit dem Auftreten des Antichrists ist die Zeit des Gerichts gekommen über die messianische Gemeine; der Antichrist selbst muß gegen seinen Willen den einen Theil des Gerichts vollstrecken, während der andere Theil ihn und seine Genossen trifft.

14. Und ich sehe, hatte eine neue Vision, und siehe, eine weiße Wolke und auf der Wolke sitzen Einen, der gleich war eines Menschen Sohne, die Worte erinnern an die Weissagung Daniels Kap. 7. und an die Worte Jesu Matth. 24, 30. Unter dem Bilde der Zukunft des Herrn und des jüngsten Gerichts wird das Sondergericht über seine Kirche geweissagt, hier zuvörderst das Ernten oder Einsammeln der Gläubigen zum ewigen Frieden, nachher das Keltern oder

Vernichten aller Feinde Jesu Christi, der hatte eine goldene Krone auf seinem Haupte und in seiner Hand eine scharfe Sichel, als Zeichen der schnellen und gerechten Einsammlung seiner Gläubigen.

15. Und ein anderer Engel, ein anderer im Gegensatz zu der früheren Dreiengelerscheinung, wenn man V. 14. Christum selbst als erscheinend annimmt; nimmt man aber V. 14. nicht Christum selbst, sondern einen Engel ihn abbildend, so ist hier die Bestimmung „ein anderer" im Gegensatz zu dem, der ähnlich erscheint dem Menschen Sohn, ging aus dem Tempel, im Himmel, aus dem Heiligthum Gottes und bringt ihm den Rathschluß Gottes aus dem Innern des Heiligthums, und schrie mit großer Stimme zu dem, der auf der Wolke saß: Schlage an mit deiner Sichel und ernte, denn die Zeit zu ernten, in die himmlischen Scheuern einzusammeln, ist gekommen, denn die Ernte der Erde ist dürre geworden. Luc. 18, 8. „Doch wenn des Menschen Sohn kommen wird, meinest du, daß er auch Glauben finden werde auf Erden?"

16. Und der auf der Wolke saß, schlug an mit seiner Sichel an die Erde, und die Erde ward geerntet. Während die für die Bürgerschaft im neuen Reiche Auserwählten (Luc. 18, 7.) von Gott werden bewahret und erhalten werden, welches auch ein Theil der Ernte ist, gehen durch Marter und Tod, durch das Würgeschwert des Antichrists und seiner Genossen die in die himmlischen Scheuern ein, welche Gott preisen sollen durch ihren Tod. — Frage dich, lieber Leser, ob deren Zahl so groß sein wird im Verhältniß zu denen, welche ihr Leben lieber haben als unsern Heiland, daß nicht das Wort: „Denn die Ernte der Erde ist dürre geworden" seine völlige Erfüllung finden wird? Wenn aber der Herr seine Ernte auf Erden hält, so ist das nur die eine Seite des Gerichts über die Kirche, die andere ist das Keltertreten, und das folgt nun gleich nach im andern Theile der Vision:

β. **Das Keltern. V. 17—20.**

17. Und ein anderer Engel ging aus dem Tempel im Himmel, um das Keltern zu verkündigen, indem er es in der Vision vorbildlich vollzieht, der hatte eine scharfe Hippe, ein scharfes Winzermesser.

18. Und, ähnlich wie im vorigen Theile der Vision, ein anderer Engel ging aus dem Altar, wo die Seelen der Märtyrer ruheten, von denen das fünfte Siegel berichtet hat; ihr innigster Wunsch nach Rache ihres Blutes soll nun erfüllt werden, der hatte Macht über das Feuer; es war also der Engel, welcher das Feuer auf dem Altar schürte, in welchem die Gebete der Heiligen um die Rache Gottes gegen die Verwüster der Kirche aufstiegen; dieser hatte den Auftrag, das Losbrechen des Zorngerichts Gottes über die antichristische Welt zu veranlassen, und rief mit großem Geschrei zu dem, der die scharfe Hippe hatte, und sprach: Schlage an mit deiner scharfen Hippe und schneide die Trauben auf der Erde, denn ihre Beeren sind reif: die abgefallene Christenheit ist reif zum Gerichte, hat das Maß ihrer Bosheit vollgemacht, kein Aufschub soll mehr stattfinden, die Geduld und Langmuth Gottes hat nun ein Ende, und der Zorn seines Christus soll hereinbrechen über alle seine Feinde.

19. Und der Engel schlug an mit seiner Hippe an die Erde, und schnitt die Reben der Erde, und warf sie in die große Kelter des Zorns Gottes, er läßt die Zorngerichte über die antichristische Welt hereinbrechen, und diese finden ihren Höhepunkt in einem besonderen Acte des Keltertretens:

20. Und die Kelter ward außer der Stadt, Jerusalem; denn dort ist die neue Gemeine der hundert vier und vierzig tausend Versiegelten, und dahin zieht der Antichrist mit seinen Heeren und wird daselbst seinen Untergang finden, und das Blut ging von der Kelter, in der Vision, bis an die Zäume der Pferde durch tausend sechs hundert

Feldweges, d. i. über vier und dreißig deutsche Meilen weit. Vergl. Kap. 19, 14.

Die Vision der Ernte und des Kelterns leitet über zum Weitertönen der siebenten Posaune:

B. Fortsetzung des dritten Wehes in der siebenten Posaune: Zorngerichte Gottes über die antichristische Welt.

1. Sieben Engel mit den letzten sieben Plagen.
Kap. 15. u. 16.

a. Ankündigung im Allgemeinen. Kap. 15, 1.

Wie der Seher das Tönen der siebenten Posaune, nachdem er die himmlische Begrüßung derselben mitgetheilt hat, einführte mit den Worten (Kap. 12, 1.): „Und es erschien ein großes Zeichen im Himmel," so führt er das Weitertönen der siebenten Posaune nach Unterbrechung durch die Zwischenvisionen auf dieselbe Weise ein, sich zurückbeziehend auf Kap. 12. durch die Worte:

1. Und ich sahe ein anderes Zeichen im Himmel, das war groß und wundersam. Nur im Allgemeinen kündigt er vorerst den Inhalt dieses großen, wundersamen Zeichens an: **Sieben Engel, die hatten die letzten sieben Plagen, denn mit denselben ist vollendet der Zorn Gottes.** Es sind die letzten Wehen des Zorngerichts Gottes über die abgefallene, gottlose Welt, welche im Antichristenthum den Gipfel der Bosheit erreicht, ihr Maß erfüllt hat, und nun reif geworden ist zum Untergange.

Ehe nun aber der Seher die Vision der letzten sieben Plagen mittheilt, unterbricht er seinen Bericht durch Mittheilung einer Vision, in welcher ähnlich wie beim Beginn des Tönens der siebenten Posaune wir einen Blick in den Himmel thun dürfen, und einen Lobgesang vernehmen, welcher Gottes Walten auch in diesen Plagen preiset und rühmt:

b. Lobgesang derer im Himmel, welche den Sieg behalten haben wider den Antichrist. Kap. 15, 2—4.

Die Sieger wider den Antichrist, welche den Lobgesang singen, feiern schon im Voraus die Vollendung des Sieges, und treten damit weissagend in die Vision, ihre Brüder zu stärken, die noch im Kampfe wider die gotteslästerliche Macht leiden, und rufen ihnen aus der Höhe die Gewißheit des Sieges ins Herz.

2. Und sahe als ein gläsernes Meer, worauf nach Kap. 4, 6. der Thron Gottes stand, mit Feuer gemengt, hindeutend auf die kommenden Zorngerichte Gottes, und die den Sieg behalten hatten an dem Thier, und seinem Bilde, und seinem Maalzeichen, und seines Namens Zahl, die also unter dem Wüthen des Antichrists ihrem Heilande Treue gehalten, und hatten Gottes Harfen, Harfen zum Lobgesange Gottes geweiht.

3. Und sangen das Lied Mosis, des Knechts Gottes, und das Lied des Lammes, ein Triumphlied, wie es Moses sang nach der wunderbaren Errettung des Volkes Israel aus der Hand Pharao's, über welchen der Zorn Gottes schreckliche Plagen gesendet, und der verstockt blieb, bis er seinen Untergang fand in den Fluthen des Schilfmeers. So singen sie Gott einen Lobgesang wegen seiner Zorngerichte über die antichristische Welt, und das Triumphlied, wie es einst ein Mosislied war, ist nun ein Lied des Lammes, und sprachen, singend: Groß und wunderbar sind deine Werke, Herr, allmächtiger Gott; denn nun erfüllt sich das Wort Christi, daß seine Gemeine auch die Pforten der Hölle nicht überwältigen sollen; gerecht und wahrhaftig sind deine Wege, du König der Völker; denn Gott bezahlet den Bösen und Abgöttischen, welche seine Gnade nicht wollten und das Blut des Neuen Testaments unrein achten, nach ihren Werken und erfüllet alle seine Drohungen.

4. Wer soll dich nicht fürchten, Herr, und deinen Namen preisen? Denn du bist allein heilig. Denn alle Heiden werden kommen und anbeten vor dir; es wird sich nun erfüllen, das da gesagt ist durch den Propheten Jesaias: „Es wird zur letzten Zeit der Berg, da des Herrn Haus ist, gewiß sein höher, denn alle Berge, und über alle Berge erhaben werden; und werden alle Heiden dazu laufen, und viele Völker hingehen und sagen: Kommt, laßt uns auf den Berg des Herrn gehen, zum Hause des Gottes Jacobs, daß er uns lehre seine Wege und wir wandeln auf seinen Stegen 2c." Denn deine Urtheile sind, im Zorngerichte über den Antichristen, offenbar geworden, und so werden die Zorngerichte über die Antichristischen, der Untergang des Mächtigsten der Sterblichen und die Errichtung des Reiches Israel eine gute Frucht schaffen in der Mission unter den Heiden, die von dem neuen Reiche aus mit erneueter Kraft getrieben werden wird.

c. Die sieben Engel empfangen die sieben Zornschalen. Kap. 15, 5—8.

Nach dem Lobgesange beginnt nun das eigentliche Weitertönen der Posaune:

5. Darnach sahe ich, und siehe, da ward aufgethan der Tempel der Hütte des Zeugnisses im Himmel, das Urbild, nach welchem Moses die Stiftshütte mußte anfertigen lassen (2. Mos. 25. ff.); sie heißt die Hütte des Zeugnisses wegen der Lade mit den heiligen Geboten Gottes, deren Uebertreter der Fluch Gottes treffen muß nach seinem h. Worte. Dem Fluche des Gesetzes entgeht nur der, welcher die Erlösung, so durch Jesum Christum geschehen ist, im Glauben annimmt; die Antichristischen aber haben die Erlösung und den Erlöser frevenlich verworfen und einen Andern zum Heiland angenommen, darum muß sie jetzt der Fluch und die Rache Gottes treffen in den sieben Zornschalen.

6. Und gingen aus dem Tempel, geweihet, die Rache Gottes zu vollziehen, die sieben Engel, die die sieben Plagen hatten, und erscheinen im priesterlichen Gewande angethan mit reiner, heller, glänzender, Leinwand, und umgürtet ihre Brüste mit goldenen Gürteln, wahrscheinlich um sie als Engelfürsten kenntlich zu machen.

7. Und eins der vier Thiere — sie haben dieß Amt, weil sie die Natur repräsentiren, und weil die folgenden Plagen vorzugsweise das Leibesleben treffen und von der Natur ausgehen —, gab den sieben Engeln sieben goldene Schalen voll Zorns Gottes, der da lebet von Ewigkeit zu Ewigkeit, und deß müssen gerade jene Abtrünnigen inne werden in den sieben Plagen, von welchen sie zu befreien ihr Götze, der angebetete Antichrist, keine Macht hat.

8. Und der Tempel ward, nachdem die Zornschalen übergeben sind, voll Rauchs vor der Herrlichkeit Gottes und vor seiner Kraft, und, wie Moses nicht konnte in die Hütte des Stifts gehen, wenn die Wolke sie bedeckte und die Herrlichkeit des Herrn die Wohnung erfüllte, so geschah es auch hier: Niemand konnte in den Tempel gehen, bis daß die sieben Plagen der sieben Engel vollendet wurden; denn vor dem Heiligen bedecken auch die Seraphim ihr Angesicht, und da er sich nun hier offenbart als der heilig zürnende und strafende Richter der Frevler, hält Scheu und Ehrfurcht alle Heilige des Himmels zurück, bis seiner Gerechtigkeit Genüge geschehen an den Lästerern, und er dann wieder allein sein freundliches Angesicht leuchten läßt über Alle, die ihm die Ehre geben auf Erden wie im Himmel.

d. Ausgießung der sieben Zornschalen.
Kap. 16.

α. Der erste Engel gießt seine Schale aus. V. 1 u. 2.

1. Und ich hörete eine große Stimme aus dem Tempel — da Niemand in den Tempel gehen konnte, bis die sieben Plagen vollendet wurden, so ist es die Stimme des Herrn, der eingegangen ist in das Allerheiligste durch sein eigen Blut —, die sprach zu den sieben Engeln: Gehet hin und gießet aus die Schalen des Zorns Gottes auf die Erde, und in diesem Gesammtbefehle ist nicht zu übersehen die Eile, wie nun ohne Aufenthalt und Unterbrechung der Zorn Gottes über die antichristische Welt hereinbrechen soll.

Die nun folgenden Plagen werden vielfach von den Auslegern bildlich genommen und dann verschieden gedeutet, wobei in der Regel die sonderliche Bestimmung der Plagen, nur die Antichristischen zu treffen, nicht zu ihrer vollen Geltung kommt. Die antichristische Zeit ist ihrem ganzen Wesen nach extraordinär, und dem entsprechen die Plagen, die nicht bildlich, sondern wörtlich zu nehmen sind.

2. Und der erste Engel ging hin und goß seine Schale aus auf die Erde. Und es ward, als erste Plage, eine böse und arge Drüse, ein böses Geschwür, an den Menschen, die das Maalzeichen des Thiers hatten und die sein Bild anbeteten, also trifft diese leibliche Plage nur die Antichristischen, wie 2. Mos. 9, 8—12. eine ähnliche Plage die Aegypter allein traf und nicht die Kinder Israel.

β. Der andere Engel gießt seine Schale aus. V. 3.

3. Und der andere Engel goß aus seine Schale ins Meer. Und es ward Blut als eines Todten, d. h. in stinkendes Blut verwandelt, so daß Alles, was im Meere und auf dem Meere lebet und webet, dem Tode verfallen ist: und alle lebendige Seele starb in dem Meere, in dem Meere, das zum antichristischen Gebiete gehören wird.

γ. Der dritte Engel gießt seine Schale aus. V. 4—7.

4. Und der dritte Engel goß aus seine Schale in die Wasserströme und in die Wasserbrunnen, der antichristischen Länder. Und es ward Blut, ähnlich der zweiten ägyptischen Plage 2. Mos. 7, 17—21.

5. Und ich hörte den Engel, wahrscheinlich indem er seine Schale ausgoß, sagen: Herr, du bist gerecht, der da ist und der da war, und heilig, daß du solches geurtheilet hast, daß du so gerichtet hast;

6. Denn sie haben das Blut der Heiligen und der Propheten vergossen, und Blut hast du ihnen zu trinken gegeben, denn sie sind es werth. Und indem der Engel seine Schale ausgießt und diese Worte spricht, ertönt aus dem Altar, dem Orte der Blutzeugen, eine Stimme, welche in die Worte des Engels einstimmt:

7. Und ich hörte einen andern Engel aus dem Altar sagen: Ja, Herr, allmächtiger Gott, deine Gerichte sind wahrhaftig und gerecht.

δ. Der vierte Engel gießt seine Schale aus. V. 8 u. 9.

8. Und der vierte Engel goß aus seine Schale in die Sonne, und ward ihm gegeben die Macht oder der Auftrag, den Menschen heiß zu machen mit Feuer, d. h. die Hitze der Sonne zu unerträglicher Höhe zu steigern; eine Gluthhitze über das antichristische Reich zu verbreiten, die um so peinlicher zu ertragen sein muß, als die Wasser in Blut verwandelt sind.

9. Und den Menschen ward heiß vor großer Hitze, und diese schnell auf einander folgenden und einander begleitenden Plagen, welche der angebetete Antichrist zu ohnmächtig ist abzuwenden, bringt sie nicht zur Erkenntniß; je härter die Plagen, desto teuflischer die Verstockung: und lästerten den Namen Gottes, der Macht hat über diese Plagen; sie haben also ein Gefühl von der ihrem Götzen entgegenstehenden Gottesmacht, und thaten doch nicht Buße, ihm die Ehre zu geben.

ε. Der fünfte Engel gießt seine Schale aus. V. 10 u. 11.

10. Und der fünfte Engel goß seine Schale aus auf den Stuhl des Thieres; es trifft also wahrscheinlich diese Plage besonders das Eigenthumsreich des Antichrists, darin er seine Residenz und seinen Thron hat. Und sein Reich ward verfinstert, wie einst über das Reich des ägyptischen Pharao, der als ein Typus (weissagendes Vorbild) des Antichrists gilt, durch Moses auf des Herrn Befehl eine dicke Finsterniß kam, die drei Tage anhielt, daß Niemand den Andern sah, noch aufstand von dem Orte, wo er war, in den dreien Tag; aber bei den Kindern Israel war es licht in ihren Wohnungen, und sie zerbissen ihre Zungen vor Schmerzen.

11. Und — denn mit den Plagen geht Hand in Hand das Gericht der Verstockung — lästerten Gott im Himmel vor ihren Schmerzen und vor ihren Drüsen, aus der ersten Plage, und thaten nicht Buße für ihre Werke.

ζ. Der sechste Engel gießt seine Schale aus. V. 12—16.

12. Und der sechste Engel goß aus seine Schale auf den großen Wasserstrom Euphrat, jenen Grenzfluß des gelobten Landes, nachher des römischen Reichs, zum größten Theile von Muhamedanern bewohnt, und das Wasser des Flusses vertrocknete, auf daß bereitet würde der Weg den Königen vom Aufgang der Sonne, von Osten her, die mit ihren Heeren gegen Palästina ziehen: es wird ein Antikreuzzug vorbereitet. Wie kommen aber diese Könige dazu, an dem Zuge Theil zu nehmen? Hat nicht der Antichrist im Westen seine Macht? Die Antwort giebt der folgende Vers:

13. Und ich sahe aus dem Munde des Drachen, und aus dem Munde des Thiers, des Antichristen, und aus dem Munde des falschen Propheten (Kap. 13, 11 bis 17.) drei unreine Geister gehen gleich Fröschen, als Abgesandte der satanischen Drei, welche den Befehl und die Aufforderung zur Rüstung nach allen Weltgegenden tragen und mit teuflischer Ueberredungskunst, verstärkt durch teuflische Wunderzeichen, die Rüstung überall in Gang bringen und beleben.

14. Und sind Geister der Teufel, Dämonen, welche

die Abgesandten beeinflussen und regieren; die thun Zeichen, und gehen aus zu den Königen auf Erden und auf den ganzen Kreis der Welt, sie zu versammeln in den Streit auf jenen großen Tag Gottes des Allmächtigen; denn an dem Tage werden alle versammelten Heere zu ihrem Entsetzen inne werden, gegen wen sie kämpfen.

15. In dieser Zeit der großen Völkerbewegung zum Antikreuzzug tönet die Stimme des Herrn für Alle, die ihm noch im Glauben angehören und die zumal in Palästina sich bergen: Siehe, ich komme wie ein Dieb, die Zukunft Christi ist dann nahe, und die Christen sollen sich darauf rüsten und ihrer gewärtig sein: Selig ist, der da wachet und hält seine Kleider, bewahrt seine Kleider des Heils im Glauben; denn die da schlafen, haben ihre Kleider nicht an, daß er nicht bloß wandele, ohne das Kleid der Gerechtigkeit Christi, und man nicht seine Schande sehe, seine Schuld, die nur durch die Gerechtigkeit des Glaubens verdeckt wird, und nur die, bei welchen sie verdeckt ist, gehören Christo an.

16. Die Schaaren zum entscheidenden Kampf ziehen herbei; überall Noth in den Ländern, wo sie sich sammeln und durch welche sie ziehen; überall Spannung, Angst und Zagen; aber die Christen sollen ihre Häupter emporrichten, die Stunde ihrer Erlösung nahet:

Und er hat sie versammelt an einen Ort des Verderbens, der da heißt auf Ebräisch Harmagebdon, vielleicht das Thal Megiddo, das berühmt gewesen ist in alter Zeit durch den Sieg der Debora und des Barak über den heidnischen Feldhauptmann Sissera, wo Debora die Worte sprach: „Also müssen umkommen, Herr, alle deine Feinde!" Nach Anderer Deutung ist Harmagebdon eine Thalschlucht bei Jerusalem, das Thal der Kinder Hinnom, aus dessen Namen im Griechischen Gehenna, der Name der Hölle, geworden. Letztere Deutung stimmt genauer zu Kap. 14, 20.

Die sechste Plage bringt noch nicht die Entscheidung, besteht in der Noth, welche die Rüstung und der Zug der Heere nach dem gelobten Lande mit sich bringt. Ehe die Heere sich dort versammelt haben, gießt noch der siebente Engel seine Schale aus, und geht auch noch das Schicksal in Erfüllung, welches der zweite Engel in der Drei=Engelerscheinung über Babylon verkündet hat.

η. **Der siebente Engel gießt seine Schale aus. V. 17—21.**

Je satanischer die Menschheit wird im Reiche des Anti=christs, desto wüster wird es in ihrem Reiche; denn wo der Teufel das Regiment führt, wird es wüste und leer, wie in den Herzen der Menschen, so auf Erden.

17. Und der siebente Engel goß seine Schale in die Luft. Und es ging aus eine Stimme vom Him=mel vom Stuhl, die Stimme Gottes oder des Lammes, die sprach: Es ist geschehen! Die Schalen sind ausgegossen; das Ende nahet; der Sieg kommt herbei!

18. Und es wurden Stimmen und Donner und Blitze; und es ward ein großes Erdbeben, daß sol=ches nicht gewesen ist, seit der Zeit Menschen auf Erden gewesen, solches Erdbeben also groß.

19. Und aus der großen Stadt, nach Einigen Jeru=salem, nach Andern die Hauptstadt des Antichrists, aber nicht, wie auch angenommen wird, Rom, wurden drei Theile, und die Städte der Antichristischen, besonders in dem Eigen=thumsreiche des Antichrists, fielen, wurden bei dem Erdbeben verwüstet. Und Babylon der großen, Roms, ward ge=dacht vor Gott, wurde also nicht von dem Erdbeben getroffen, aber das Gerücht über sie soll nun schnell eintreten: ihr zu geben den Kelch des Weins von seinem grimmigen Zorn. Vergl. Kap. 17, 16. und Kap. 18.

20. Und alle Inseln entflohen, wahrscheinlich im mittelländischen Meere, und keine Berge wurden gefun=den, da, wo das große Erdbeben gewüthet.

21. Und ein großer Hagel, als ein Centner, ein Talent d. i. 50 bis 60 Pfund schwer, fiel, um das Grausen und die Verwüstung völlig zu machen, vom Himmel auf die Menschen, so daß Niemand durch die Flucht ins Freie dem Gericht entrinnen kann, und die Menschen, die völlig der Verstockung hingegeben, sich nicht mehr bekehren können, lästerten Gott über der Plage des Hagels, denn seine Plage ist sehr groß.

Wäre dieß Wetter Gottes, das den baldigen gänzlichen Untergang der antichristischen Macht ahnen läßt, über die ganze Erde verbreitet, sie müßte zur völligen Einöde werden; aber so wird es nicht der Fall sein, denn es sind noch Menschen (Antichristische) übrig, die Gott lästern; auch ziehen die antichristischen Heere ihren Weg ins Thal des Verderbens, und Babels Geschick hat sich auch noch nicht vollendet: es wird also diese Plage vorzugsweise das Eigenthumsreich des Antichrists treffen.

Zwischenvision.
Erklärungen über die große Hure und das Thier, und Beider Verhältniß zu einander.

Kap. 17.

a. **Aufforderung eines Engels an den Seher zu einer neuen Vision. V. 1 u. 2.**

1. Und es kam Einer von den sieben Engeln, die die sieben Schalen hatten, welcher? ist nicht gesagt; darum ist auch jede Bestimmung darüber, wie sie verschiedene Ausleger versucht haben, überflüssig, redete mit mir und sprach zu mir: Komm, ich will dir zeigen das Urtheil, Gericht, der großen Hure, das papistische Rom darunter zu verstehen; denn mit Rom ist das Papstthum aufs engste verwachsen, so daß das Gericht, welches über Rom kommen soll, zugleich über das Papstthum kommen wird, die auf (besser: an) vielen Wassern sitzt, und was unter den vielen Wassern zu verstehen, deutet der Engel selbst V. 15;

2. Mit welcher gehuret haben, im geistlichen Sinne d. h. sie haben dem einigen Mittler und Mann Christus die Ehe gebrochen und sich noch andere Männer und selbst Weiber zu Mittlern gesucht in ihrer Abhängigkeit vom römischen Papstthum, die Könige auf Erden, die weltlichen Fürsten, und die da wohnen auf Erden, ihre Unterthanen, trunken geworden sind von dem Weine ihrer Hurerei: die papistische Abgötterei der sogenannten Heiligen wirkt berauschend auf die Herzen und Sinne, wie sich das zeigt in der Verehrung der Maria.

    b. Das Weib, die große Hure,
   auf dem Thiere sitzend. V. 3—11.

3. Und er brachte mich im Geist in die Wüste. Die Wüste der Schauplatz der nachfolgenden Vision. In dem Einen Wörtlein „Wüste" liegt schon ein Urtheil über das Weib: sie hat die Kirche des Herrn zur Wüste gemacht, daß sie Herlinge statt Trauben als Frucht bringet. Und ich sahe das Weib sitzen auf einem rosinfarbnen Thier, demselben, das Kap. 13. in die Vision trat, hier mit einer scharlachrothen oder karmoisinrothen Decke geziert, um es in seiner Herrschergewalt zu zeichnen. Wenn der Seher das Weib auf dem Thiere sitzen sieht, so trägt das Thier das Weib (V. 7.) und wird damit eine Zeit abgebildet, wo das Weib in seiner Herrschaft von dem Thiere gestützt, noch selbst über das Thier herrscht, und dieß findet statt vor dem Aufsteigen des Thieres (des Hauptes mit der Todeswunde) aus dem Abgrunde; denn zugleich mit seinem Aufsteigen kommen die zehn Hörner zur Gewalt (V. 12.), welche das Weib hassen (V. 15.) und es verwüsten und mit Feuer verbrennen werden, das war voll Namen der Lästerung und hatte sieben Häupter und zehn Hörner; dieß hinzugefügt, um es deutlich als das Thier in Kap. 13. zu bezeichnen.

4. Und das Weib war bekleidet mit Scharlach und Rosinfarbe, und übergoldet mit Golde, und hatte einen goldenen Becher in der Hand, voll Greuel und Unsauberkeit ihrer Hurerei; in prächtiger Schale einen schmutzigen Inhalt, unter schönem verlockenden Aeußern greuliche Hurerei, abscheuliche Untreue gegen den Mann, welcher ist Christus. Vergl. den Brief an den Engel zu Thyatira.

5. Und an ihrer Stirn geschrieben den Namen, das Geheimniß, die große Babylon, die Mutter der Hurerei und aller Greuel auf Erden. Geheimniß bedeutet so viel, als Sinnbild d. h. der Name soll sinnbildlich genommen werden; dieß Babylon ist also nicht das wirkliche, alte (vorbildliche) Babylon, sondern das Gegenbild desselben, das papistische Rom. Das Weib empfängt den Namen Babylon d. i. Verwirrung, weil sie die evangelische Wahrheit und die messianische Kirche verwirrt hat durch Menschenwort und Menschensatzungen, und dadurch die geistliche Hurerei veranlaßt und befördert und zu unzähligen Greueln die Veranlassung gegeben hat. Die Stirnschrift in die Lüge verkehrt, lautet: Sacro sancta Lateranensis ecclesia, omnium ecclesiarum orbis et urbis mater et caput — zu deutsch: „Die heilige Kirche des Laterans aller Kirchen des Erdkreises und der Stadt Mutter und Haupt." Als Mutter aller Greuel auf Erden wird sie weiter dargestellt in folgender Weise:

6. Und ich sahe das Weib trunken von dem Blut der Heiligen und von dem Blut der Zeugen Jesu. Und ich verwunderte mich sehr, da ich sie sahe. Nach dem Siege der Kirche über das Judenthum und Heidenthum wie ihm derselbe offenbaret war, hätte Johannes nimmermehr erwartet, in der Kirche des Herrn selbst eine Macht zu sehen, welche trunken sein würde von dem Blute der Heiligen und der Zeugen Jesu. Und wäre die Geschichte der Jahrhunderte nicht, man möchte wohl nicht dieses Weib in der christlichen Kirche suchen; denn wenn etwas Verwunderung erregen kann, so ist es ja gewiß das, daß ein Regiment in einer Kirche, welche sich rühmt, dem Lamme anzugehören, deren oberster Bischof ein Stellvertreter Jesu Christi auf Erden sein will, die aufrichtigen Gläubigen des Lammes, dieses Jesus Christus, verfolgt, martert und tödtet. Aber auch darüber muß er sich wundern, daß das Weib auf dem Thiere sitzt, dessen Bestimmung zum Antichrist er schon in einer frühern Vision erkannt hat. Der Engel kömmt ihm zu Hilfe:

7. Und der Engel sprach zu mir: Was verwunderst du dich, ich will dir sagen das Geheimniß von dem Weibe und von dem Thiere, das sie trägt und hat sieben Häupter und zehn Hörner. Von dem Thiere theilt ihm nun der Engel kurz seine Geschichte mit:

8. Das Thier, das du gesehen hast, ist gewesen, und ist nicht, und wird wieder kommen aus dem Abgrund, und wird fahren in die Verdammniß, und werden sich verwundern, die auf Erden wohnen, deren Namen nicht geschrieben stehen in dem Buche des Lebens von Anfang der Welt, wenn sie sehen das Thier, daß es gewesen ist, und nicht ist, wiewohl es doch ist (besser: und da sein wird). In der Lebensgeschichte des Thiers werden hier deutlich drei Perioden unterschieden: die erste ist vergangen, da ist es gewesen; die zweite ist gegenwärtig, da ist es nicht; die dritte ist zukünftig, da wird es sein. Welches ist nun die Periode der Gegenwart? Die, welche in der Vision als gegenwärtig erscheint d. i. wo das Weib auf dem Thiere sitzt; mithin ist die zweite Periode, wo das Weib auf dem Thiere sitzt, die Periode, wo das Thier nicht ist; die Periode, wo das Thier nicht ist, ist aber dieselbe, wo es im Abgrunde ist; mithin sitzt das Weib (auf Erden) auf dem Thiere, wo es im Abgrunde ist. Das wäre ein offenbarer Unsinn und gar nicht zu verstehen, wenn nicht das Thier verschiedene Häupter hätte, unter welchen zumal eins ist, auf welchem der Hauptaccent liegt und das schon Kap. 13, 3 ff. selbst das Thier genannt wurde, und dasjenige ist, auf welches dort wie hier besonders die Weissagung hinzielt. Wenn dieses Haupt, das Haupt mit der Todeswunde, im Abgrunde ist, so ist des Thieres Haupttheil im Abgrunde, und weil dieß Haupt auch das Thier schlechtweg heißt, so ist das Thier im Abgrunde; aber weil dann nicht sämmtliche Häupter des Thieres mit ihm zugleich im Abgrunde sind, sondern dieses oder jenes noch auf Erden zurück ist, so ist das Thier auch auf Erden, auf welchem eben zu jener Zeit das Weib sitzt. Das Haupt, das als Hauptrepräsentant des Thieres (und zwar als Antichrist) wieder aus dem Abgrunde heraufsteigt, wird nachmals fahren in die Verdammniß d. h. in den Schwefelpfuhl, der mit Feuer brennt, oder in die Hölle. Wenn aber das Thier (das Haupt mit der Todeswunde) zurückgekehrt sein wird, dann werden sich Alle, die keinen Theil an Christo haben, verwundern, weil seine Wiederkunft ein unerwartetes, unglaubhaftes Wunder ist, das trotzdem nicht geleugnet werden kann; die Gläubigen Jesu Christi werden sich dann hoffentlich nicht verwundern, denn in dem Verwundern liegt schon eine Hinneigung zum Thiere; sie können ja von dieser Zukunft des Thieres aus dem Worte Gottes belehrt sein, denn nicht bloß in der Offenbarung St. Johannis steht davon geschrieben, auch der Apostel Paulus bezeuget von dem Kommen des Antichrists: (2. Thess. 2, 9.) „Deß, welches Zukunft geschiehet nach der Wirkung des Satans mit allerlei lügenhaften Kräften und Zeichen und Wundern."

9. Und hier ist der Sinn, da Weisheit zu gehöret. (Vergl. Kap. 13, 18.) Die sieben Häupter sind sieben Berge, auf welchen das Weib sitzt, und sind sieben Könige. Der Engel giebt also hier eine Erklärung über die sieben Häupter am Thier und über ihr Verhältniß zum Weibe. Die sieben Häupter haben eine Doppelbedeutung: im Verhältnisse zum Weibe deuten sie auf die sieben Berge, auf welchen das Weib sitzt, ihren Sitz, ihre Wohnung hat, also auf die Siebenhügelstadt; zweitens deuten die sieben Häupter auf jene sieben Könige, welche das Thier in seiner Totalität darstellen und auf welchem das Weib (hier in der Vision) sitzt, insofern es von dem Thiere getragen wird. Die erstere Beziehung kennzeichnet das Weib nach ihrem Thronsitze, die zweite kennzeichnet die Macht, welche das Weib vorläufig auf ihrem Thronsitze erhält. Die Geschichte dieser Siebenkönigsmacht weiset der Engel nun im Folgenden genauer nach und zeigt zugleich, wie in ihrer Geschichte die Geschicke des Weibes und der Siebenhügelstadt verflochten sind:

10. Fünf, der sieben Könige, sind gefallen, und Einer, der Sechste, ist, und der Andere, der Siebente, ist noch nicht gekommen, zu der Zeit, wo der Sechste ist, und wenn er kommt, muß er eine kleine Zeit bleiben.

11. Und das Thier, das Haupt mit der Todeswunde, das gewesen ist, und nicht ist, nämlich jetzt in der Vision, wo das Weib auf dem Thiere sitzt, aber wiederkommen wird aus dem Abgrunde, das ist, dann, wann es wiedergekommen, selbst ein Achter, nicht der Achte, und ist von den Sieben, Einer aus den Sieben, und fährt in die Verdammniß.

In diesen beiden Versen sind deutlich vier Perioden in der Geschichte des Thiers zu unterscheiden: 1) Die Zeit der Fünf, die mit ihrem Falle endet. Weiter ist nichts ausgesagt; doch scheint es, als würden diese Fünf nicht nach einander, sondern mit und neben einander vorhanden sein und mit einander fallen d. h. ihres Regiments mit Gewalt beraubt, gestürzt werden. Nach ihrem Sturze, ob unmittelbar oder nach einer Zwischenzeit, erhellt nicht aus den Worten, folgt

2) Die Zeit des Einen. Diese Periode characterisirt sich durch die wenigen Worte: "und der Eine ist." Ihr Character ist der, daß nur ein Haupt, nur ein König diese Periode ausfüllt und zwar das sechste Haupt, der sechste König. Die Zeit dieser Periode wird angedeutet durch das Wörtlein ist. Das ist geht auf die Gegenwart in der Vision: mithin ist das

sechste Thierhaupt das Thier, auf welchem das Weib sitzt oder welches das Weib trägt, so daß dieses Haupt das Papstthum und die Siebenhügelstadt zusammenhält, die Siebenhügelstadt dem Papstthum erhält. Weiter ist zu schließen, daß in der zweiten Periode der Thiergeschichte das Haupt mit der Todeswunde im Abgrunde ist (V. 8.). Die Zeitdauer der zweiten Periode ist nicht angegeben, auch nicht, wie das sechste Haupt enden wird. Ob zwischen dem Abtreten des sechsten Hauptes und dem Kommen des siebenten Hauptes eine Zwischenzeit eintreten wird, ist nicht ganz ersichtlich, doch scheint es in den Worten zu liegen: „Und der Andere ist noch nicht gekommen, und wenn er kommt" —

3) **Die Zeit des Andern.** Auch in dieser Periode herrscht nur ein Haupt, das siebente, und zwar währt die Herrschaft desselben nur kurze Zeit. Auch während dieser Zeit ist das Haupt mit der Todeswunde noch im Abgrunde. Wie das siebente Haupt enden wird, ist nicht gesagt; wenn aber seine kurze Zeit vorüber ist, dann beginnt die vierte Periode der Thiergeschichte:

4) **Die Zeit des Thiers aus dem Abgrunde oder des eigentlichen Antichrists.** Dieß Thier ist das Haupt mit der Todeswunde, das durch die Todeswunde gestürzt war und in den Abgrund versank, also schon in seinem ersten Auftreten nur den Namen eines Christen trug, aber nicht ein gläubiger Christ war. Aus dem Abgrunde ist es nun wieder ans Tageslicht gekommen durch eine Christo nachgeäffte Scheinauferstehung, die aber noch viel wunderbarer erscheinen und in der Welt viel Rumor machen wird. Es ist, weil es ein Haupt war unter den Sieben, in seiner zweiten Erscheinung zugleich auch ein Achter, nicht der Achte, denn es sind nur sieben Häupter. Da er zur Zeit des Sechsten schon im Abgrunde war, muß er Einer der Fünf sein, und weil die ganze Weissagung auf ihn ihr Ziel hat, so muß er unter den Fünfen das vorzüglichste Haupt gewesen sein, ein großer Kriegsheld,

weil er bei seiner Wiederkunft begrüßt wird mit den Worten: „Wer ist dem Thiere gleich? Und wer kann mit ihm kriegen?" Als Achter, als eigentlicher Widerchrist ist er Kap. 13. gezeichnet, und seine Geschichte wird in diesem (17.) Kapitel weiter ausgeführt, und geht durch das 18. Kap. in Kap. 19. zu Ende, wo sich dann erfüllt der Ausspruch: „und fährt in die Verdammniß.

c. Die zehn Hörner und ihre Thaten. V. 12—18.

12. Und die zehn Hörner, die du gesehen hast, das sind zehn Könige, die ein Reich noch nicht empfangen haben, nämlich in der Gegenwart der Vision d. h. dann noch nicht, wenn das Weib auf dem Thiere sitzt, also dann noch nicht, wenn das sechste Haupt vorhanden ist; überhaupt sind es nicht eigentliche Könige von Gottes Gnaden: aber wie Könige werden sie Eine Zeit Macht empfangen mit dem Thier, d. h. wenn das Thier aus dem Abgrunde wiederkehrt, zu derselben Zeit werden diese zehn Wie=Könige (durch Volkswahl) auf Eine Zeit (auf etliche Jahre wie die Präsidenten von Republiken) Herrschaft empfangen; mithin geht dem Auftreten des Antichrists eine Periode der Revolutionen und Entthronung der Fürsten voran.

13. Diese haben Eine Meinung, sind derselben Richtung zugethan, nämlich der antichristischen Freigeisterei und dem Hasse wider die Kirche Christi, und werden ihre Kraft und Macht geben dem Thiere, werden sich mit ihrer Kraft und Macht dem Thiere, dem Antichristen, sobald er aufgetreten sein wird, zu Dienst stellen und also auch seine Verehrung in ihren Ländern auf alle Weise begünstigen und fördern.

14. Diese streiten mit dem Lamm, theils durch Verfolgung der Christen, theils, daß sie mit dem Thiere als seine Streitgenossen gegen Jerusalem ziehen; dort aber im Thale des Verderbens finden sie ihr schauerliches Ende, worauf das

Folgende hindeutet: und das Lamm wird sie überwinden; denn es ist ein Herr aller Herrn und ein König aller Könige, und mit ihm die Berufenen und Auserwählten und Gläubigen. Ehe sie aber ihr Untergang im Thale des Verderbens ereilt, müssen sie an der großen Hure, dem neuen Babel, Gottes Strafgericht ausführen, und das thut der Engel dem Seher in den folgenden Versen kund. Zuerst aber giebt er nochmals eine Erklärung über die Hure:

15. Und er sprach zu mir: **Die Wasser, die du gesehen hast, da die Hure sitzt, sind Völker und Schaaren und Heiden und Sprachen.** Wahrscheinlich saß das Weib am Ufer des Wassers auf dem Thiere; das Wasser deutet auf die vielen und mancherlei Völker, welche der geistlichen Herrschaft Roms unterworfen sind.

16. **Und die zehn Hörner, die du gesehen hast auf dem Thiere** (vergl. Kap. 13, 1.), **die werden die Hure hassen** — nachdem der Papst, welcher beim Aufsteigen des Thiers aus dem Abgrunde die Herrschaft hatte, zu dem Antichrist übergegangen und als falscher Prophet die Interessen desselben fördert, also an der Kirche zum Verräther geworden ist, tritt vielleicht noch ein Papst an seine Stelle als Gegner desselben und des Antichrists, ohne gerade die Kirche zu reformiren. Gegen solchen Papst würde sicherlich die ganze antichristische Welt feindlich sein als gegen Einen, der gegen die Freiheit, die man unter dem Thiere zu haben meint, auftrete, und es sind gerade die zehn Hörner, welche dann der Antichrist gebraucht, diese unverschämte Auflehnung gegen ihn zu züchtigen —, **und werden sie wüste machen und bloß, und werden ihr Fleisch essen und sie mit Feuer verbrennen,** sie werden also Rom erobern, alle ihre Reichthümer rauben, sie zerstören und den Flammen preisgeben. Damit dienen sie zwar scheinbar dem Widerchrist und ihrem eigenen Hasse, müssen aber eben damit widerwillen die Pläne Gottes ausführen:

17. Denn Gott hat es ihnen gegeben in ihr Herz zu thun seine Meinung, und zu thun einerlei Meinung, und zu geben, zu Dienst zu stellen, ihr Reich dem Thier, bis daß vollendet werden die Worte Gottes, bis sich die Weissagung erfüllt hat in allen ihren Worten, da darf auch nicht eins zurückbleiben. — Zuletzt bezeichnet noch einmal der Engel dem Seher die Hure und giebt ihm ein Merkmal an, an welchem er und Jeder erkennen kann, wer sie sei, nämlich:

18. Und das Weib, das du gesehen hast, ist die große Stadt, die, jetzt, zu der Zeit, da dir die Vision zu Theil wird, das Reich, die Herrschaft, hat über die Könige der Erde. Das kann nur Rom sein, aber nicht das alte heidnische, sondern weil seine Zerstörung in die Zeit des Antichrists fällt, der selbst jetzt noch zukünftig ist, nur das papistische Rom.

Die erklärende Zwischenvision hat hiermit ein Ende, und der Seher tritt wieder an seinen vorigen Ort, an die Warte für die siebente Posaune, und höret nun, was sie weiter tönet.

C. Fortsetzung des Wehes in der siebenten Posaune: Babels Fall.

Kap. 18.

1. Ein Engel verkündet den Fall der großen Babylon.
V. 1—3.

Nachdem die siebente Posaune in den sieben Zornschalen Gottes Strafgerichte über die antichristische Welt getönet, ist nur noch übrig, daß die zwei letzten Gerichte sich erfüllen, das eine Kap. 16, 19. und 17, 16. angedeutete: die Verwüstung Babels, und das andere Kap. 16, 13 und 14. in der sechsten Zornschale vorbereitete: die Schlacht bei Harmageddon. Das Zorngericht Gottes über Babel geht der großen Entscheidungs=

schlacht voraus und wird nun ausführlicher in seiner Vollführung geweissagt:

1. Und darnach sahe ich einen andern Engel, also der vorige ist nun wieder aus der Vision verschwunden, niederfahren vom Himmel, zu dem Standort des Sehers, und hatte eine große Macht, war ein gewaltiger Engel, vielleicht Einer der mächtigern oder Engel-Obern wegen seines wichtigen Auftrages, und die Erde ward erleuchtet von seiner Klarheit;

2. Und schrie aus Macht mit großer Stimme und sprach, den Fall Babels vorher verkündigend: Sie ist gefallen, sie ist gefallen Babylon die große, und eine Behausung der Teufel, der Dämonen, geworden, und ein Behältniß aller unreinen Geister, und ein Behältniß aller unreinen und feindseligen Vögel. Aehnliches weissagt Jesaias (13, 19—22.) von der Verwüstung der alten Babylon: das am alttestamentlichen Typus (Vorbild) ausgeführt ist, soll sich auf ähnliche Weise und in demselben Umfange am neutestamentlichen Antitypus (Gegenbilde) erfüllen.

3. Denn, Angabe, aus welchem Grunde das Gericht über Babel-Rom ergehen soll, von dem Wein des Eifers ihrer Hurerei, d. i. von dem zauberischen Getränke ihrer verführerischen Lehren und blendenden Gottesdienste, haben alle Heiden, Heiden-Christen, getrunken, und die Könige auf Erden, die weltlichen Monarchen, haben mit ihr Hurerei getrieben, haben aus Staatsabsichten, Habsucht und dergleichen Gründen mit ihr Freundschaft und Gemeinschaft gehalten, ihre Lehren beibehalten und beschützt, dagegen die wahre Lehre verfolgt, die bibelgläubigen Christen vielfach aus ihren Ländern verjagt, und ihre Kaufleute, die mit den heiligen Waaren, Reliquien, Ablaß und dergl. gehandelt oder Geldgeschäfte mit Rom gehabt, sind reich geworden von ihrer großen Wollust, Schwelgerei, Staat und Pracht, wie jene Goldschmiede zu Ephesus von den Tempelbilderchen der Diana und dergl. einen großen Gewinn hatten.

2. Eine Stimme vom Himmel setzt die Verkündigung fort.

a. Aufforderung an das Volk
Gottes, aus Babylon auszugehen. V. 4 u. 5.

4. Und ich hörete eine andere Stimme vom Himmel, wohl Christi Stimme, die sprach, ähnlich wie Jeremias 50, 8. 51, 6. und 45. in Beziehung auf das alte vorbildliche Babel: Gehet aus von ihr, mein Volk, also hat der Herr Christus in jener antichristischen Zeit ein Volk in Babel=Rom: das wäre nicht denkbar, wenn Rom dann dem Antichrist schon zugefallen wäre, denn da wären die gläubigen Christen erkannt und getödtet worden; es wird also wohl Rom, wie wir schon Kap. 17, 16 bemerkten, dem Antichrist Widerstand leisten, und werden sich dann unter den papistischen auch evangelisch=gläubige Katholiken in Folge der Bibelcolportage befinden. Diese empfangen die Aufforderung, auszugehen, und sie wird ihnen zur rechten Zeit werden, wie einst den Christen zu Jerusalem, welche vor der Zerstörung der Stadt nach Pella entflohen, **daß ihr nicht theilhaftig werdet ihrer Sünden**, d. h. der Strafe ihrer Sünden, **auf daß ihr nicht empfanget etwas von ihren Plagen**, und nicht umkommet in dem Zorngerichte Gottes; denn das wird nun unaufhaltsam über die sogenannte ewige Stadt hereinbrechen.

5. **Denn ihre Sünden reichen bis in den Himmel**, und das noch mehr, als Sodom's und Gomorrha's Sünden, weil sich der Papst sogar himmlisches Gericht angemaßt hat, **und Gott denket an ihre Frevel**, an Alles, was Frevelhaftes von Rom ausgegangen wider Ihn und die gläubige Gemeine Christi.

b. **Aufforderung an die Gerichtsvollstrecker.**
V. 6—20.

6. Dieselbe Stimme fährt fort und wendet sich an die, als wären sie gegenwärtig, welche das Gericht an Babel vollstrecken sollen, an die zehn Wie=Könige, die sich mit ihren Völkern vom Papstthum und überhaupt von der christlichen Kirche losgemacht und sich dem Antichrist angeschlossen haben; denn der Herr züchtigt seine Feinde den einen durch den andern: **Bezahlet ihr, wie sie bezahlet hat, und macht es ihr zwiefältig nach ihren Werken, und mit welchem Kelche sie eingeschenket hat, schenket ihr zwiefältig ein.** Die Gerichtsvollstrecker widerwillen werden sich als Rächer betrachten der Unbill, welche Rom den Völkern angethan hat; im Andenken daran wurzelt ihr Haß und ihre Feindschaft wider Rom und sein Papstthum. Vergl. Kap. 17, 16. Mit dem Maße Rom vor Zeiten gemessen, mit dem Maße wird ihm nun wieder gemessen werden von seinen Feinden, indem es nun selbst in Beziehung zum Antichristenthum in ein ähnliches Verhältniß getreten ist, in welchem vormals zu ihm die kirchlichen Secten standen, und wie Rom gegen die sogenannten Ketzer gewüthet, so fällt nun die Wuth seiner Feinde doppelt über dasselbe her:

7. **Wie viel sie sich herrlich gemacht, und ihren Muthwillen gehabt hat, so viel schenket ihr Qual und Leid ein. Denn sie spricht in ihrem Herzen: Ich sitze und bin eine Königin, und werde keine Wittwe sein, und Leid werde ich nicht sehen.**

8. **Darum werden ihre Plagen auf Einen Tag kommen, der Tod, Leid und Hunger; mit Feuer wird sie verbrannt werden. Denn stark ist Gott der Herr, der sie richten wird.**

9. **Und es werden sie beweinen und sich über sie beklagen die Könige auf Erden, die mit ihr gehuret haben,** nun aber entthront sind; denn an ihre Stelle sind der Antichrist und die Wie-Könige, letztere durch Volkswahl, gekommen, man hat also dann Republiken, aber auch die Tyrannei des Antichrists, wenn sie sehen werden den Rauch von ihrem Brande;

10. Und, weil sie keine Macht haben zu helfen, werden sie von ferne stehen vor Furcht ihrer Qual, ihren eigenen gänzlichen Untergang in dem Untergange Roms erkennend, und werden sprechen: Wehe, wehe, die große Stadt Babylon, die starke Stadt! Auf Eine Stunde ist dein Gericht gekommen; sie erkennen also den Untergang Roms als ein Gericht Gottes an; während sie früher auf Roms Seite gestanden und für dasselbe gewirkt haben, wird es jetzt plötzlich licht in ihnen.

11. Und die Kaufleute auf Erden, auf dem Festlande, so weit sie mit Rom in Verbindung standen, werden, über den Verlust in ihrem Handel durch den Untergang Babels, weinen und Leid tragen bei sich selbst, daß ihre Waare Niemand mehr kaufen wird.

12. Nun werden die Handelswaaren angeführt, die sämmtlich zum Gebrauch Babels dienen; es wird Babel durch die Waaren nicht als Welthandelsstadt bezeichnet, wie Thrus Hesek. Kap. 27. und paßt auf das jetzige Rom, das eben keine Welthandelsstadt ist; zuerst Kostbarkeiten: Die Waare des Goldes und Silbers und Edelgesteins und der Perlen, sodann Luxusartikel in Kleiderstoffen: und Seiden; und Purpur, und Scharlach, dann Luxusartikel in Mobiliar und Haushalt: und allerlei Thinenholz, und allerlei Gefäß von Elfenbein, und allerlei Gefäß von köstlichem Holz, und von Erz, und von Eisen, und von Marmor,

13. Gewürze und Räuchwerk, was speciell für den päpstlichen Gottesdienst paßt: Und Cinnament, und Thymian, und Salben, und Weihrauch, dann Speise und Getränke: und Wein, und Oel, und Semmel und Weizen, darauf was zur Landwirthschaft gehört: und Vieh, und Schafe, und Pferde, und Wagen, zuletzt: Leichname und Seelen der Menschen. Das geht wohl theils auf den Handel mit Reliquien, theils auf das Lesen von Seelenmessen und das Heiligsprechen der Verstorbenen, auch wohl auf den Ablaßkram.

14. Und, Babel wird angeredet, das Obst, da deine Seele Lust an hatte, ist von dir gewichen, und Alles, was völlig und herrlich war, ist von dir gewichen, und du wirst solches nicht mehr finden.

15. Die Kaufleute solcher Waare, die von ihr sind reich geworden, werden von ferne stehen vor Furcht ihrer Qual, weinen und klagen,

16. Und sagen: Wehe, wehe, die große Stadt, die bekleidet war mit Seide, und Purpur, und Scharlach, und übergoldet war mit Gold, und Edelgestein, und Perlen!

17. Denn in Einer Stunde ist verwüstet solcher Reichthum. Nachdem die Könige und die Kaufleute ihre Klage gesprochen, folgen die Schiffer und sprechen ihre Klage: Und alle Schiffherrn, und der Haufe, die auf den Schiffen handtieren (besser: die nach einem Orte fahren d. h. Küstenfahrer), und Schiffleute, die auf dem Meere handtieren, standen von ferne;

18. Und schrien, da sie den Rauch von ihrem Brande sahen, und sprachen: Wer ist gleich der großen Stadt?

19. Und sie warfen Staub auf ihre Häupter (trauerten), und schrien, weinten und klagten, und sprachen: Wehe, wehe, die große Stadt, in welcher reich geworden sind Alle, die da Schiffe im Meere hatten, von ihrer Waare! Denn in Einer Stunde ist sie verwüstet.

Die Wehklagenden leben zur Zeit, wo der Antichrist seine

Greuelherrschaft schon angefangen hat auszubreiten, wo die festen Ordnungen in den Staaten gebrochen, wo alles Alte, unter welchem der Verkehr der Völker nach innen und außen gesichert war, über den Haufen geworfen ist, wo schon die allgemeine Verwüstung angefangen hat; nun kommt der Fall Roms, das sich im Papstthum dem Antichristenthum noch entgegengestellt hatte, und die Verwüstung schreitet vorwärts: da schwindet der Handel, da wird die Schifffahrt unsicher und bringt keinen Gewinn mehr, da muß aller Wohlstand zu Grunde gehen, und so wird die Wehklage über Roms Fall eine Weissagung des allgemeinen und gänzlichen Verfalls unter der tyrannischen Gewalt des Thieres aus dem Abgrunde. Im Gegensatz zu der Klage und zu dem Jammern auf Erden herrschet bei denen im Himmel Freude und Frohlocken über das Gericht Gottes. Das deutet der letzte Vers dieses Abschnittes, wenn nun die Stimme denen im Himmel zuruft:

20. Freue dich über sie, Himmel, und ihr heiligen Apostel und Propheten; denn Gott hat euer Urtheil an ihr gerichtet. Sehet, soll das heißen, die große Hure, welche die Liebhaber Jesu Christi und des Wortes Gottes verketzerte und verfolgte, welche dem Herrn die Ehre raubte und den Menschen die Thüren des Himmels zuschloß durch falsche Lehren, sie ist gefallen! Der eine Hauptfeind Christi ist gerichtet, bald wird das Gericht auch den ereilen, der in teuflischer Lüge den Thron auf Erden ergriffen zu haben wähnt, der da hofft, die Gemeine Christi von der Erde zu vertilgen und dem Teufel die verlorne Herrschaft wieder zu erobern.

3. Ein Engel übernimmt wieder die weitere Verkündigung.
V. 21—24.

21. Und ein starker Engel, um durch eine symbolische Handlung den schnellen und gänzlichen Untergang Babels anzudeuten, **hob einen großen Stein auf, als einen**

Mühlstein, warf ihn ins Meer, und sprach: Also
wird mit einem Sturm verworfen die große Stadt
Babylon, und nicht mehr erfunden werden. Also
kann das Gericht nicht schon über Rom gekommen sein,
wie manche Ausleger die Erfüllung der Weissagung in die Zeit
der Völkerwanderung setzen; noch ist Rom da und der Anti=
christ mit den zehn Wie=Königen noch zukünftig, und also auch
das Gericht über Rom noch zukünftig.

22. Und die Stimme der Sänger und Saiten=
spieler, Pfeifer und Posauner soll nicht mehr in
dir gehöret werden, und kein Handwerksmann
einiges Handwerks soll mehr in dir erfunden wer=
den, und die Stimme der Mühle soll nicht mehr in
dir gehöret werden,

23. Und das Licht der Leuchte soll nicht mehr in
dir leuchten, und die Stimme des Bräutigams und
der Braut soll nicht mehr in dir gehöret werden;
denn deine Kaufleute waren Fürsten auf Erden,
denn durch deine Zauberei sind verirret worden
alle Heiden, alle Heidenchristen.

24. Und das Blut der Propheten und der Heili=
gen ist in ihr erfunden worden, und aller derer,
die auf Erden erwürget sind. Der Babel wird alles
Blut der unschuldig Ermordeten zugeschrieben in der Weise,
wie der Herr Matth. 23, 24 und 25. alles Blut, das vergossen
ist auf Erden, über Jerusalem kommen lässet. Wenn man
bedenkt, welche Ströme Bluts unter der Autorität des papisti=
schen Roms vergossen sind in den Verfolgungen der Ketzer
durch die Inquisitionen und Ketzerkreuzzüge und durch die
schmäligen Hexengerichte, die durch den sogenannten Hexenham=
mer, der des Papstes Bestätigung hatte, in allen katholischen
Ländern organisirt, mehrere Jahrhunderte hindurch die Völker
knechtete und eine Schmach des christlichen Namens war, an
welcher Schmach selbst protestantische Länder Theil hatten —

und wenn man noch weiter zurücksieht auf die Verfolgungen der Christen von Seiten des heidnischen Roms — wenn man das Alles überdenkt, so wird man sich nicht wundern, wenn das vergossene Blut, das durch die Jahrhunderte um Rache geschrieen, endlich gerächt wird.

Zwischenvisionen.
Kap. 19, 1—10.

a. Siegesfeier im Himmel über den Untergang Babels. V. 1—4.

So oft auch der Seher in der Vision seinen Standort verändert, immer findet er sich wieder an dem ersten Orte seines Schauens, den er uns zu Anfang Kap. 4. und 5. beschrieben hat, wenn ihm eine der Hauptprophetien verkündigt ist oder auch verkündigt werden soll, und schauet von dort die Theilnahme der Himmlischen an dem, was auf Erden in Beziehung zur messianischen Gemeine geschieht. So findet eine heilige Wechselbeziehung zwischen Himmel und Erde statt: wir schauen sehnsüchtig hinauf und führen als Erlösete Jesu Christi unsern Wandel im Himmel, und jene nehmen den innigsten Antheil an dem Wohl und Wehe der Gemeine auf Erden, und ersehnen den endlichen Sieg derselben über das Reich der Finsterniß; die obere Gemeine ist nicht also losgerissen von uns kämpfenden Erdenpilgern, daß sie nicht unser gedächte in Liebe und inniger Theilnahme; die da oben und uns hier unten verbindet ein und derselbe Geist der Liebe und Gemeinschaft in Christo Jesu, unserm Herrn.

1. Darnach, nachdem die siebente Posaune das Gericht über Babel gekündet, hörte ich eine Stimme großer Schaaren im Himmel, die sprachen: Halleluja! d. h. Lobet den Herrn! — findet sich im ganzen neuen Testamente nur in diesem Kapitel und kommt im alten Testamente zuerst da vor, wo der Sieg des Herrn über die Gottlosen gefeiert wird Pf. 104, 35. Heil und Preis, Ehre und Kraft sei Gott, unserm Herrn!

2. Denn wahrhaftig, indem sie die Erfüllungen der Weissagungen sind, und gerecht sind seine Gerichte, daß er die große Hure verurtheilt hat, welche die Erde, die der Ehre des Herrn sollte voll werden, verderbete, dadurch, daß sie ihr das reine Licht des Evangeliums entzogen und vorenthalten und die wahrhaftigen Knechte Gottes verfolget und getödtet hat, und hat das Blut seiner Knechte von ihrer Hand gerochen.

3. Und sprachen zum andern Mal: Halleluja! Und der Rauch gehet auf ewiglich: Die große Babel ist mit Feuer zerstöret und wird nicht wieder aufkommen in Ewigkeit, sondern wüste sein für und für.

4. Und die vier und zwanzig Aeltesten und die vier Thiere fielen nieder, und beteten an Gott, der auf dem Stuhle saß, und sprachen: Amen, Halleluja!

Wir erkennen aus dieser Feier im Himmel die große Wichtigkeit des Gerichts Gottes an Babel, und das wird zur Zeit, wo es sich auf Erden vollendet hat, offenbar werden an der Gemeine des Herrn, die dann schnellen Schrittes ihrer Erlösung und dem Siege nahet. Darum folgt nun

b. Ankündigung der Hochzeit des Lammes.
V. 5—10.

Was Kap. 14, 1—5. geweissaget wurde über die 144,000 Versiegelten, das wird nun als unmittelbar bevorstehend angekündigt:

5. Und eine Stimme, wessen? ist nicht gesagt, ging von dem Stuhl her: Lobet unsern Gott, alle seine Knechte, und die ihn fürchten, beide Kleine und Große!

6. Und ich hörte eine Stimme einer großen Schaar, und als eine Stimme großer Wasser, und als eine Stimme großer Donner, die sprachen:

Hallelujah! Denn der allmächtige Gott hat das Reich eingenommen: als Herrscher hat sich gezeigt (durch das Gericht über Babel) der Herr, unser Gott, der Allmächtige.

7. Laßt uns freuen und fröhlich sein, und ihm die Ehre geben: denn die Hochzeit des Lammes ist gekommen, und sein Weib, seine Braut — beide Begriffe liegen in dem griechischen Worte des Grundtextes — hat sich bereitet. Wie sie sich bereitet hat, das sagt der folgende Vers aus:

8. Und es ward ihr gegeben, die Gnade kam über sie zur Bekehrung, sich anzuthun mit reiner und schöner Seide (besser: mit glänzendem und reinem Byssus= Stoff; was das bedeute, sagt der Seher in dem folgenden Satze): Die Seide (besser: der Byssus=Stoff) aber ist, bedeutet, die Gerechtigkeit der Heiligen. Also dadurch, daß das Weib das Kleid der Gerechtigkeit durch den Glauben angezogen, hat sie sich bereitet, den Bräutigam zu empfangen; mithin war sie früher nicht bereit, und fehlte ihr das Kleid der Gerechtigkeit; es geht also hier in Erfüllung, was Hosea Kap. 2 und 3. weissaget.

Der Seher kennt das Weib wohl und ist voll seliger Freude, als er hört, sie habe sich bereitet, habe endlich das Kleid der Gerechtigkeit angenommen, und nun sei die Hochzeit des Lam= mes nahe; aber bei den Auslegern ist die Meinung hinsichtlich dieses Weibes verschieden. Die Irvingianer halten sich für das Weib als Brautgemeinde, andere Kirchenparteien machen auch darauf Anspruch, diese Brautgemeinde Christi zu sein, Andere halten die Gläubigen aus allerlei Kirchen für das Weib oder die Braut. Johannes der Täufer aber nennt Israel das Weib als die Braut (Joh. 3, 29. ff.): „Wer die Braut hat, der ist der Bräutigam, der Freund aber des Bräutigams stehet und höret ihm zu, und freuet sich hoch über des Bräutigams Stimme. Dieselbige meine Freude ist nun erfüllet. Er muß wachsen, ich aber muß abnehmen." Johannes stellt sich in diesen Worten als Brautführer dar, der Israel als Braut ihrem Bräutigam Christo zuzuführen gekommen sei. Das Brautfüreramt übertrug nachher der Bräutigam selbst seinen Freunden, den Aposteln, und in dieser Beziehung sprach er zu den Jüngern des Johannes, als sie ihre Verwunderung darüber aussprachen, daß seine Jünger nicht fasteten, während sie und der Pharisäer Jünger so viel fasteten: „Wie können die Hochzeitleute (wörtlich: die Söhne des Brautgemachs d. i. die Brautführer) Leid tragen, so lange der Bräutigam bei ihnen ist? Es wird aber die Zeit kommen, daß der Bräutigam von ihnen genommen wird, alsdann werden sie fasten." Israel hat weder auf des Bräutigams, noch auf der Brautführer Stimme gehört, und der Bräutigam mußte ihnen sagen: „Siehe, euer Haus soll euch wüste gelassen werden." Aber er hat sie nicht ewiglich aufgegeben, und konnte seiner Drohung deßhalb die Worte hinzusetzen: „Denn ich sage euch: Ihr werdet mich von jetzt an nicht sehen, bis ihr sprechet: Gelobt sei, der da kommt im Namen des Herrn!" Und dann wird die Hochzeit des Lammes gefeiert.

Wenn nun aber Israel nach Wahl und Bund und Verheißung zu jener Hochzeit des Lammes als Weib, als gläubig gewordene Braut berufen ist, so auch die gläubige Gemeine Christi nach Wahl und Bund; denn es soll Ein Hirte und Eine Heerde werden, und insofern wird auch die gläubige Gemeine Christi aus den Heiden die Braut genannt, wie auch nachher Kap. 22, 17., aber hier und an unsrer Stelle doch mit verschiedenen Wörtern im Grundtexte, so daß doch ein Unterschied zwischen beiden bleibt, und nach diesem Unterschiede die Braut, wie sie Hosea 2 und 3. geschildert ist als sein ehebrecherisches Weib, das der Herr aufs Neue als Braut mit sich verloben wird: „Ja, im Glauben will ich mich mit dir verloben, und du wirst den Herrn erkennen" — und die gläubige Gemeine Christi aus den Heiden ist in Beziehung auf jene Zeit, wo die Hochzeit stattfinden wird, von dem Herrn selbst dargestellt unter dem Bilde der zehn Jungfrauen, und nur die Klugen unter ihnen werden mit in des Königs Palast zum Hochzeitsmahle eingehen. Eben so ist auch Ps. 45. die Braut Israel, welche begleitet wird in des Königs Palast von Jungfrauen. Und für die Jungfrauen, (und wohl denen, welchen es dann nicht an Oel gebricht für ihre Lampen, welches leicht denen fehlen kann, welche Israel nicht wollen die Braut sein lassen und darum auch nicht zugeben wollen, daß ein Reich Israel aufgerichtet werde); für die Jungfrauen, die dann bereitsein werden, für die aus der Greuelzeit des Antichrists übrig gebliebenen Christen aus den Philadelphiern und Andern gilt namentlich die nachfolgende Lobpreisung:

9. Und er, ein Engel, sprach zu mir: Schreibe: Selig sind, die zu dem Abendmahl, Hochzeitsmahl, des Lammes berufen sind. Und er sprach zu mir: Dieß sind wahrhaftige Worte Gottes. Es wird also geschehen, um alle Verheißungen, Israel gegeben, zu erfüllen. Und der Seher wird durch die Eröffnungen, welche ihm der Engel über die Hochzeit des Lammes gegeben hat, so voll seliger Freude, daß er im Uebermaß des Entzückens meint, den Heiland selbst zu hören, und zu den Füßen des Engels niederfällt, ihn anzubeten:

10. Und ich fiel vor ihn zu seinen Füßen, ihn anzubeten. Aber sofort wehret ihm der Engel: Und er sprach zu mir: Siehe zu, thue es nicht, ich bin dein Mitknecht und deiner Brüder, und derer, die das Zeugniß Jesu haben. Bete Gott an. Das Zeugniß aber Jesu ist der Geist der Weissagung, d. i.: Wer Jesum bekennt, daß er Christus, der Sohn Gottes ist, der hat auch den Geist, der durch mich redet und weissaget, und ist nicht geringer, als ein Engel, nämlich vermöge dieses Geistes. Damit ist nicht gesagt, daß er die Gabe der Weissagung haben müsse, aber doch die Gabe des Glaubens an die Weissagung.

D. Schluß des dritten Wehes in der siebenten Posaune: Besiegung des Antichrists.

Kap. 19, 11. bis 20, 3.

1. Die Zukunft des Herrn.
Kap. 19, 11—16.

Nach der Unterbrechung durch die Vision des himmlischen Lobgesangs und der Ankündigung der Hochzeit des Lammes findet sich der Seher wieder auf seiner vorigen Warte, um die siebente Posaune austönen zu hören. Da erschallt sie wieder, und was sie zu künden hat, erscheint dem Seher in einer erhabenen Vision:

11. Und ich sahe den Himmel aufgethan, und siehe, ein weißes Pferd, wie ein solches bei Eröffnung des ersten Siegels (Kap. 6, 2.) in die Vision trat, und der darauf saß, hieß Treu und Wahrhaftig: er hat seine Gemeine nicht verlassen in der Zeit des Kampfes und der Noth, und kömmt nun, seine Verheißung zu erfüllen, und richtet und streitet mit Gerechtigkeit, und wird erfüllen die drohende Weissagung des 2. Psalmes in ihrer ganzen Ausdehnung.

12. Und seine Augen sind wie Feuerflammen; denn er erscheint zum Gericht über den Antichrist und seine Rotte, und auf seinem Haupte viele Kronen; denn er hat einen Siegeszug gehalten durch die Völker, Starke sind ihm zur Beute geworden, Könige haben ihre Knie vor ihm gebeugt, und hat einen Namen geschrieben, den Niemand wußte, denn er selbst, der also auch dem Seher unbekannt war, der auf eine neue Offenbarung seines Wesens oder seines Amtes nach irgend einer uns noch unbekannten Seite hin zielet.

13. Und war angethan mit einem Kleide, das mit Blut besprengt war: seine Siege sind ihm schwer geworden, sie haben ihm das Blut seiner Kinder gekostet, die er auf dem Herzen getragen, und das Blut an seinen Kleidern schreiet um Rache; auch erinnert das Kleid, das mit Blut besprengt war, an Jes. 63, 3.; und sein Name, der bekannte, heißet Gottes Wort, ein Name zum Schrecken seiner Feinde, wenn sie nun erkennen müssen, daß der Nazarener doch das ewige Wort ist, das im Anfang bei Gott war und Gott war, durch welches alle Dinge geschaffen sind, und welches Fleisch ward, und unter uns gewohnet hat und am Stamme des Kreuzes ein Opfer geworden für die Sünden der Welt. Wehe nun denen, die sein heiliges Blut verworfen und mit dem Thiere aus dem Abgrunde sich verbunden haben gegen den Heiligen Gottes! Er ist gekommen zur Rache.

14. Und ihm folgte nach das Heer im Himmel, seine Engelschaaren, auf weißen Pferden, angethan mit weißer und reiner Seide, mit weißem Byssuskleide.

15. Und, nicht den Bogen hat er in der Hand mit den heiligen Pfeilen, um Seelen zu erlegen zu seinem seligen Eigenthum, sondern aus seinem Munde ging ein scharfes Schwert, nicht das Wort des Lebens, sondern das Wort der Vernichtung und des Todes, daß er damit die Heiden, die heidnischen Rotten des Antichrist's, schlüge, und er wird sie regieren mit der eisernen Ruthe, er wird sie nach Ps. 2. sein eisernes Scepter fühlen lassen. Und er tritt die Kelter des Weins des grimmigen Zorns des allmächtigen Gottes.

16. Und, wer könnte mit Ihm streiten! denn er hat einen Namen geschrieben auf seinem Kleide, und auf seiner Hüfte, wo sonst die Helden im Streit das Schwert haben, also: Ein König aller Könige, und ein Herr aller Herrn; denn nun wird er allen seinen Feinden offenbar werden als der König der Ehren, der Herr stark und mächtig, der Herr mächtig im Streit.

Die Vision kündet also die Rettung der Gemeine Christi an aus der anbringenden Gewalt des Thieres aus dem Abgrunde durch die wunderbare Dazwischenkunft des Herrn Jesu

Christi in seiner Wiederkunft; die Rettung aber geschieht durch seinen Sieg über das Thier.

2. Der Sieg über das Thier und die antichristischen Heere.
Kap. 19, 17—21.

a. Ankündigung des Sieges durch einen Engel.
V. 17 u. 18.

17. Und ich sahe einen Engel in der Sonne stehen, als an einem Orte, von wo aus seine Stimme weithin vernommen werden konnte; und er schrie mit großer Stimme und sprach zu allen Vögeln, die unter dem Himmel fliegen (vergl. Ezech. 39, 17—20): Kommt und versammelt euch zu dem großen Mahle Gottes,

18. Daß ihr esset das Fleisch der Könige und der Hauptleute, und das Fleisch der Starken und der Pferde und derer, die darauf sitzen, und das Fleisch aller Freien und Knechte, beides der Kleinen und der Großen. Ein schauerliches und graufiges Bild der Niederlage enthüllen die Worte des Engels; o daß doch allen Ungläubigen und allen Schwankenden die Worte in die Ohren gellten und sie Buße thäten und sich demüthig der Liebe zuwendeten, die sich am Kreuze für uns geopfert hat, damit sie nicht in die Gewalt des Thieres kämen und mit ihm verflochten würden in so entsetzliches Verderben.

b. Der Sieg. V. 19—21.

19. Und ich sahe das Thier und die Könige auf Erden und ihre Heere versammelt, im heiligen Lande an dem Orte, der da heißt in der Vision auf hebräisch Harmageddon, Streit zu halten mit dem, der auf dem Pferde saß und mit seinem Heere. Die letzte Schlacht soll geschlagen werden, und siegestrunken sehen sie schon die Gemeine Christi vertilgt von der Erde; da kömmt die Hilfe denen, die Gott und seinem Worte vertrauet haben; der Herr Jesus erscheint und mit ihm die Rettung. Joel 3, 16—21.

20. Und das Thier ward ergriffen und mit ihm der falsche Prophet, der die Zeichen that vor ihm, durch welche er verführte, die das Maalzeichen des Thiers nahmen, und die das Bild des Thiers anbeteten, lebendig wurden diese beide in den feurigen Pfuhl geworfen, der mit Feuer brannte. Sie sind also die Ersten, welche in die Hölle geworfen werden. Aehnliches, nur daß sie lebendig in den Abgrund fahren 4. Mos. 16, 29. 30.

21. Und die Andern wurden erwürget mit dem Schwert deß, der auf dem Pferde saß, das aus seinem Munde ging; und alle Vögel wurden satt von ihrem Fleisch. Nach Ezechiel Kap. 39. hat das Haus Israel sieben Monate lang an den Leichen zu begraben, um das Land wieder zu reinigen von dem Unflath ihrer Leichen; denn ihre Zahl ist zu groß, als daß sie die Vögel und die Thiere des Feldes allein vertilgen könnten.

Anm. An dieser Stelle, wo der letzte Kampf und des Herrn Sieg geweissagt ist, kommen die Ausleger vielfach ins Gedränge; der Gedanke, hier in dem Thiere den Antichrist zu finden, liegt so sehr auf der Hand, und dabei können sie sich doch nicht dazu entschließen aus Liebe zu ihrem Systeme; die sieben Häupter als sieben Weltmonarchien sind zu tief mit ihrer Auffassung verwachsen, und dazu will ein persönlicher Antichrist nicht recht passen, wenigstens muß man dann den Worten Gewalt anthun, um ihn zu finden. Die aber, welche in dem Thiere das Papstthum sehen, können nicht recht zusammenreimen, wie hier noch, nachdem Rom schon mit Feuer verbrannt ist, noch ein Papst als das Thier auftreten könne. Professor Hengstenberg, der sieben Weltmonarchien in den sieben Häuptern des Thiers annimmt, kann sich nicht anders helfen, um hier den Antichrist nicht zu sehen, als daß er einen persönlichen Antichrist ganz aus der Bibel hinwegleugnet, hier aber zwei Mächte, nämlich die Weltmacht und die falsche

Weisheit lebendig in die Hölle werfen läßt. Was das nun für Wesen sind: die lebendige Weltmacht und die lebendige falsche Weisheit — und was sie in der Hölle sollen, wohin doch nur verdammte Personen gehören, als der Teufel und seine Engel und gottlose Menschen, — das bleibt ein Räthsel. Wer hier in unserer Stelle nicht den persönlichen Antichrist findet, und wenn er ihn nicht leugnen kann, doch nicht weiß, wie er ihn zu dem Thiere Kap. 13. stellen soll und da erst allerlei künstliche Vermuthungen aufstellen muß: der nehme nur auf Glauben an, daß das System seiner Auslegung nicht das rechte ist, wenn es auch noch so kunstvoll aufgebauet ist, ja gerade eben deßwegen nicht; und wer die sieben Weltmonarchien nicht bei Seite liegen läßt — die h. Schrift kennt überhaupt nur vier Weltreiche — wird nimmer zu einer consequenten Auslegung der Offenbarung kommen, und wird es nicht vermeiden können, hie und da in einen Widerspruch gegen die Schrift oder gegen die Offenbarung und öfter gegen die eigene Auslegung zu gerathen, mag er auch sonst ein rechtgläubiger Christ sein.

3. Satan wird gebunden und auf tausend Jahre im Abgrund verschlossen.
Kap. 20, 1—3.

1. Und ich sahe einen Engl vom Himmel fahren, herabsteigen, der hatte den Schlüssel zum Abgrund, und eine große Kette in seiner Hand.

2. Und er griff den Drachen, die alte Schlange, welche ist der Teufel und der Satan, und band ihn, diesen Mächtigen und Gewaltigen, der dem Allmächtigen zu trotzen wagte, jetzt aber bis zur äußersten Ohnmacht herabgesunken, starr vor Entsetzen erwartet, was über ihn kommen wird, das er wohl gewußt, aber nicht geglaubet hat, tausend Jahre,

3. Und warf ihn in den Abgrund, noch nicht in die Hölle, und verschloß ihn, und versiegelte oben darauf, zum Zeichen seiner wirklichen Gefangenschaft im Abgrunde, daß er nicht mehr verführen sollte die Heiden, die Völker, aller Einfluß des Teufels auf die Menschen hört von da an auf, bis daß vollendet würden tausend Jahre; und darnach muß er, nach Gottes Rathschluß, los werden, also wieder zur Wirksamkeit kommen auf Erden, eine kleine Zeit.

Nun hat die siebente Posaune ausgetönt und das dritte Wehe hat ein Ende; ein neues beginnt auf Erden: die messianische Gemeine ist zum Siege durchgedrungen, und das verheißene Friedensreich erblühet unter der unangefochtenen Herrschaft des Königs der Könige: die Erde feiert ihren tausendjährigen Sabbath.

III. Die messianische Gemeine im Siege oder das tausendjährige Reich.

Mit der Wiederkunft Christi sollen sich nach der Schrift alle Verheißungen für Israel erfüllen, welche mit dem ersten Offenbarwerden des Messias im Fleische sich noch nicht erfüllt hatten, denn so spricht der Apostel Petrus zu dem in der Halle Salomo's um ihn versammelten Volke in der Predigt, die er in Folge der Heilung des vom Mutterleibe an lahmen, Allen bekannten Bettlers hielt: „So thut nun Buße und bekehret euch, daß eure Sünden vertilgt werden, auf daß da komme die Zeit der Erquickung von dem Angesichte des Herrn, wenn er senden wird den, der auch jetzt zuvor geprebigt wird, Jesum Christ, welcher muß den Himmel einnehmen, bis auf die Zeit, da herniedergebracht werde Alles, was Gott geredet hat durch den Mund aller seiner heiligen Propheten von der Welt an." Also von den Zeiten der Apostel bis jetzt und weiter bis zur Zukunft Christi wird Jesus Christus zuvor geprebigt als ein solcher, der da kommen wird. Seine Zukunft findet nicht eher statt, bis sich Israel als Volksganzes zu ihm wird bekehrt haben, darum die Aufforderung in Petri Predigt an das Volk, Buße zu thun und sich zu bekehren. Und der Herr hat dasselbe ausgesprochen in den Worten: „Ich sage euch: Ihr werdet mich von jetzt an nicht sehen, bis ihr sprechet: Gelobet sei, der da kommt im Namen des Herrn!" Bei seiner Zukunft werden sie (das Volk Israel) ihm zujubeln: Gelobet sei, der da kommt im Namen des Herrn! Mithin müssen sie dann schon zu ihm bekehrt sein.

Nach den vorigen Visionen in Kap. 19. bis 20, 3. haben wir nun schon gesehen, daß sich Israel zu Christo bekehrt hat und daß er wieder gekommen ist, mithin muß nun auch das geschehen, was mit seiner Zukunft kommen soll, und worauf der Apostel Petrus in seiner Predigt hinweist: die Erquickung vom Angesichte des Herrn und Alles, was Gott geredet hat durch den Mund aller seiner heiligen Propheten von der Welt an. Dahin gehört aber in der Zeit, von welcher nun geoffenbart werden soll: das Reich Israel, jenes Reich, von welchem Daniel weissagt: „Diese vier großen Thiere sind vier Reiche, so auf Erden kommen werden. Aber die Heiligen des Höchsten werden das Reich einnehmen und werden es immer und ewiglich besitzen." — Auch Jeremias weissaget davon: „Darum siehe, es wird die Zeit kommen, spricht der Herr, daß man nicht mehr sagen wird: So wahr der Herr lebet, der die Kinder Israel aus Aegypten geführet hat, sondern: So wahr der Herr lebet, der den Samen des Hauses Israel hat herausgeführt und gebracht aus dem Lande der Mitternacht und aus allen Ländern, dahin ich sie verstoßen hatte, daß sie in ihrem Lande wohnen sollen." — Und Hosea: „Denn die Kinder Israel werden lange Zeit ohne König, ohne Fürsten, ohne Opfer, ohne Altar, ohne Chorrock und ohne Heiligthum bleiben. Darnach werden sich die Kinder Israel bekehren, und den Herrn, ihren Gott, und ihren König David (d. i. den Messias) suchen, und werden den Herrn und seine Gnade ehren in der letzten Zeit. Diese Zeit des Reiches Israel heißt auch das tausendjährige Reich, und wird in dem Folgenden offenbaret dem Anfange und dem Schluße nach; der Verlauf desselben d. i. seine Geschichte ist nicht geoffenbaret, weil es die Offenbarung nur ganz besonders mit der Kirchenzeit zu thun hat; in die Siegeszeit und die darauf folgende Verklärungszeit giebt sie nur wenige Blicke, welche genügen, den Muth der kämpfenden Gemeinde in der Kirchenzeit zu beleben.

1. Die Aufrichtung des tausendjährigen Reichs und erste Auferstehung.
Kap. 20, 4—6.

4. Und ich sahe, in einer neuen Vision, Stühle, Richterstühle im Himmel, und sie, wer? ist nicht gesagt, setzten sich darauf, und ihnen ward gegeben das Gericht: sie sollten ein Gericht halten, und vor den Richtern erschienen nun die, über welche das Gericht gehalten werden sollte, nämlich ein Gericht zu Ehren, wer an der ersten Auferstehung Theil haben solle; es erschienen aber nur solche, welche dazu würdig geachtet wurden, nämlich: und die Seelen der Enthaupteten um des Zeugnisses Jesu und um des Wortes Gottes willen, also alle Märtyrer von der ersten Zeit der Kirche an, und die nicht angebetet hatten das Thier, noch sein Bild, und nicht genommen hatten sein Maalzeichen an ihre Stirn und auf ihre Hand, also alle Märtyrer aus der antichristischen Zeit und auch Alle, welche, obwohl sie eines natürlichen Todes gestorben, doch nicht in eine antichristische Sünde gewilligt hatten; diese lebten, wurden lebendig, kehrten ins Leben zurück nicht nach der Seele, da lebten sie ja, sondern nach dem Leibe, da waren sie bis dahin todt gewesen, und regierten mit Christo tausend Jahre, auf Erden, im tausendjährigen Reiche, haben Theil an Christi königlichem Hirtenamte, fördern seine heiligen und seligen Zwecke auf Erden; nun erst wird die Mission recht aufblühen, auf daß die ganze Erde voll werde der Erkenntniß des Herrn. Von Zion wird das Heil über alle Länder und Völker ausgehen, auch über die, welche das Thier aus dem Abgrunde entchristlicht hatte, denn Frankreich, Spanien, Deutschland, England u. s. w. sind unter dem Wüthen des Antichrists wüste geworden, und was in ihnen noch lebt zur Zeit der Aufrichtung des Reichs, ist dem Verderben verfallen, was aber geboren wird, lebt heidnisch auf und muß erst Christo durch Mission gewonnen werden.

5. Die andern Todten aber, die Ungläubigen und die Gläubigen, welche, obwohl sie Theil haben an der Erlösung Christi, doch nicht der Ehre der ersten Auferstehung würdig befunden sind, wurden noch nicht wieder lebendig, blieben von der Auferstehung noch ausgeschlossen, bis daß tausend Jahre vollendet wurden. Es ist also nach tausend Jahren noch eine Auferstehung zu erwarten; darum heißt es weiter: Dies ist die erste Auferstehung. Die zweite Auferstehung, die allgemeine erfolgt am jüngsten Tage, wo Alle auferstehen werden, Gerechte und Ungerechte, und werden die Gerechten auferstehen zum ewigen Leben, die Ungerechten aber zum Gericht oder zur ewigen Verdammniß, wie das nachher V. 12. und 15. deutlich ausgesprochen wird.

6. Die Vision schließt mit einer Seligpreisung der Auferstandenen, um zum Erstreben dieser Ehre und dieser Seligkeit zu ermuntern: Selig ist und heilig, der Theil hat an der ersten Auferstehung: über solche hat der andere Tod keine Macht, über sie wird am jüngsten Tage kein Gericht mehr ergehen; sie werden vielmehr selbst Beisitzer im Weltgerichte sein, sondern sie werden Priester Gottes und Christi sein, und mit ihm regieren tausend Jahre.

Aus den Weissagungen des A. T.'s ist es gewiß, daß Israel im tausendjährigen Reiche den Vorrang haben wird vor den Völkern der Erde, Jerusalem ist dann die heilige Stadt des Erdkreises, das gelobte Land, das Land Israels; doch wird in dem Lande und Israel angeschlossen auch aus der heidenchristlichen Kirche ein Stamm sein, die Philadelphier und die sich ihnen angeschlossen in der letzten Zeit. Denn der Herr hat gesprochen: „Ich habe noch andere Schafe, die sind nicht aus diesem Stalle. Und dieselbigen muß ich herführen, und sie werden meine Stimme hören, und wird Eine Heerde und Ein Hirte werden." Aber auch die ursprüngliche Heerde war in der Wüste und in der Irre, und auch sie mußte er erst wieder

herführen auf die heimathliche Weide, wie die Weissagung davon
geredet Ezechiel im 34. Kapitel: „Denn so spricht der Herr
Herr: Siehe, Ich will mich meiner Heerde selbst annehmen und
sie suchen. Wie ein Hirt seine Schafe suchet, wenn sie von
seiner Heerde verirret sind: also will ich meine Schafe suchen;
und will sie erretten an allen Oertern, dahin sie zerstreuet waren
zu der Zeit, da es trübe und finster war. Ich will sie von
allen Völkern ausführen, und aus allen Ländern versammeln,
und will sie in ihr Land führen; und will sie weiden auf den
Bergen Israel, und in allen Auen, und auf allen Aengern des
Landes. Ich will sie auf die beste Weide führen, und ihre
Hürden werden auf den hohen Bergen in Israel stehen: da=
selbst werden sie in sanften Hürden liegen, und fette Weide
haben auf den Bergen Israel. Ich will selbst meine Schafe
weiden, und Ich will sie lagern, spricht der Herr Herr. Ich
will das Verlorne wieder suchen und das Verirrte wieder=
bringen, und das Verwundete verbinden, und des Schwachen
warten, und was fett und stark ist, will ich behüten, und will
ihrer pflegen, wie es recht ist." Nun ist Israel wieder ange=
nommen; das Blut des Messias, das über achtzehn Jahr=
hunderte lang als ein Fluch über Israel gekommen war um
der Väter Frevel willen, ist nun zum Segen über dasselbe
gekommen, um der Wahrhaftigkeit Gottes willen nach seiner
großen und wunderbaren Barmherzigkeit; Israel ist aus der
Zerstreuung gesammelt, der Herr hat sein Wort gelöst, das er
zu den Vätern gesprochen (Ezech. 37.): „Siehe, ich will die
Kinder Israel holen aus den Heiden, dahin sie gezogen sind;
und ich will sie allenthalben sammeln, und will sie wieder in
ihr Land bringen. Und will ein einiges Volk aus ihnen machen
im Lande auf dem Gebirge Israel, und sie sollen allesamt einen
einigen König haben; und sollen nicht mehr zwei Völker, noch
in zwei Königreiche zertheilet sein; sollen sich auch nicht mehr
verunreinigen mit ihren Götzen und Gräueln und allerlei
Sünden. Ich will ihnen heraushelfen aus allen Orten, da sie

gesündigt haben; und will sie reinigen, und sollen mein Volk sein, und Ich will ihr Gott sein. Und mein Knecht David (der Messias) soll ihr König und ihr Aller einiger Hirte sein. Und sollen wandeln in meinen Rechten und meine Gebote halten und darnach thun. Und sie sollen wieder im Lande wohnen, das ich meinem Knechte Jacob gegeben habe, darinnen eure Väter gewohnet haben. Sie und ihre Kinder und Kindeskinder sollen drin wohnen ewiglich; und mein Knecht David soll ewiglich ihr Fürst sein. Und ich will mit ihnen einen Bund des Friedens machen, das soll ein ewiger Bund sein mit ihnen; und will sie erhalten und mehren, und mein Heiligthum soll unter ihnen sein ewiglich. Und ich will unter ihnen wohnen, und will ihr Gott sein, daß auch die Heiden sollen erfahren, daß ich der Herr bin, der Israel heilig macht, wenn mein Heiligthum ewiglich unter ihnen sein wird." Der Herr hat also nun wieder unter Israel sein Heiligthum; er schweigt nicht mehr, wenn sie rufen; er antwortet, wenn sie fragen; er erscheint ihnen, wenn sie ihn suchen; er ist offenbar seinem Volke in seiner Herrlichkeit und ist ihr König und ihr Aller einiger Hirte, und hat seinen Geist ausgegossen über das Haus Israel und über Alle, welche mit Israel eins geworden sind in seinem heiligen Reiche.

Aber nicht allein das, die Erde, die nun ihren tausendjährigen Sabbath nach sechs unruh= und schmachvollen tausendjährigen Plagetagen feiert, und ihrer Verklärung, daß sie die neue Erde werde, entgegenreifet als Wohnstätte des verklärten, seligen Gottesvolkes, ist insonderheit in dem heiligen Centrallande des Reiches befreiet von vielen bösen Einflüssen, mehr und mehr frei von dem Fluche um der Heiligen willen, gesegnet mit Fruchtbarkeit, geheiligt durch die persönliche Gegenwart ihres Königs und Herrn, und besucht von den Heiligen Jesu Christi, welche der ersten Auferstehung theilhaftig geworden sind, und welche mit Christo regieren sollen in seinem Reiche tausend Jahre.

Während dieser Zeit gehen die Abgeschiedenen, welche im Glauben gestorben, ihrer Vollendung entgegen im himmlischen Paradiese; die Abgeschiedenen, welche ohne ihre persönliche Schuld auf Erden der Erlösung nicht theilhaftig geworden sind, werden auch jenseits an ihrem Orte die Predigt des Evangeliums vernehmen und können noch erlöset werden, wenn sie sich vor dem jüngsten Tage zu Christo bekehren; die verstockten Abgeschiedenen aber zittern dem Gerichte der ewigen Verdammniß entgegen, das nach Verfluß der tausend Jahre hereinbrechen wird, und welchem noch eine, die letzte Eruption des Bösen unmittelbar vorangehen wird.

Ehe wir davon hören, wollen wir noch bemerken, daß im tausendjährigen Reiche eine gewisse Ordnung und Abstufung der Reichsgenossen stattfinden wird analog dem, was wir nachher von den Verhältnissen auf der neuen Erde werden gezeichnet finden. Von einer demokratischen Gleichheit ist im Reiche Gottes bis in alle Ewigkeit hinein nicht die Rede. Es wird das Centralvolk im gelobten Lande und zumal die Einwohner Zions vor allen andern bevorzugt sein durch die Erscheinungen des Herrn und den Verkehr mit den Auferstandenen; die Mission, welche vom Centralvolke im größten Umfange wird betrieben werden, predigt das Evangelium des Glaubens, nicht des Schauens, wie von Anfang, und es treten die neuen Gemeinden in dasselbe Verhältniß zum Herrn, als die Gemeinden der Kirchenzeit standen, nur frei von den unmittelbaren Einflüssen des Teufels empfangen sie die Wirkungen des Evangeliums in ihrer vollen Kraft und das Evangelium selbst rein und nicht getrübt durch menschliche persönliche Auffassung, so daß kein Sectenwesen unter sie gepflanzt wird, wie es in der heutigen Mission nicht vermieden werden kann. Alle bekehrten Völker stehen in einer gewissen Abhängigkeit vom Centralvolke, dem Adel in der Menschheit, und das Centralvolk wird auch als solches von allen übrigen Völkern anerkannt und geehrt; Niemand wird sich dem Centrum nahen können ohne ausdrückliche

Gestattung des Königs. Diese Rangverschiedenheit der Völker im Reiche wird am Ende der Zeit die Veranlassung zum Abfall der äußern Völker werden, wurzelnd im Neide gegen das Centralvolk und nach dem Loswerden des Satans von diesem angefacht zur Flamme der Empörung, und von diesem letzten Abfalle der äußersten Völker der Erde am Ende der tausend Jahre hören wir nun den Bericht:

2. Loswerden des Satans und Sieg über Gog und Magog.
Kap. 20, 7—9.

7. Und wenn die tausend Jahre vollendet sind, wird der Satanas, nach göttlichem Rathschlusse, loswerden aus seinem Gefängniß, wird also wieder die Freiheit erhalten, auf Menschen einwirken zu können, und wird ihm gelingen eine Coalition unter den Menschen zu Stande zu bringen zur Empörung wider das Centralvolk.

8. Und wird ausgehen zu verführen die Heiden, die christlichen Völker aus den Heiden, in den vier Oertern (Enden) der Erde, die äußersten Völker, den Gog und Magog — nach Einigen Gog der Fürst und Magog sein Volk, das sich unter ihm zusammenschaart, nach Andern beide Wörter Völkernamen oder auch allgemeine Bezeichnung von unbestimmten Völkerschaaren, die sich aus allerlei Volk vereinigt haben zu dem Zwecke der Bekämpfung des Centralvolks, — sie zu versammeln in einen Streit, welcher Zahl ist wie der Sand am Meere. Diese Weissagung von Gog und Magog bestätigt die Weissagung des Propheten Ezechiel (Kap. 38. und 39.); doch sind wohl bei Ezechiel die beiden Weissagungen vom Antichrist und dieser letzten christusfeindlichen Erdmacht in einander geflossen, wie in der Weissagung des Herrn Matth. 24. von der Zerstörung Jerusalems und dem Ende der Welt beiderlei in einander fließt.

9. Und sie traten auf die Breite der Erde, erschienen im heiligen Lande, und umringeten das Heerlager der Heiligen und die geliebte Stadt Jerusalem. — Bei Annäherung der gewaltigen feindlichen Heeresmasse haben sich die Heiligen Gottes zusammengeschaart in und bei Jerusalem zu einem Betheere, denn sie sind des Krieges unkundig und ihre Stadt hat nicht Mauer noch Wall: ihre Waffe ist das Gebet; sie heben heilige Hände auf zum Himmel, und der Auferstandenen Gebet vereint sich lobpreisend mit dem ihrigen. Solch Rufen und Loben und Preisen in der Gefahr ist gewaltiger, als alle Macht der Erde und der Hölle: der Herr Zebaoth ziehet in den Kampf für die Wehrlosen. Und es fiel das Feuer von Gott aus dem Himmel und verzehrete sie (Gog und Magog).

Der Geist der Weissagung erwähnt diese Begebenheit mehr der Vollständigkeit wegen, weniger im Interesse der Kirche in der Kirchenzeit, denn diese wird davon gar nicht berührt; darum die Kürze der Ankündigung. Interesse hat sie für uns nur in Bezug auf die Geschichte des Satans, dessen Geschichte in ihren Hauptzügen die Schrift zeichnet bis zu seinem Sturz in die Hölle, der nun erfolgt:

3. Sturz des Teufels in den Feuerpfuhl.
Kap. 20, 10.

10. Und der Teufel, der sie verführt, nachdem sein letzter Versuch, die Herrschaft über den Erdkreis dem Messias streitig zu machen, mißlungen ist, ist für ewig überwunden und seinem schauerlichen Verhängniß verfallen: ward geworfen in den feurigen Pfuhl und Schwefel, in den Pfuhl des Feuers und Schwefels d. i. in die Hölle, da das Thier und der falsche Prophet war, die tausend Jahre vor ihm dahin geworfen waren; und werden gequälet werden Tag und Nacht von Ewigkeit zu Ewigkeit in alle Ewigkeit; der Teufel empfängt nun den Lohn für seine Empörung wider Gott und für all das Böse, das er durch Verführung der Menschen angerichtet, und mit ihm alle seine

Engel; denn das ewige Feuer ist bereitet dem Teufel und seinen Engeln.

So hat denn das Endgericht begonnen mit dem Hauptfeinde des Messias und seines Reiches, und es folgt das allgemeine Weltgericht, das Gericht über die ganze Menschheit am jüngsten Tage:

4. Jüngstes Gericht; allgemeine Auferstehung.
Kap 20, 11—15.

Der von allen bösen Geistern gefürchtete, von den Ungläubigen und Freigeistern unter den Menschen verspottete Tag ist gekommen, das Ende dieser Welt herbeigeeilt und mit ihm das Endgericht, die große Entscheidung, ob ewig selig oder verdammt? Dieser große und heilige Act des Weltgerichts am jüngsten Tage erscheint dem Seher in einem Gesichte, von dem er in wenigen Zügen ein Bild entwirft, genügend, um den tiefsten Eindruck auf das Herz dessen zu machen, der die Worte lieset, vom Gewissen überführt, daß er ein sündiger Mensch ist.

11. Und ich sahe einen großen weißen Stuhl — „Wenn aber des Menschen Sohn kommen wird in seiner Herrlichkeit, und alle heilige Engel mit ihm, dann wird er sitzen auf dem Stuhl seiner Herrlichkeit" — **und den, der darauf saß**, des Menschen Sohn als Weltenrichter — die Zukunft Jesu Christi ist geschehen im Anfang der tausend Jahre, aber anders offenbart er sich dort, als hier am Ende derselben: dort als König seines Reichs und Vertilger seiner antichristlichen Feinde, hier als Weltenrichter sitzend auf dem Stuhl seiner Herrlichkeit, **vor welches Angesicht flohe die Erde und der Himmel, und ihnen ward keine Stätte erfunden;** denn es ist des Herrn Tag, von welchem Petrus schreibt: „Es wird aber des Herrn Tag kommen als ein Dieb in der Nacht, in welchem die Himmel zergehen werden mit großem Krachen, die Elemente aber werden vor Hitze zerschmelzen, und die Erde und die Werke, die darinnen sind, werden verbrennen. So nun das Alles soll zergehen, wie sollt ihr denn geschickt sein mit heiligem Wandel und gottseligem Wesen, daß ihr wartet und eilet zu der Zukunft des Tages des Herrn, in welchem die Himmel von Feuer zergehen und die Elemente vor Hitze zerschmelzen werden." Demgemäß sah Johannes, wie vor dem Angesichte deß, der auf dem Stuhle saß, die Erde und der Himmel flohen und ihnen keine Stätte erfunden ward. Da also mit dem Kommen des Herrn zum Weltgerichte ein Untergang des dermaligen Erdbestandes zusammenfällt, so ist hier der geeignete, ja der nothwendige Punkt, wo ein Hinwegrücken der Heiligen Gottes dem Herrn entgegen in die Luft und ihre plötzliche Verwandlung stattfinden wird, und mag die gewaltige Katastrophe, welche Petrus weissaget, zusammenfallen mit dem, daß Feuer von Gott aus dem Himmel fällt, die Rotte Gog und Magog zu vernichten. Mit dieser Katastrophe findet zugleich die allgemeine Auferstehung der Todten statt.

12. Und ich sahe die Todten, als Auferstandene, beide groß und klein, stehen vor Gott; denn Gott richtet den Weltkreis durch Jesum Christum, und da fehlt dann auch nicht Einer vor dem Weltenrichter weder hoch noch niedrig, weder groß noch klein; Alle, die auf Erden gelebt haben aus allen Zeiten und Oertern, Alle sind gegenwärtig; und die Bücher wurden aufgethan (die Schuldbücher), und ein anderes Buch ward aufgethan, welches ist des Lebens. Und die Todten wurden gerichtet nach der Schrift in den Büchern nach ihren Werken. Wehe ihnen! Es geschieht ihnen nach ihrem Willen; die Gnade in Christo haben sie nicht annehmen wollen, so müssen sie nach ihren Werken gerichtet werden; wer aber nach seinen Werken ohne Walten der Gnade gerichtet wird, der wird verdammt, und darum werden sie V. 14. Alle geworfen in den Feuerpfuhl.

13. Und das Meer gab die Todten, die darinnen waren, und der Tod und die Hölle (Hades, Abgrund) gaben die Todten, die darinnen waren, alle Nichtbegrabenen und Begrabenen erschienen vor dem Richterstuhle als Auferstandene, und sie wurden gerichtet, ein Jeglicher nach seinen Werken.

14. Und der Tod und die Hölle, Hades — als solche werden vernichtet; denn der Tod ist der letzte Feind, der überwunden wird, und mit Aufhebung des Todes hört auch der Hades auf. Die aber, deren Seelen bis dahin im Hades waren und dem Gerichtstage mit Furcht entgegen sahen, wurden geworfen in den feurigen Pfuhl. Das ist der andere Tod. Der erste Tod äußert seine Macht im Sterben und herrscht im Hades, der andere Tod trifft die Auferstandenen und herrscht in der Hölle Pfuhl; der erste Tod lässet den Leib verwesen und quält die Seele allein, der andere Tod quält Leib und Seele in ewiger Qual, ein Tod, der nimmer zum Sterben führt, der jenen Wurm zur vollen Kraft bringt, der nimmer stirbt, und das Feuer entzündet, das nimmer erlischt, und müssen alle die heulen und zähnklappen in schauerlichem Entsetzen, welche er gefangen hält und nie wieder losläßt.

15. Und so Jemand nicht ward erfunden geschrieben in dem Buch des Lebens, der ward geworfen in den feurigen Pfuhl. Mithin sind am jüngsten Tage vor dem Richterstuhle Gerechte und Ungerechte, Gläubige und Ungläubige; ein Theil der Gläubigen hat seine selige Auferstehung schon gefeiert vor tausend Jahren, der andere Theil feiert sie am jüngsten Tage, und alle selig Auferstandene und die, welche bei ihrer Entrückung von der Erde verwandelt sind, gehen einer neuen, höhern und ewigen Seligkeit entgegen auf der neuen Erde; denn von nun an heißt es auch von der Erde und dem Himmel: „Das Alte ist vergangen, siehe, es ist Alles neu geworden." Und die neue Erde, der Wohnplatz der Gesegneten des Herrn nach ihrer Auferstehung, ist frei von Tod und Hades; jegliche Spur vom Bösen ist verschwunden, und unvergängliches Leben und Seligkeit herrschet auf ihr.

Wir sind hier am Schlusse des gegenwärtigen Weltalters; eine Zeit des Kampfes, der eine schöne Friedenszeit folgte, liegt hinter uns; der Fürste dieser Welt, die Sünde, der Tod und alles Uebel ist überwunden; das Lamm Gottes hat gesiegt über alle seine Feinde, die Wiedergeburt hat alle Dinge durchbrungen, das Weltgericht hat die Pforte des zukünftigen Weltalters aufgethan, und wir treten hinein in die neue Welt.

IV. Der neue Himmel und die neue Erde oder die messianische Gemeine in der Verklärung.

1. Der neue Himmel und die neue Erde.
Kap. 21, 1.

An dem Verderben der Menschheit hat die um die Sünde des Menschen willen mit dem Fluche belastete Erde Theil genommen, an dem Heile der von Sünde und Tod erlöseten Menschheit hat sie gleichfalls Antheil. Im tausendjährigen Reiche hat sie einen Sabbath gefeiert mit der messianischen Reichsgemeine, und wie da über das heilige Gottesvolk im neuen Reiche Israel der Segen Gottes sich in reichen, vorher nie gekannten Strömen ergoß, ist auch die Erde überströmt gewesen sammt ihrer Kreatur nach der Verheißung des Herrn durch den Mund seiner heiligen Propheten; nun im Weltgerichte ist alles Böse auf ewig verworfen und die auferstandene, in Christo wiedergeborne, heilige Menschheit der Verklärung theilhaftig geworden: da mußte auch die Erde durch ein Läuterungsfeuer gehen und aus der großen Katastrophe ihres Läuterungsprocesses, in welchen auch der Himmel (wahrscheinlich nur der Planetenhimmel), entweihet durch das Böse der gefallenen Geister, verflochten ist, geht ein neuer Himmel und eine neue Erde hervor, und die neue verklärte Erde wird der selige Wohnplatz der verklärten Menschheit. Die Erde und die Menschheit, beide sind nach Gottes Rathschluß aneinander gekettet von Anfang bis in Ewigkeit; beide theilen Fluch und Segen, Schmach und Verherrlichung; wird die Menschheit göttlich verklärt, wird die Erde neu und himmlisch, um ihre Wohnstätte sein zu können in Ewigkeit.

1. Und ich sahe, in einer neuen Vision, einen neuen Himmel und eine neue Erde; denn der erste Himmel und die erste Erde sind vergangen, und das Meer, auf Erden, ist nicht mehr. Das Meer auf der alten Erde war ein Zeugniß ihres Hervorgehens aus Wasser: „Und die Erde war wüste und leer, und es war finster auf der Tiefe, und der Geist Gottes schwebete auf dem Wasser." Nachdem die Erde durch ein Läuterungsfeuer gegangen, ist das Meer verschwunden, und ist die ganze Erde ganz himmlisches, von den Auferstandenen bewohnbares Paradies geworden ohne Meer; eine ganz andere Atmosphäre umgiebt sie; alle Naturverhältnisse sind andere geworden. Wir müssen freilich nach unsrer sinnlichen Natur Verzicht leisten darauf, die Weissagung vom verklärten Menschen- und Erdzustande völlig zu verstehen, weil uns da eine Natur entgegentritt, davon wir noch keine Anschauung gehabt haben, welche über unsre Begriffe geht. Das gilt auch ganz zumal von dem neuen Jerusalem.

2. Das neue Jerusalem.
Kap. 21, 2 — 22, 5.

a. Das neue Jerusalem fährt vom Himmel herab.
Kap. 21, 2—4.

2. Und ich Johannes sahe, in der Vision, die heilige Stadt, das neue Jerusalem, von dem Paulus im Briefe an die Galater schreibt: „Aber das Jerusalem, das droben ist, das ist die Freie, das ist unser Aller Mutter," von Gott aus dem Himmel herabfahren, zubereitet als eine geschmückte Braut ihrem Manne; es kömmt die Gemeine der verklärten Heiligen, die bei der Endkatastrophe in den Himmel entrückt ist, bestehend aus den Auferstandenen der ersten und allgemeinen Auferstehung und den Verwandelten aus dem tausendjährigen Reiche, herab auf die neue verklärte Erde: ihre Erlösung ist vollendet.

3. Und hörte eine große Stimme von dem Stuhl, die sprach: "Siehe da eine Hütte Gottes bei den Menschen; Gott schlägt den Thron seiner unmittelbarsten Gegenwart unter den Seligen auf der neuen Erde auf, und er wird bei ihnen wohnen, und sie werden sein Volk sein, und er selbst, Gott mit ihnen, wird ihr Gott sein, sein Name Immanuel tritt in die volle und ewige Wirklichkeit.

4. Und Gott wird abwischen alle Thränen von ihren Augen, in der seligen Nähe Gottes wird nie wieder ein Menschenauge eine Thräne des Schmerzes oder der Wehmuth weinen, und der Tod wird nicht mehr sein, ist für ewig überwunden und beseitigt, noch Leid, noch Geschrei noch Schmerzen wird mehr sein, Friede und Freude regiert in Ewigkeit; denn das Erste, wo die Sünde mit allen ihren Uebeln Macht hatte, ist vergangen.

Zu der Seligkeit auf der neuen Erde, wenn die Wiedergeburt Alles durchdrungen, sind wir berufen durch die Taufe, und wenn wir von Herzen glauben an das ewig vollgültige Versöhnopfer Jesu Christi, des Sohnes Gottes, und ihm Treue halten in allen Anfechtungen und Kämpfen des Lebens bis in den Tod, dann führt unser Weg, mag er auch hier rauh und schwer, ein Thränenweg sein, mag er hindurchgehen durch Schmach und Hohn und Verfolgung, durch Leiden ohne Zahl und bittern Märthrertod, er führt zu dem Berge Zion und der Stadt des lebendigen Gottes, zu dem himmlischen Jerusalem, zu unaussprechlicher Seligkeit und zu einer Ehre, die auch die Ehre der Engel noch übersteigt.

b. Segen und Fluch. Kap. 21, 5—8.

Nach so seliger Verkündigung, als wir eben vernommen, will uns die Stimme Gottes noch einmal Segen und Fluch vorlegen.

5. Und der auf dem Stuhle saß, sprach: Siehe,

ich mache Alles neu. Erde und Menschheit ist neu geworden und himmlisch verklärt. Das Alles hat Gott der Herr vollendet wider Menschen Gedanken. Wo sind nun die Stolzen und Ruhmräthigen und die sich nicht scheueten, die Erwählten Gottes zu verfolgen mit Wort und That? Und er sprach zu mir: Schreibe; denn diese Worte, die er schreiben soll, sind wahrhaftig und gewiß.

6. Und er sprach zu mir: Es ist geschehen, das große verheißene Werk der Erlösung ist vollendet, die Erde neu und verklärt, die Erwählten Gottes vollendet, der Fürst dieser Welt und alle seine Sklaven in den Feuerpfuhl gestürzt: der Herr ist Gott! Ich bin das A und das O, der Anfang und das Ende, der Ewige und Allmächtge, in dem Alles ist, und Heiligkeit, Seligkeit und Wonne umfasset alle Welten. O Mensch, steige doch herab von deinem erträumten Throne, demüthige dich vor dem Allgegenwärtigen und Heiligen, und stoße seine alles Denken übersteigende Gnade nicht von dir! Siehe noch einmal legt er dir Segen und Fluch vor, und will dich locken an sein Vaterherz, daß du nicht verderbest; denn er spricht: Ich will dem Durstigen geben von dem Brunnen des lebendigen Wassers umsonst. Und wenn dich durstet nach der Seligkeit Gottes und das Sehnen nach dem Vaterherzen Gottes wird in dir lebendig, und du willst den Kreuzesweg der Erlöseten gehen, schreib es dir tief ins Herz sein Segenswort:

7. Wer überwindet, der wird es Alles ererben, und ich werde sein Gott sein, und er wird mein Sohn sein. Aber wenn dich die Liebe Gottes, die er offenbaret hat in Christo Jesu, nicht rührt, wenn du seinen Gnadenruf nicht annehmen willst, oder wenn du verzagest im Anschauen oder Ahnen der Kämpfe, die dich erwarten in der Nachfolge des Heilandes, oder wenn du die Sünde und das Ergötzen in der Welt lieber hast, als deiner Seele Heil: höre das Wort, das dich dann als Fluch Gottes treffen wird:

8. Den Verzagten aber, und Ungläubigen und Greulichen und Todtschlägern und Hurern und Zauberern und Abgöttischen und allen Lügnern: derer Theil wird sein in dem Pfuhl, der mit Feuer und Schwefel brennt; welches ist der andere Tod.

c. Beschreibung des neuen Jerusalems.
Kap. 21, 9—27.

Nach der Zwischenrede, welche der Welt Segen und Fluch vorhält, siehet der Seher in der Vision die Herrlichkeit des neuen Jerusalems.

9. Und es kam zu mir Einer von den sieben Engeln, welche die sieben Schalen voll hatten der letzten sieben Plagen, die über die antichristische Welt ausgegossen werden sollten, und redete mit mir, und sprach: Komm, ich will dir das Weib zeigen, die Braut des Lammes, und da ihm nun nachher das heilige Jerusalem gezeigt wird, so umfaßt dieß das Weib, die Braut des Lammes, seine vollendete Gemeinde aus Israel und den Heiden in ihrer Herrlichkeit dargestellt.

10. Und führte mich hin im Geist auf einen großen und hohen Berg, im Gegensatz zu Kap. 17, 1—3, wo der Seher von Einem der sieben Engel in die Wüste geführt wurde, um sich das Urtheil der großen Hure zeigen zu lassen, und zeigte mir die große Stadt, das heilige Jerusalem, herniederfahren aus dem Himmel von Gott.

11. Und hatte die Herrlichkeit Gottes, die Lichthülle oder Schechina Gottes, in welcher Gott wohnet unter seinem Volke. „Lobe den Herrn, meine Seele," singt der 104. Psalm, „Herr, mein Gott, du bist sehr herrlich, du bist schön und prächtig geschmückt. Licht ist dein Kleid, das du anhast," und ihr Licht war gleich dem alleredelsten Stein, einem hellen Jaspis. Was jetzt Jaspis heißt, ist nicht der edelste Stein, hat auch kein Licht, ist ein lichtloser Stein von mancherlei Farben und Zeichnungen, wie der Marmor und Achat; wahrscheinlich war im Alterthum ein anderer Stein mit diesem Namen genannt, der zu den Edelsteinen gehört.

12. Und die Stadt hatte große und hohe Mauern, wodurch sie als etwas in sich Abgeschlossenes bezeichnet wird, so daß sie nicht für Jedermann zugänglich ist, sondern nur die hineingehören, an welchen die Bedingungen ihrer Auswahl erfüllt sind, und hatte zwölf Thore, und auf den Thoren zwölf Engel, als Wächter nach dem Vorbilde des Salomonischen Tempels 2. Chron. 8, 14., und Namen geschrieben, eingegraben wohl über jedem Thore, welche sind die Namen der zwölf Geschlechter der Kinder Israels, indem das Eigenthumsvolk des Messias den Kern der verherrlichten Gemeine bildet.

13. Vom Morgen drei Thore, von Mitternacht drei Thore, vom Mittag drei Thore, vom Abend drei Thore.

14. Und die Mauer der Stadt hatte zwölf Gründe, Grundsteine d. h. je ein Zwölftheil der Mauer zwischen zwei Thoren hatte einen sich der Länge nach ausdehnenden Grundstein, welcher zu Tage lag, und in demselben, in dem Grundsteine, die Namen der zwölf Apostel des Lammes. So ist nun das alte Israel und das neue zu Einem ewig vereinigt, dem himmlisch verklärten Volke Gottes.

15. Und der mit mir redete, hatte ein Maaß, ein goldenes Rohr, also entsprechend der Herrlichkeit der Stadt, daß er die Stadt messen sollte, und ihre Thore und Mauern.

16. Und die Stadt liegt viereckigt, und ihre Länge ist so groß als die Breite. Und er maß die Stadt mit dem Rohr auf zwölftausend Feldwegs (Stadien = etwa 300 deutschen Meilen). Die Länge und die Breite und die Höhe der Stadt sind gleich, also ein vollkommener Cubus; nimmt man auf die Höhe nicht Rücksicht und berechnet nur die Länge und Breite, so würde die Stadt, wenn jede Seite 12000 Stadien oder 300 deutsche Meilen betrüge, einen Raum von 144,000,000 ☐ Stadien oder 90,000 ☐ Meilen einnehmen; nimmt man aber an, daß jede Seite den vierten Theil von 12000 Stadien betrüge, also die Länge 3000 Stadien oder 75 deutsche Meilen und ebensoviel die Breite: dann würde die Stadt einen Raum von 9,000,000 ☐ Stadien oder 5625 ☐ Meilen einnehmen, mithin, so groß sie auch wäre, doch nicht die ganze Erde bedecken, vorausgesetzt, daß die neue Erde an Größe und Umfang der alten gleich wäre.

17. Und er maß ihre Mauern, welche die Höhe der Stadt nicht erreichten, hundert und vier und vierzig Ellen nach dem Maß eines Menschen, das der Engel hat. Der Engel bediente sich des gewöhnlichen menschlichen Ellenmaßes.

18. Und der Bau ihrer Mauern war von Jaspis, und die Stadt von lauterm Gold gleich dem reinen Glase, Krystalle, durchsichtig wie reines Krystall. Das lautere Gold, wie wir es kennen ist nicht durchsichtig; aber hier erscheint es — wie auch die Steine — in himmlischer Verklärung der neuen Erde.

19. Und die Gründe (Grundsteine) der Mauern und der Stadt waren geschmückt von allerlei Edelsteinen. Der erste Grund war ein Jaspis, der andere ein Sapphir (himmelblau), der dritte ein Chalcedonier (himmelblau mit Schattirung anderer Farben), der vierte ein Smaragd (grasgrün),

20. Der fünfte ein Sardonich (fleischfarben mit Roth gemischt), der sechste ein Sardis (roth), der siebente ein Chrysolith (blaßgrün), der achte ein Baryll (meergrün mit Uebergängen bald ins Wasserblaue, bald ins Gelbe), der neunte ein Topasier (citronengelb), der zehnte ein

Chrysopras (blaßgrün ins Gelbliche und Bräunliche fallend), der elfte ein Hyacinth (ponceauroth ins Gelbe und Braune überspielend), der zwölfte ein Amethyst (violettbraun). Alle diese Steine müssen viel herrlicher gedacht werden, als sie auf unsrer Erde zu finden; alle erschienen sie dem Seher in himmlischer Verklärung und doch erkennbar, so daß er sie bezeichnen konnte mit den Namen ihrer irdischen Abbilder.

21. Und die zwölf Thore waren zwölf Perlen, von enormer Größe, und ein jegliches Thor war von Einer Perle, und die Gassen (Straßen) der Stadt waren lauter Gold als ein durchscheinendes Glas (Krystall).

22. Und ich sahe keinen Tempel darinnen; denn der Herr, der allmächtige Gott, ist ihr Tempel, und das Lamm, die in ihr wohnen können sich dem heiligen Gotte unmittelbar nahen und bedürfen keines Tempels mehr.

23. Und die Stadt bedarf keiner Sonne, noch des Mondes, daß sie ihr scheinen; denn die Herrlichkeit Gottes erleuchtet sie und ihre Leuchte ist das Lamm. Für uns wohnt Gott in einem Lichte (Timoth. 6, 16), da Niemand zukommen kann; wir sind, wenn auch schon geheiligt durch das Blut Jesu Christi, doch noch so sündig, daß uns ein Erscheinen Gottes in seinem Lichtgewande tödten würde; wenn wir aber nach Kampf und Sieg durch die Gnade bis zur himmlischen Verklärung gekommen sein werden auf der neuen Erde und eingehen dürfen in die heilige Stadt, dann werden wir ihn schauen können und dürfen in seinem Lichte, und die Strahlen seines Lichtes wirken belebend und beseligend. Den seligen Bewohnern der neuen Erde strahlet ihr Licht unmittelbar vom Throne Gottes und des Lammes. Und an diesem Lichte haben nicht bloß die Kinder Israel Theil, sondern auch, wie die alte Prophetie schon andeutet, alle Heiden, die da selig werden durch den Glauben.

24. Und die Heiden, die da selig werden, wandeln in demselben Licht. Die ganze Erde ist dann Paradies, Wohnort der Seligen, sie mögen nun in der heiligen Stadt selbst wohnen oder außerhalb derselben auf der Ebene der Erde; denn nicht Alle werden in der Stadt wohnen, aber Alle wandeln in demselben Lichte, das von der Stadt aus die neue Erde überstrahlet. Vielleicht unterscheiden sich dann auch die Seligen in verschiedene Völker, unterthan Königen des Friedens, denn es heißt weiter: **Und die Könige auf Erden** — das können nicht Könige der alten Erde sein, wie manche Ausleger wollen, sondern nur Könige der neuen Erde, die von dem Könige aller Könige in ihre seligen Aemter eingesetzt sind zur sonderlichen Auszeichnung, und welche bei den Schaaren der Seligen ihres königlichen Sprengels die heiligen Zwecke Gottes fördern, zu Zeiten in die Hauptstadt des ewigen Reichs einziehen und durch ihre Gegenwart die Herrlichkeit derselben erhöhen; denn sie **werden ihre Herrlichkeit in dieselbe bringen.**

25. Und ihre Thore werden nicht verschlossen des Tags, denn da wird keine Nacht sein. Der Unterschied zwischen Tag und Nacht, zwischen Licht und Finsterniß hat aufgehört, ein ewiger Tag ist an seine Stelle getreten; mit der Nacht fing die Erde dieser Zeit an, dann kam die Periode des Wechsels zwischen Tag und Nacht, und nun ist Nacht, weil das Böse beseitigt, überwunden, und der Tag herrscht auf der neuen Erde; dazu waltet ewiger Friede, daß nicht mehr nöthig ist, die Thore der Stadt zu verschließen.

26. Und man wird die Herrlichkeit und die Ehre der Heiden in sie bringen: es dürfen die Heiligen aus allerlei Volk eingehen zu ihren Thoren, wenn sie dazu würdig geachtet werden; denn Grade und Unterschiede werden auch unter den Heiligen und Seligen auf der neuen Erde sein.

27. Und wird nicht hineingehen irgend ein Gemeines, und das da Greuel thut und Lügen; denn diese haben nicht Theil an der neuen Erde, sondern sind verworfen und ihre Stätte ist der Pfuhl der Verdammniß, der mit Feuer und Schwefel brennt; sondern die geschrieben sind in dem lebendigen Buch des Lammes, Jesu Erlösete, die sich rein gewaschen haben im Blute des Lammes und die in treuem Glauben und heiliger Liebe zu ihrem Heilande die Welt und ihren Fürsten unter ihre Füße getreten und den Sieg davon getragen haben an dem Thiere und seinem Bilde in der letzten Zeit.

d. Fortsetzung. Der Lebensstrom mit dem Holz des Lebens. Kap. 22, 1—5.

Nach der Besichtigung der Stadt lenkt der Engel die Augen des Sehers auf die Fläche, welche sie in weiter Ferne umgiebt.

1. Und er zeigte mir einen lautern Strom des lebendigen Wassers, klar wie ein Krystall, der ging von dem Stuhl Gottes und des Lammes, wie der Heilige Geist vom Vater und dem Sohne ausgeht, und

2. Mitten auf ihrer Gasse und auf beiden Seiten des Stromes stand Holz des Lebens; es war der Strom an seinen Ufern mit Bäumen des Lebens umkränzt, deren Wurzeln Saft und Kraft aus dem Wasser des Stromes saugen, darum heißt er der Strom des lebendigen Wassers; vom Throne Gottes aus nimmt der Strom seinen Lauf durch die Stadt und durchfließt dann, wie es scheint, die ganze Breite der Erde, überall an seinen Ufern bestanden mit Holz des Lebens, das trug zwölferlei Früchte, und brachte seine Früchte alle Monate; und die Blätter des Holzes dienten zur Gesundheit der Heiden. Die Früchte dienen als Speise der Seligen zum ewigen Leben, und die Blätter der Bäume zur Heilung der Völker auf der neuen Erde. Es braucht wohl nicht erst erinnert zu werden, daß wir bei den Bäumen mit ihren Früchten und Blättern nicht an Bäume unsrer irdischen Natur zu denken haben, und ebensowenig an eine leibliche Gesundheit oder Heilung; doch wollen wir auch nicht das Alles bildlich nehmen, als habe Johannes nichts weiter gethan, als das in den Evangelien und Episteln Gelehrte in Bilder gekleidet, das wäre ja wohl eine ziemlich überflüssige Arbeit gewesen; es ist hier Alles himmlischer und uns unbegreiflicher Natur. Sollen die Blätter zur Gesundheit der Heiden dienen, so wird es heißen, sie dienen zur geistigen Gesundheit, zum Starkwerden der seligen Völker aus den Heiden auf der neuen Erde in Heiligkeit und Erkenntniß. Einmal zielt dieser Ausspruch auf den Unterschied zwischen den Seligen auf der neuen Erde hinsichtlich ihrer Vollkommenheit, und dann ersehen wir aus demselben, daß da nicht ist ein träger Stillstand, sondern lebendige Regsamkeit, ein Wachsen in Heiligkeit, Erkenntniß und Seligkeit und kein Abnehmen, ein Vorwärtsbringen und keine Gefahr zurückzufallen, ein unablässiges Schöpfen und Empfangen und kein Müdewerden, bis Alle hinankommen zu dem vorgesteckten Ziele, zu wohnen in dem neuen Jerusalem, und in der seligsten und unmittelbarsten Gemeinschaft Gottes seine Pläne im großen, unermeßlichen All zu verwirklichen. Wie es in der Ewigkeit Gottes keinen Schlußpunkt giebt, so höret auch das Vorwärts der heiligen und verklärten Menschheit nicht auf in Ewigkeit.

3. Und wird kein Verbanntes mehr sein. Auf der alten Erde war auch die heiligste Gemeinde nicht rein in allen ihren Gliedern, und der Herr mußte auf manches Glied seiner Gemeinde den Bann legen und darum manchen Segen vom Ganzen zurückhalten, manches Gericht über das Ganze ergehen lassen; nun aber sind Alle rein, auf keinem Gliede im Reiche Gottes auf der neuen Erde ruhet ein Bann, weil Niemand gegen das Wohlgefallen Gottes handelt noch handeln kann; darum ist auch kein Hinderniß mehr, den allerreichsten Segen über Alle auszugießen und sie immer höherer Seligkeit theilhaftig zu machen; und der Stuhl Gottes und des Lammes wird darin sein; und seine Knechte werden ihm dienen, in ewiger Gerechtigkeit, Unschuld und Seligkeit.

4. Und sehen sein Angesicht; und sein Name wird an ihrer Stirn sein, sie werden ihm gleich sein, denn sie werden ihn sehen, wie er ist.

5. Und wird keine Nacht da sein (vergl. V. 24 u. 25), und nicht bedürfen einer Leuchte oder des Lichtes der Sonne; denn Gott der Herr wird sie erleuchten, und sie werden regieren von Ewigkeit zu Ewigkeit, erhoben zur Gemeinschaft Gottes und des Lammes in der Regierung der Welt, so daß nun auch alle besondern Verheißungen erfüllt sind, welche der Herr, unser Heiland, seinen Gemeinen in den sieben Briefen übersendet hat.

Schlußworte der Offenbarung.
Kap. 22, 6—21.

Die Reihe der offenbarenden Gesichte, welche der Engel dem Johannes zeigen sollte, ist geschlossen; nun folgen noch unter einander abwechselnde Stimmen, welche den Schluß des Ganzen bilden und auffordern, sich bereit zu halten auf das Kommen des Herrn.

a. Stimme des Engels. Kap. 22, 6.

6. Und er, der Engel, welcher dem Johannes die Gesichte vermittelt hat, sprach zu mir: Diese Worte sind gewiß und wahrhaftig, sowohl was er dem Seher verkündet von dem neuen Jerusalem, als auch das Ganze der Offenbarung, und damit Niemand den Worten dieser Weissagung den Glauben versagen möge, setzet der Engel seine Vollmacht zur Verkündigung hinzu: Und Gott, der Herr der heiligen Propheten, derselbe, welcher durch seinen Geist durch den Mund der Propheten des alten Bundes geredet hat, derselbe heilige und wahrhaftige Gott hat seinen Engel, den, der eben spricht, gesandt, zu zeigen seinen Knechten, was bald geschehen muß; denn bald nach Empfang der Offenbarung sollte sie auch anfangen sich zu erfüllen, und dann fort und fort in Erfüllung gehen bis zum letzten prophetischen Buchstaben.

b. Die Stimme des Herrn. Kap. 22, 7.

Das Wort des Engels bestätigend fällt die Stimme Christi ein, in dessen Namen er redete, und spricht:

7. Siehe, ich komme bald: bald wird er kommen die Gesichte erfüllend, bald wird er auch in Person erscheinen, zu bald für die, welche nicht glauben wollten, daß er von Gott zum Heiland, zum Erlöser und zum Richter der Welt gesetzt sei. **Selig ist der, der da hält (bewahret) die Worte der Weissagung in diesem Buch.** Und doch warnen oft selbst gläubige Geistliche vor diesem Buche und wissen nicht, was sie mit diesen Gesichten darin anfangen sollen! That es aber zu allen Zeiten noth, die Worte der Weissagung in diesem Buche zu bewahren in einem gläubigen Herzen, darauf zu achten und sie als eine köstliche Gabe sich anzueignen: in unsrer Zeit thut es vor Allem noth, wo schon so Viele hoffen, dem alten Glauben bald ein Grabeslied singen zu können.

c. Der Seher und der Engel. Kap. 22, 8. u. 9.

Nachdem der Engel und dann der Herr selbst die Weissagung bestätigt hat, setzt auch der Seher noch sein Siegel darunter, und spricht:

8. Und ich bin Johannes, der solches gesehen und gehört hat, als wollte er sagen: Ihr lieben Gemeinden, zweifelt nicht an der Wahrhaftigkeit dieser Worte der Weissagung, so wunderbar auch Manches darin euch vorkommen mag, ich, euer Apostel, den ihr lieb habt, den ihr immer in der Wahrheit erfunden habt, von dem ihr wißt, daß er seinen Jesus aufs innigste lieb hat, ich habe solches gesehen und gehört, und verkündige euch lautere Wahrheit, gewisse und wahrhaftige Worte. **Und da ich es gesehen und gehöret, fiel ich nieder anzubeten zu den Füßen des Engels, der mir solches zeigte; aber der Engel wehret ihm,**

9. Und er spricht zu mir: Siehe zu, thue es nicht; denn ich bin dein Mitknecht und deiner Brüder und derer, die da halten die Worte dieses Buchs, bete Gott an. Das ist das letzte Wort des Engels in seiner Rede, nun verschwindet er aus der Vision, und die Stimme Christi redet noch, die Offenbarung als Wahrheit besiegelnd ernste Worte zum Schluß.

d. Die Stimme Christi. Kap. 22, 10—20.

10. Und er spricht zu mir — wenn es auch aus diesen Worten, welche die Schlußrede einführen, nicht unmittelbar erhellt, daß es Worte Jesu Christi sind, so glauben wir doch, das annehmen zu müssen wegen V. 12. 13. und besonders 16. Es ist die Stimme Christi die hier zum Seher redet und spricht: Versiegele nicht die Worte der Weissagung in diesem Buch, d. h. verberge sie nicht den Augen der Gemeinden, wie man den Inhalt eines Briefes verdeckt, wenn man ihn versiegelt; Jedermann soll die Weissagung lesen und hören können, und ist dies Wort auch eine Aufforderung für uns in unsrer Zeit, das Wort der Weissagung nicht unbeachtet zu lassen; denn die Zeit ist nahe! Mögen die Spötter auch spotten: „Wo ist die Weissagung seiner Zukunft? Denn nachdem die Väter entschlafen sind, bleibt es Alles, wie es von Anfang der Kreatur gewesen ist" — mögen sie auch auf gelehrte Weise darthun, daß die Erde viele Millionen Jahre länger gestanden, als die Schrift in der Schöpfungsgeschichte lehre, und daß sie Millionen von Jahren länger stehen werde, als die Schrift mit ihrem Worte von der Zukunft Jesu Christi und der neuen Erde vermuthen läßt: es bleibt dennoch fest das Wort: die Zeit ist nahe, die Zeit der Erfüllung aller Weissagung der Schrift und insonderheit ihrer Offenbarung von der letzten Zeit und der Zukunft Jesu Christi. Wer aber nicht hören will, dem ist nicht zu helfen:

11. Wer böse ist, der sei immerhin böse; und wer

unrein ist, der sei immerhin unrein, der gehe hin in der Verstocktheit seines Herzens und träume weiter, auf der Höhe der Zeit zu stehen, und rühme sich, eine glückseligere Zeit gründen zu helfen; der weide sich immerhin an dem Anblicke der Zertrümmerung des Alten und habe seine stolze Lust an dem Jammer und Elende, das der Sieg seiner hohen Ideen über die Gläubigen Christi bringt: Hochmuth kömmt vor dem Fall, und die Hölle verschlingt, welche von ihr entzündet sind, wie die Revolution ihre eigenen Kinder verschlingt. Es muß ja also geschehen, daß der Abfall komme und der Mensch der Sünde und das Kind des Verderbens offenbar werde, und daß Alle, welche der Wahrheit nicht haben gehorchen wollen, Knechte der Lüge werden zu ihrem eigenen Verderben; erst dann wird das Reich des Friedens auf Erden seine Macht entfalten und alle Weissagung sich erfüllen in der Zukunft des Herrn; aber wer fromm ist, der sei immerhin fromm; und wer heilig ist, der sei immerhin heilig, und lasse sich nicht abwenden von seinem richtigen Wege und nicht bewegen von allerlei Wind der Lehre, sich auch nicht irre machen, noch in Furcht und Schrecken jagen durch die stolzen Worte und die Verderben lechzende Macht der Feinde des Kreuzes Christi; denn Christus, die ewige Wahrheit, spricht:

12. Und siehe, ich komme bald und mein Lohn mit mir, zu geben einem Jeglichen, wie seine Werke sein werden. Die dann dem Teufel und seinen Lügen gedienet, werden mit ihrem Fürsten, ob sie auch nicht haben glauben wollen, daß ein Teufel sei, ihren Lohn erhalten, wie sie es verdienet; und die der Wahrheit gehorchet und nach dem ewigen Leben getrachtet mit Geduld in guten Werken des Glaubens und der Liebe werden auch ihren Gnadenlohn erhalten als Erben Gottes und Miterben Christi in seiner Herrlichkeit.

13. Ich bin das A und das O, der Anfang und das Ende, der Erste und der Letzte. Was er angefangen, das führet er auch aus, und ist der Sieger über alle seine

Feinde, und müssen vor ihm zu Schanden werden alle seine Widersacher; aber

14. Selig sind, die seine Gebote halten, die ihm treu sind als ihrem Könige und Herrn, und keinem andern Herrn dienen wollen, weder dem Teufel noch der Welt, noch der Sünde. Selig werden vom Herrn gepriesen, die seine Gebote halten, auf daß ihre Macht sei an dem Holz des Lebens, daß sie Theil haben an dem Holz des Lebens auf der neuen Erde in Herrlichkeit, und zu den Thoren eingehen in die Stadt, in das neue Jerusalem zu unaussprechlicher Seligkeit. Aber wehe denen, die zur Zahl seiner Widersacher gehören, denn ihr Theil ist in dem Pfuhl des Verderbens mit dem Teufel und allen Unfläthigen:

15. Denn draußen sind die Hunde, und die Zauberer, und die Hurer, und die Todtschläger, und die Abgöttischen, und Alle, die lieb haben und thun die Lügen.

16. Ich, Jesus, habe gesandt meinen Engel, solches euch zu zeugen an die Gemeinen, euch dieses zu bezeugen den Gemeinen. — Das geht zwar zuvörderst an die Engel der sieben Gemeinen, aber weiter an alle Geistliche der ganzen messianischen Kirche, und müßte ja wohl Allen eine dringende Aufforderung sein, das Buch der Offenbarung verstehen zu lernen und es den Gemeinen zugänglich zu machen, da sie sich Knechte Jesu Christi nennen und ihn bekennen als den, der von sich mit alleinigem Rechte sagen kann: Ich bin die Wurzel des Geschlechts Davids, ein heller Morgenstern, von dem wir so herzlich wünschen, daß er aufgehe in den Herzen unsrer vielfach irregeleiteten Gemeindeglieder. Wie wollen wir denn ohne völligen Gehorsam gegen sein Wort gerüstet sein auf seine Zukunft und den Gemeinden zur rechten Zeit die rechte Speise mittheilen?

17. Und der Geist und die Braut, der Heilige Geist in den Herzen der Gläubigen; die Kirche, die dem Herrn treu geblieben ist, wenn auch einzelne und viele Glieder derselben untreu geworden, heißt hier die Braut mit einem andern Namen (νύμφη), als Kap. 19, 7, wo γυνή, das Weib steht, das sich auf Israel bezieht, denn da erfüllt sich das Wort des Herrn Hosea 2, 16—23 also der Geist und die Braut, sprechen: Komm! haben eine Sehnsucht nach der Zukunft Christi; der lebendige Glaube in den Liebhabern Jesu Christi sehnt sich nach seiner Zukunft. Und wer es höret, so er noch nicht von dieser Sehnsucht ergriffen ist, der nehme sie in sein Herz auf und, der spreche: Komm! Und wen es bange wird um Kraft, in den Trübsalen, welche der Zukunft Christi vorangehen, zu bestehen: der Herr ist reich an Kraft und Gaben, und ladet ihn und Alle, die das Evangelium hören, zu sich ein, indem er spricht: Und wen da dürstet, der komme, und wer da will, der nehme das Wasser des Lebens umsonst.

18. Ich bezeuge aber Allen, die da hören die Worte der Weissagung in diesem Buch. So Jemand dazu setzt, so wird Gott zusetzen auf ihn die Plagen, die in diesem Buch geschrieben stehen. Niemand soll es wagen, eigene Träume dieser Weissagung hinzuzufügen.

19. Und so Jemand davon thut von den Worten der Weissagung, also nach seinem Ermessen etwas ausmerzt, als gehöre es nicht dazu, so wird Gott abthun sein Theil vom Buch des Lebens und von der heiligen Stadt und von dem, das in diesem Buch geschrieben stehet. Ein Solcher soll also von der Seligkeit auf der neuen Erde ausgeschlossen werden. Mit den Worten dieser beiden Verse ist die Offenbarung als eine Weissagung Jesu Christi endgültig unterschrieben, untersiegelt und geschlossen.

20. Es spricht, der solches zeuget: Ja, ich komme bald. Amen. Möchte in unser Aller Herzen ein fröhliches Echo tönen und sprechen: Ja, komm, Herr Jesu!

e. Abschiedsgruß des Sehers. Kap. 22, 21.

21. Die Gnade unsers Herrn Jesu Christi sei mit euch Allen! Amen. Mit diesem apostolischen Gruße schließt Johannes und spricht sein Amen. Amen, lieber Leser, die Gnade unsres Herrn Jesu Christi sei auch mit dir und mit mir! Seine Gnade regiere unsre Herzen und mache uns ihm in allen Stücken gehorsam, auf daß uns sein Friede bleibe in Zeit und Ewigkeit. Amen.

Lob und Ehre und Weisheit und Dank sei dem, der da thronet von Ewigkeit zu Ewigkeit, unserm Gott, dem Vater und dem Sohne und dem Heiligen Geiste! Amen.

Anhang.

I.
Chiliasmus oder nicht?

Chiliasmus heißt die Lehre vom tausendjährigen Reiche und die Anhänger dieser Lehre werden Chiliasten genannt, ihre Gegner Antichiliasten. Der Streit, den jene Frage andeutet, ist vorhanden und zieht sich schon durch die Jahrhunderte hindurch; in neuerer Zeit wird er wieder eifriger geführt, die Chiliasten erregen den Zorn der Antichiliasten und ein Pharisäer kann auf den Zöllner nicht mit stolzerer Verachtung herabblicken, als ein Antichiliast auf den Chiliasten. Wer hat nun Recht? Das haben die Antichiliasten voraus, daß der Chiliasmus niemals in der Kirche zum Glaubensartikel erhoben ist und daß er zum Seligwerden auch nicht nothwendig ist; dessen ungeachtet hat er sich durch die ganze Kirchenzeit hindurchgezogen und hebt zumal in der neuern Zeit sein Haupt wieder freier empor, so daß er in der katholischen, reformirten, lutherischen und in den kleinern Sonderkirchen seine Anhänger hat. Es gereicht ihm auch gerade nicht zur Empfehlung, daß er zu Zeiten die widerlichsten Auswüchse gezeugt hat und daß ihn manche Secten, die nicht eben lobenswerth sind, auf ihre Fahne geschrieben und ihn hoch gehalten haben. Eben darin mag ein Hauptgrund liegen, warum ihm Viele feindlich gegenüberstehen und meinen, ihn bekämpfen zu müssen, indem sie den Chiliasmus überhaupt als einen schädlichen Auswuchs an dem Stamme der Christenlehre betrachten. Indessen soviel er auch gegen sich hat, soviel hat er auch wieder für sich, und der Chiliast fühlt sich zumal durch das prophetische Wort des A. und N. T's. gebunden, ihm treu zu bleiben; er bedauert die trüben Auswüchse, welche der Chiliasmus getrieben hat, kann ihn selbst aber nicht als einen schädlichen Auswuchs der Lehre betrachten, weil er fest darauf steht, daß er die Schrift für sich habe. Da tritt nun der eigenthümliche Fall ein, daß es dem Chiliasten nicht möglich wird, einen überführenden Beweis aus der Schrift zu führen, weil die Antichiliasten die Stellen der Schrift N. T.'s, welche der Chiliast für sich in Anspruch nimmt, auch für sich in Anspruch nehmen, aber anders deuten und die Stellen im A. T. nicht als chiliastische gelten lassen, indem sie das, was von Israel geweissagt ist, auf die christliche Kirche deuten. Wollen wir also für den Chiliasmus eintreten, so müssen wir die Gegengründe der Antichiliasten, die außer dem Schriftworte liegen, prüfen, ob sie gewaltig genug sind, daß sich der Chiliasmus vor ihnen beugen und das Feld räumen müsse.

Es ist nicht zu leugnen, daß es von großem Einflusse auf die Auslegung eines prophetischen Buches, wie die Offenbarung Johannes, sein muß, wenn man mit einem fertigen Systeme und vorgefaßten dogmatischen Ansichten an die Arbeit geht. Wenn ich mit der dogmatischen Ansicht an die Auslegung der Offenbarung gehe, daß ein zukünftiges tausendjähriges Reich wider die Schrift sei, so muß diese Ansicht nothwendig die Auslegung von Kap. 20, 4—6. beeinflussen und noch mancher anderer Stellen; soll für Israel als Volksganzem durchaus keine Gnadenzeit mehr kommen, so werden manche Visionen in der Offenbarung anders gedeutet werden, als bei entgegengesetzter Ansicht; will man in der Offenbarung durchaus keinen persön= lichen Antichrist finden, weil das wider das System, dem man zugethan ist, verstoßen würde, so wird diese Ansicht die Auslegung von Kap. 13. und andern Kapiteln beeinflussen und nothwendig die Warnung vor der Anbetung des Thiers Kap. 14, 9—12 abschwächen; also kirchlich=dogmatische Befangenheit wird stets den größten Einfluß auf die Auslegung äußern, nicht weniger auch Gelehrsamkeit, welche sich durch Studium der Bearbeitungen

Anderer ein künstliches System über die Prophetie der Offenbarung geschaffen hat. Beiderlei Einfluß zeigt sich z. B. bei zwei Bearbeitern der Offenbarung, die Antichiliasten sind und das Mögliche thun, den Chiliasmus zu widerlegen, der Eine Prof. Hengstenberg, der Andere der ev. luth. Pfarrer Richter in Kotz in der K. S. O. Lausitz; Beide, wie gesagt, thun ihr Möglichstes, den Chiliasmus zu widerlegen und als wider die Schrift darzustellen; darum wird es wohl zweckmäßig sein, Beider Gegengründe vorzuführen und zu sehen, ob sie schlagend sind, nachher aber auch zu zeigen, wie sie Kap. 20, 1—4. ausgelegt haben, um dem Chiliasmus zu entgehen.

I. Die Hengstenbergischen Gegengründe

entnehmen wir aus der Dresselschen Bearbeitung: "Dressel, ev. luth. Pastor zu Rohrbeck bei Königsberg N.-M. „Die Offenbarung des h. Johannes nach der gelehrten Auslegung des Prof. Dr. E. W. Hengstenberg. Für das Volk bearbeitet. Berlin 1851. Verlag von Justus Albert Wohlgemuth." — Da heißt es: Wider die Schrift ist es:
1. „wenn man sich unter dem tausendjährigen Reiche einen Zustand der Kirche denkt, in welchem die Kraft Satans gebrochen, die Kraft Jesu hingegen herrschend ist, wo also der alte Lügner gar nicht wirkt, die Sünde nicht mehr geschäftig ist, das Wort nicht mehr von dem Herzen derer genommen wird, die es hören, Satan sein Werk nicht mehr hat in den Kindern des Unglaubens, Satan die Gläubigen nicht mehr sichtet, und diese also nicht mehr nöthig haben, beständig zu bitten: Führe uns nicht in Versuchung, sondern erlöse uns von dem Bösen."

Darauf ist zu sagen:
 a. Sich einen Zustand der Kirche zu denken, in welchem die

Kraft Satans gebrochen sei, wo also der alte Lügner gar nicht wirkt u. s. w., ist durchaus nicht unbiblisch, denn

Offenbg. Kap. 20, 3. sagt ausdrücklich, daß der Satan gebunden und in Verschluß genommen sei, daß er nicht mehr verführen solle die Völker.

1. Joh. 3, 8. sagt: „Dazu ist erschienen der Sohn Gottes, daß er die Werke des Teufels zerstöre;" bliebe nun die Kraft Satans in der Kirche ungebrochen, so würde die Absicht, in welcher der Sohn Gottes erschienen, nicht erreicht, Christus dem Satan gegenüber sich nicht mächtig genug erweisen, den Zweck seines Erscheinens auf Erden zu erfüllen.

b. Es ist auch nicht unbiblisch, sich einen Zustand der Kirche zu denken, in welchem die Kraft Jesu herrschend ist; denn

Ephes. 5, 25. sagt, daß Christus sich selbst dargegeben für seine Gemeine, auf daß er sie ihm darstellte eine Gemeine, die herrlich sei, die nicht habe einen Flecken oder Runzel oder deß etwas, sondern daß sie sei heilig und unsträflich." —

Diese Herrlichkeit, Heiligkeit und Unsträflichkeit ist nicht für den Himmel gesagt, sondern für die Erde, und wenn dieß Ziel erreicht ist auf Erden, dann haben wir das Reich.

Denselben Zustand der messianischen Gemeine weissagt auch die Prophetie des A. T.'s in verschiedenen Stellen; hier nur zwei:

Hes. 37, 21 ꝛc. „So spricht der Herr: Siehe, ich will die Kinder Israel holen aus den Heiden, dahin sie gezogen sind, und will sie allenthalben sammeln, und will sie wieder in ihr Land bringen. — Ich will ihnen heraushelfen aus allen Orten, da sie gesündigt haben; und will sie reinigen, und sollen mein Volk sein, und Ich will ihr Gott sein. Und mein Knecht David (der Messias) soll ihr König und ihr alleiniger Hirte sein. Und sollen wandeln in meinen Rechten und meine Gebote halten und darnach thun."

Jerem. 31, 31—34. „Siehe, es kommt die Zeit, spricht der Herr, da will ich mit dem Hause Israel und mit dem

Hause Juda einen neuen Bund machen. — Ich will mein
Gesetz in ihr Herz geben und in ihren Sinn schreiben, und sie
sollen mein Volk sein, so will ich ihr Gott sein. Und wird
Keiner den Andern, noch ein Bruder den andern lehren und
sagen: Erkenne den Herrn; sondern sie sollen mich alle kennen,
beide klein und groß, spricht der Herr."

Wenn niemals die Kraft Christi in seiner Kirche die herrschende sein sollte, wie hätte er denn sagen können: „Mir ist
alle Gewalt gegeben im Himmel und auf Erden?" Nur
das ist richtig, daß die Kirche vor der Zukunft Christi nicht
in einen solchen Zustand gelangen wird, wo die Kraft Satans
gebrochen und die Kraft Jesu die herrschende ist; denn Christus
muß den Himmel einnehmen, bis ihm alle seine Feinde zum
Schemel seiner Füße gelegt sind: dann aber erfolgt die Erquickung vom Angesicht des Herrn und wird herniedergebracht
werden Alles, was Gott geredet hat durch den Mund aller
seiner Propheten von der Welt an. Dahin gehört aber die
Wiederkehr Israels in das Land seiner Väter und die Aufrichtung des Reichs.

c. Wenn auch Satans Macht gebrochen ist, so daß er auch
die Gläubigen nicht mehr sichten kann: es wird ihnen dennoch
die Bitte: „Führe uns nicht in Versuchung, sondern erlöse uns
von dem Bösen" bleiben, denn:

Jacob. 1, 14. 15. stehet geschrieben: „Ein Jeglicher wird
versucht, wenn er von seiner eigenen Lust gereizet und gelocket
wird; darnach, wenn die Lust empfangen hat, gebieret sie die
Sünde, die Sünde aber, wenn sie vollendet ist, gebieret sie den
Tod." — Die eigene Lust bleibet aber auch noch im tausendjährigen Reiche, weil die Erbsünde noch bleibet; es ist also nur
im tausendjährigen Reiche die Heiligung auf alle Weise er-
leichtert, das Sündigen aber gegen jetzt erschwert.

2. „Wenn man sich einen Zustand denke, wo die
vollendeten Gerechten leiblich auferstanden
und Mitglieder der Kirche auf Erden sind,

wo also das Unvereinbare vereint wird und
die Kirche besteht aus einem Gemisch von
solchen Gliedern, die noch im sterblichen
Leibe wallen, und von solchen, die schon
auferstanden und verklärt sind, wo das Un=
mögliche möglich geworden ist, daß die Ver=
klärten sollen auf der unverneuerten Erde
wohnen, die doch nur zu einer Wohnstätte
für Sterbliche eingerichtet ist, ja daß sie nach
dem Ende der tausend Jahre aus der Ruhe
von ihrer Arbeit aufgeschreckt, von Neuem
in die Noth der Erde, in Kampf und Streit
verwickelt werden."

Dagegen:

a. Die Auferstandenen und Verklärten sollen nicht auf der Erde im tausendjährigen Reiche wohnen, sondern mit Christo regieren, und das kann geschehen, wenn sie nur auf der Erde erscheinen, wie Jesus Christus den Seinen erschienen nach seiner Auferstehung. Wäre das aber nicht möglich, daß sie sich auf diese Weise unter die Sterblichen mischten, so würde es folgerichtig auch nicht möglich gewesen sein, daß sich Christus nach seiner Auferstehung unter die sterblichen Jünger gemischt, ja noch mehr, daß er selbst mit ihnen gegessen hätte; es ist überhaupt etwas Bedenkliches, über das Mögliche auf dem Gebiete der göttlichen Offenbarungsmacht bestimmen zu wollen.

b. Denken wir uns das Verhältniß der Auferstandenen zu der Reichsgemeine richtig, dann fällt auch der weitere Einwurf, daß die Verklärten am Ende der tausend Jahre aus der Ruhe aufgeschreckt von Neuem in die Noth der Erde, in Kampf und Streit verwickelt würden, von selbst fort; es wird dann dieß gerade die erhabenste Schluß= Scene auf der alten Erde: lobsingend ziehen die Auferstan= denen und die übrigen Gläubigen, plötzlich verwandelt, dem Herrn entgegen in der Luft, während das Feuer vom Himmel die empörte Rotte vertilgt und der Weltbrand entzündet, und nun das Weltgericht entscheidet über die Ewigkeit.

3. „Da während der Zeit der tausend Jahre der Tod noch herrscht, so ist auch Alles noch vorhanden, was die Erde zu einem Jammerthale macht, namentlich noch die Sünde; denn der Tod ist der Sünde Sold. Und wie? wo die Sünde ist, da sollte eine Seligkeit sein, wie man sie sich im tausendjährigen Reiche träumt? Folgt nicht ihr, der bittern Feindin des Menschengeschlechts, ein ganzes Heer von Elend auf dem Fuß nach?"

Dagegen:

a. Allerdings bleibt auch im tausendjährigen Reiche der Tod noch, aber wie er schon jetzt für den Gläubigen nicht mehr ein Schreckensmann ist, so wird er noch mehr des Abschreckenden verlieren, wenn erst der Satan gebunden ist, und der Lebensfürst das unbestrittene Regiment hat.

b. Trotzdem, daß der Tod noch bleibt, kann doch das Jammerthal in ein Freudenthal verwandelt werden, denn Jes. 11, 6—9. und 65, 19—25. und andere Stellen der Schrift verheißen die Hebung der Uebel und die Freude im Herrn, die ja schon im jetzigen Jammerthale dem Gläubigen bald in geringerem bald in höherem Grade wird, und ein allgemeiner Friede soll auf Erden einziehen. Das ist klare, deutliche Verheißung der Schrift, und der Schrift in ihrer Verheißung zu glauben und auf die Erfüllung zu hoffen, das soll ein Träumen sein?!

c. Der Tod als der Sünde Sold bleibt schon wegen der Erbsünde um Adams willen, die Sünde aber muß darum nicht ebenso herrschen, als im jetzigen Jammerthale, um Christi willen; denn Ezech. 36, 24—29. verheißt für das Reich solche Leute, die ein neues Herz empfangen haben und in Gottes Geboten wandeln und seine Rechte halten und darnach thun; es wird also die Sünde bedeutend reducirt werden und unsere Zeit mit der des Reichs keinen Vergleich aushalten.

d. Nicht bloß der Mensch, auch die Kreatur wird Theil nehmen an dem Segen und Frieden jenes Reichs, denn Jes. 11, 6—9. und Röm. 8, 18—22. deuten darauf hin.

4. „Die Schrift lehrt nirgends, sondern leugnet es vielmehr geradezu, daß vor der allgemeinen Auferstehung eine besondere und theilweise stattfinden soll."

Dagegen:

a. Wenn vor der allgemeinen Auferstehung überhaupt keine Auferstehung stattfinden soll: wie berichtet denn die Schrift eine theilweise Auferstehung nach dem Verscheiden Christi am Kreuze: „Und die Erde erbebete, und die Felsen zerrissen, und die Gräber thaten sich auf, und standen auf viele Leiber der Heiligen, und gingen aus dem Grabe nach seiner Auferstehung, und kamen in die heilige Stadt und erschienen Vielen." Diese theilweise Auferstehung kann doch nicht aus der Schrift wegradirt werden, so ungern sie auch von Vielen gelesen werden mag; genug, hier haben wir eine Auferstehung von Heiligen vor der allgemeinen Auferstehung, und die Auferstandenen sind Vielen erschienen. Diese Auferstandenen gehören also nicht mehr zu denen, welche am jüngsten Tage auferstehen werden; über ihren Aufenthalt und ihr Verhalten bis zum jüngsten Tage ist uns nichts mitgetheilt; sie werden aber schon ihren ihnen von Gott bereiteten Ort erhalten haben, wie auch Henoch und Elias, die auch schon in verklärten Leibern wallen. Wie nun aber jene auferstanden sind nach klarem Zeugniß der Schrift, so werden auch die Offenbg. Kap. 20, 4—6. bezeichneten auferstehen vor der allgemeinen Auferstehung. Ausnahmen heben die Regel nicht auf; die Regel aber ist und bleibt, daß am jüngsten Tage Gerechte und Ungerechte auferstehen werden, die Einen zum ewigen Leben, die Andern zur ewigen Verdammniß.

b. Die Schrift lehrt, daß mit der Zukunft Christi die Auferstehung der Todten stattfinden werde. Da nun die Zukunft Christi ihn zuvörderst offenbaren wird als König und Herrn zur Vernichtung des Antichrists und zur Aufrichtung seines Reichs, so muß auch mit dieser Offenbarung in seiner Zukunft eine Auferstehung, nämlich die besondere Kap. 20, 4—6. geweissagte, stattfinden, und da er erst am Ende der tausend Jahre offenbar wird als Richter der Welt, so muß auch mit dieser Offenbarung in seiner Zukunft eine Auferstehung, nämlich die allgemeine, stattfinden. Das Verhältniß zur Prophetie von der Zukunft Christi ist für uns ein ähnliches, wie es bei den Israeliten war zur Prophetie von dem Kommen des Messias überhaupt. Nach der alten Prophetie schien es den Juden, als müsse mit dem Kommen des Messias auch gleich das Reich kommen: daß sich sein Kommen zertheilen würde in ein Kommen ins Fleisch und in ein Kommen in Herrlichkeit, das erkannten sie nicht aus dem prophetischen Worte (Luc. 24, 25. 26.). Gerade so geht es Vielen unter den Christen bezüglich seines Kommens in Herrlichkeit, sie ersehen nicht aus dem prophetischen Worte, daß sich auch Christi Kommen in Herrlichkeit in ein Kommen zum Gericht über den Antichrist und zur Aufrichtung seines Reichs und in ein Kommen zum allgemeinen Weltgerichte zertheilen wird. Beiderlei Kommen umfaßt die Prophetie von der Zukunft Christi, das erste ist ihr Anfangspunkt, das andere ihr Schlußpunkt. In der Kirchenzeit ist Christus verborgen und kommt nur unsichtbar (wiewohl empfindbar) zu den Seinen und für die Seinen, im tausendjährigen Reiche kommt er sichtbar zu den Seinen, am jüngsten Tage kommt er der ganzen Welt sichtbar als Richter der Welt.

II. Wie legt nun Prof. Hengstenberg
Offenbg. Kap. 20, 4—6. aus, um dem Chiliasmus zu entgehen?

Er kann zwar nicht leugnen, daß Kap. 20, 4—6. ein tausendjähriges Reich verkündet werde, aber weil es nach seiner dogmatischen Ansicht unter keiner Bedingung noch zukünftig sein darf, wie die Chiliasten wollen, so setzt er es in die Vergangenheit und lehrt, es habe 800 n. Chr. am Weihnachtsfeste mit der Krönung Karl's des Gr. angefangen und 1806 mit der Aufhebung des deutschen Reichs sein Ende gefunden. Und wie deutet er nun, um die erste Auferstehung zu beseitigen, die Worte V. 4. „diese lebten?" Als Theilnahme am seligen Leben im himmlischen Paradiese. Wo waren denn diese, ganz abgesehen davon, daß es um 800 und um 1806 noch keine Märtyrer gab, die durch den Antichrist zu Märtyrern geworden, bis Weihnachten des Jahres 800? Darauf giebt die Erklärung in dem angeführten Buche keine Antwort. Da heißt es S. 268. „Nicht ihre Geister, sondern ihre Seelen, die Seelen, welche im Blute ihren Sitz haben, haben sich im Augenblicke ihres Todes vor das himmlische Gericht gestellt, um auf Grund ihres Gott und dem Heilande dargebrachten Opfers ihr Anrecht an der himmlischen Herrlichkeit geltend zu machen. Und welchen Urtheilsspruch fällen die verklärten Richter (nämlich die zwölf Apostel in Gemeinschaft der zwölf Patriarchen)? Sie erkennen darauf, daß die treuen Zeugen, die Enthaupteten, die das Thier nicht angebetet haben, mit Christo leben und regieren sollen. Leben sollen sie. Zwar leben alle Menschen nach dem Tode; denn ihr Leben kann nicht vernichtet werden; hier aber ist das selige Leben gemeint, welches der Herr Jesus den Seinen verheißen hat, da er sprach: „Ihr aber sollt mich sehen; denn ich lebe und ihr sollt auch leben." Das ist ein verklärtes Leben gleich dem des auferstandenen Heilandes, ein Leben, da die Seligen helle glänzen in weißen Gewändern." Wie reimt sich in dieser Erklärung das zusammen, daß die Seelen der Märtyrer gleich nach ihrem Tode sich vor den Richterstühlen stellen und zum Leben kommen, während doch dieß Leben erst Weihnachten 800 beginnt? Und da die Geister ausgeschlossen sind: wo sind diese und wie geht es ihnen in den tausend Jahren? Können überhaupt die Seelen selig sein ohne ihre Geister? Die Erklärung fährt dann fort: „Und dazu herrschen sie mit Christo, der da herrschet von Anfang der tausend Jahre bis zu ihrem Ende." Also Christus herrscht von 800 bis 1806? Und von dieser Herrschaft wird dann gerühmt: „Das Thier, der falsche Prophet und der Drache, die Ihm die Herrschaft auf Erden streitig machten, sind zum Schemel Seiner Füße gelegt. Nun können die Seligen mit heiligem Stolz auf die Erde herabsehen, auf der die Kirche, der sie in den Zeiten der Trübsal und des Ungemachs ihre Dienste und ihr Leben weihten, nunmehr die herrschende Macht ist; nun erleben sie es, daß es auf der Erde nur nach ihrem in Jesu ruhenden Willen geht." Sollte man glauben, daß von evangelisch-lutherischer Seite der katholisch-papistischen Kirche solcher Weihrauch gestreuet würde! Wenn jene Zeit (von 800 bis 1806) der Seligen Stolz sein soll, dann sind sie doch wirklich zu beklagen, und um jo mehr, als sie bis zur Krönung Karls des Gr. haben warten müssen, ehe sie zu solch seligem Stande kamen. Und war denn in jenen tausend Jahren wirklich der Drache d. i. der Teufel verschlossen? Luther wenigstens singt: „Der alte böse Feind mit Ernst er's jetzt meint, groß' Macht und viel List, sein' grausam Rüstung ist, auf Erd'n ist nicht sein's Gleichen." Ueberhaupt eignet es sich gar nicht, die Erfüllung der Scene Kap. 20, 4—6. mitten in die Kirchenzeit zu setzen. Sie ist die Erfüllung von Kap. 6, 11. Da wurde den Märthrern, die mit fast ungeduldiger Sehnsucht das Ende des Kampfes der Kirche herbeiwünschten, gesagt: „daß sie noch eine kleine Zeit ruhen sollten, bis daß vollends dazu kämen ihre Mitknechte und Brüder, die auch sollten noch ertödtet werden, gleichwie sie." So lange es demnach noch Märthrer in der Kirche giebt, können die tausend Jahre nicht anfangen; Märthrer hat es aber in der Zeit von 800 bis 1806 gar viele gegeben, giebt es noch, und wird ihre Zahl in der letzten Zeit, der wir schnellen Schritts entgegengehen, noch sehr bedeutend wachsen, und wenn ihre Zahl voll ist, wird sich Kap. 20, 4—6. erfüllen d. h. wenn die Kirche zum Siege durchgedrungen ist, werden die Märthrer der Ehre theilhaftig werden, die ihnen Kap. 20, 4—6. verheißen ist.

An einer andern Stelle sagt er von der Zeit der tausend Jahre: „Als die tausend Jahre da waren, wußten es die Leute nicht, daß sie in dieser gesegneten Zeit lebten; es galt von ihr, was der Herr einst vom Elias sagte: Es ist Elias schon gekommen und sie haben ihn nicht erkannt." — Daß man den geweissagten Elias, als er gekommen war, nicht erkannte, ist bei dem unwidergebornen Volke der Juden leicht begreiflich; er wurde aber bald erkannt von denen, welchen der Herr nur ein wenig Licht über ihn schenkte; daß aber die Leute, welche in der gesegneten Zeit jenes tausendjährigen Reiches lebten, tausend Jahre lang diese gesegnete Zeit nicht als solche erkannt haben: das will doch viel sagen. Doch sie sind zu entschuldigen, denn vor Ach und Weh haben sie die gesegnete Zeit nicht erkannt; fallen doch die Schreckenszeiten der Inquisition und der Scheiterhaufen und der Kreuzzüge und der Bluthochzeiten und der Dragonaden und vieler anderer Greuel in die gesegnete Zeit. Wahrlich, wenn in jenen tausend Jahren das Reich Christi — das messianische Reich — soll geblüht haben, dann ist's unerklärlich, wie die Propheten des alten Bundes so großes Wesen vom Reiche haben machen können, und ist nicht zu begreifen, warum nicht Jesus Christus die Sehnsucht nach dem Reiche aus dem Herzen seiner Jünger gründlich getilgt hat, zumal in diesem Reiche Israels gar nicht gedacht wird, kurz für solch tausendjähriges Reich wollen wir uns bestens be=

danken und unsere fröhliche Hoffnung auf ein zukünftiges Reich Christi oder Israel auf Erden nicht dafür hingeben.

Jene Ansicht vom tausendjährigen Reiche mußte nothwendig die Auslegung vieler andern Stellen in der Offenbarung beeinflussen, trägt die Schuld, daß das Thier aus dem Meere, resp. aus dem Abgrunde und das Thier von der Erde nicht richtig gedeutet sind und demzufolge auch unsere Zeit mit ihren Erscheinungen falsch aufgefaßt wird. Von unsrer Zeit sagt er: "Wir haben das Ende der tausend Jahre schon hinter uns. Verschwunden ist die Zeit, wo die Kirche auf Erden herrschte und von den Völkern anerkannt und gepflegt wurde. Wir stehen gegenwärtig bei Offenbg. 21, 7 - 9., bei dem Loswerden des Satans aus seinem Gefängniß, da er ausgeht, zu verführen die Heiden in den vier Oertern der Erde, sie zu versammeln in einen Streit." — So weit sind wir noch nicht, wir haben erst noch den Antichrist zu erwarten. Gog und Magog thun uns nichts, darum auch keine Warnung vor ihnen; aber das Thier aus dem Abgrunde und das Thier von der Erde werden uns, wenn wir ihr Aufsteigen erleben, was immerhin möglich ist, gefährlich werden, und wir thun wohl, wenn wir die Warnung Kap. 14, 9 — 12. uns tief ins Herz schreiben.

Soviel wird nun aus dem Bisherigen klar geworden sein, daß der Chiliasmus weder vor den Hengstenbergischen Gegengründen, noch vor der Hengstenbergischen Auslegung von Kap. 20, 4—6. seine Segel zu streichen hat. Wir wollen nun weiter sehen, ob es den Richterschen Gegengründen gelingen wird.

III. Die Richterschen Gegengründe

entnehmen wir der Schrift: "J. Rudolph Richter, ev. luth. Pfarrer in Kotitz in der K. S. O.-Lausitz "Bibelstunden aus der Offenbarung St. Johannis." — Kurzgefaßte Auslegung der Offenbarung St. Johannis in biblisch- und kirchlich-gläubigen Sinne für gelehrte und ungelehrte Leser des göttlichen Worts. Leipzig und Dresden in Commission von Justus Naumann's Buchhandlung. 1864."

In der Zeitschrift für die gesammte luth. Theologie und Kirche, begründet durch Dr. A. G. Rudelbach wird über diese Schrift ein großes Aufhebens gemacht, daß Pf. Richter den Chiliasmus gründlich abgewiesen habe; da müssen wir doch sehen, was diese Gründlichkeit dem Chiliasmus angethan hat.

Nachdem Pf. Richter den Chiliasmus in seinen Arten kurz geschildert, läßt er seine Gründe gegen denselben folgen. Mit Uebergehung der von ihm unter a. angeführten biblischen Stellen (cf. S. 181.) sind seine Gründe folgende:

1. „**Es bleibt auffällig, daß in der Offenbarung Johannis so viel zu lesen ist über das, was vor und nach dem vermeinten Millenio (tausendjährigem Reiche) sein wird, während der Bericht über das tausendjährige Reich selbst so äußerst kurz sich herausstellt, auch sonst im neuen Testamente darüber nichts mitgetheilt wird."**

Darauf ist zu erwidern:

a. Was vor dem Millenio hergeht, geht auf die Kirchenzeit und mußte unsertwegen umständlicher mitgetheilt werden zumal das vom Thiere aus dem Abgrunde und was dahin gehört, weil Alle, die es erleben, in die schwerste aller Zeiten kommen und der Stärkung durch das prophetische Wort bedürfen.

b. Vom tausendjährigen Reiche wird allerdings nur Anfang und Schluß geoffenbart; seine Geschichte ist nicht offenbart, weil es die Offenbarung nur ganz besonders mit der Kirchenzeit zu thun hat. Etwas mehr Licht über die Zeit des Reichs giebt das prophetische Wort des A. T.'s, aus dem man sich des Weitern belehren kann.

c. Ueber die Zeit nach dem Millenio ist aber nicht viel,

wie Pf. Richter sagt, sondern nur wenig gegeben; denn da beginnt die Ewigkeit, deren besondere Verhältnisse als für uns unbegreiflich uns noch verschlossen bleiben. Das Viele, was Pf. Richter meint, beschränkt sich auf das Gesicht von dem neuen Himmel und der neuen Erde und dem neuen Jerusalem, also Kap. 21 und 22 bis V. 5.; denn das Gesicht von Gog und Magog und vom jüngsten Gerichte fällt mit dem Ende des Milleniums zusammen.

d. Wenn Pf. Richter sagt, wir finden im N. T. nichts über das Millenium, so ist das nur insofern richtig, als wir keine Beschreibung, keine Ausmalung der Reichszustände finden, an Hindeutungen auf das Reich fehlt es nicht. Wer aber ein Gegner des Chiliasmus ist, bestreitet jede chiliastische Auslegung solcher Stellen, die der Chiliast für seine Ansicht in Anspruch nimmt. Wenn der Apostel Paulus an den Timotheus schreibt (2. Tim. 4, 1.): „Ich beschwöre dich nun im Angesichte Gottes und Jesu Christi, welcher zukünftig ist, zu richten Lebendige und Todte zur Zeit seiner Erscheinung und seines Reichs," so wird der Chiliast diese Stelle für sich in Anspruch nehmen, der Antichiliast wird es leugnen, daß hier „Reich" auf das Millenium zu beziehen sei und wird es als ewiges Reich deuten, das nach dem jüngsten Tage folgt. Ein Widerlegen ist da vergeblich; indeß da Gott wahrhaftig ist, wird er auch erfüllen, was er Abraham's Nachkommen als Volksganzem verheißen hat, davon schon geschrieben stehet 5. Mos. 30, 1—10., und was in Maria's und Zacharia's Worten wiederklingt und auch die Hoffnung der Jünger Jesu war.

2. „Die Hoffnung eines rechten chiliastischen Christen thut Eintrag der Ehre der uns in Aussicht gestellten, von Christo theuer erworbenen himmlischen Ehrenkrone. Freue ich mich auf den chiliastischen Gnadenlohn, so tritt eo ipso die Freude auf den himmlischen Gnadenlohn etwas in den Hintergrund,

gleichwie, je mehr Ehre der heiligen Maria als **Mittlerin** erwiesen wird, desto mehr Ehre entzogen wird dem Herrn als dem **einzigen Mittler** nach der Schrift. Wir Christen sind nur auf einen himmlischen Gnadenlohn angewiesen, von dem alle diejenigen einen hinreichenden Vorschmack auf Erden haben, mit dem sie zufrieden sein können, welche je mit in den Gesang selig einstimmten: Jesus meine Zuversicht, oder: Auf, auf mein Herz mit Freuden, oder: Schatz über alle Schätze, oder: Wie wohl ist mir o Freund der Seelen, oder: Mein Heiland nimmt die Sünder an. Die chiliastische Hoffnung sieht aber theils nach Oben theils nach Unten. Sie stimmt nicht recht mit der Reinheit des sittlichen Reiches Jesu, welches von allem irdischen Beigeschmack ganz absolut frei ist. Eben darum bleibt sie auch im Gegensatze gegen Sklaventhum, Kaste, Polygamie, willkürliche Ehescheidung und dergl. — Alles, was gemischt ist, das ist nicht mehr lauter und rein. Jeder Christ kann froh und zufrieden sein, wenn er mit Simeon in Frieden, den er durch Christum erlangt hat, zur Ruhe in Gott eingehen kann, sollte er im seligen Himmel auch nur, so zu sagen, im äußersten Winkelchen eine Stätte finden, ohne vorher begehrtermaßen im Millenio auf einem der angenommenen Ehrenstühle mitgesessen zu haben. „Eins" ist Noth."

Darauf ist zu erwidern:

Das ganze Gerede zeugt von einer unklaren Kenntniß des Chiliasmus. Worin besteht denn die himmlische Ehrenkrone?

In der Theilnahme am neuen Jerusalem. Und wo wird dasselbe sein nach dem jüngsten Tage? Auf der neuen Erde. Der Mensch für die Erde, die Erde für den Menschen in Ewigkeit, das ist Lehre der Schrift. Die Ehre aber, ins neue Jerusalem einzugehen, wird durch die Ehre, mit Christo zu regieren tausend Jahre, nicht geschmälert, sondern gesichert; denn selig ist und heilig, der Theil hat an der ersten Auferstehung, über solche hat der andere Tod keine Macht; also ihre himmlische Ehrenkrone ist ihnen gesichert. Uebrigens sagt der Chiliast von sich selbst gar nicht aus, daß er zur Ehre der ersten Auferstehung oder zur Bürgerschaft im Millenio gelangen werde; er mag dahin trachten, aber er ist schon zufrieden, wenn er eben nur, wie Richter sagt, ein Plätzchen im äußersten Winkelchen des himmlischen Paradieses bewilligt bekommt auf Grund nicht seiner chiliastischen Doctrin, sondern des Blutes Jesu Christi. „Christi Blut und Gerechtigkeit, das ist mein Schmuck und Ehrenkleid 2c." — das ist sein Triumphlied im Leben und Sterben; aber er will, daß die Schrift in allen Aussprüchen, auch solchen, die uns nicht eingehen wollen, vielleicht nicht recht eingehen wollen aus Kirchenstolz, Recht behalte, und daß das Wort: „Gott ist wahrhaftig, und was er zusagt, das hält er gewiß" fest bleibe, so fest, daß auch die Juden, die so vielen Christen verhaßt sind, wieder sein Bundesvolk werden als Gläubige an ihren König David, Jesum Christum, weil Er's gesagt hat, und daß sie wieder in Palästina und Jerusalem wohnen werden, weil Er's gesagt hat durch den Mund seiner heiligen Propheten mit klaren, unzweideutigen Worten.

3. „Es ist auch kein rechter praktischer Gewinn von dieser Lehre vor dem Volke abzusehen. Der unbekehrte und ungläubige Pöbel wird durch die schöne chiliastische Verheißung, deren Erlangung nur den ganz Gerechten in Aussicht steht, schwerlich sich gereizt fühlen, aus seinem Taumel zu erwachen, auch

wird er durch die Drohung des Nichtauferstehens bei der ersten Auferstehung der Gerechten sich nicht sonderlich erschreckt fühlen, wenn die Drohung des Gerichts und der Hölle und die Verheißung der ewigen himmlischen Seligkeit nichts über ihn vermögen 2c."

Dagegen:

Ob der praktische Gewinn von der Lehre des Chiliasmus so ganz gleich Null ist, wie Pf. Richter meint, wäre doch noch zu bezweifeln; es würde immer darauf ankommen, in welchem Zusammenhange und wie man sie benutzte. Und wenn sie für völlig Unbekehrte auch kraftlos wäre, so kann sie doch Gläubigen in Zeiten der Verfolgung zum Trost und zur Stärkung dienen. Ferner ist auch nicht zu leugnen, daß sie in der Mission unter Israel nicht ohne praktischen Gewinn sein wird und nicht ohne Einfluß geblieben ist. Ueberhaupt ist ja wohl die Mission unter Israel aus dem Glauben an Israels Zukunft geboren und wird von diesem Glauben getragen. Der Glaube aber an Israels Zukunft und der Chiliasmus gehen in einander über. Auch das evangel. Bisthum in Jerusalem möchte wohl auf diesem Grunde ruhn, wie auch die Liebe zu Jerusalem, die für jene einst so heilige Stadt noch schöne Hoffnungen hegt. Also ohne allen praktischen Gewinn ist die Lehre des Chiliasmus nicht. Haben die Antichiliasten Israel auch so lieb, als die Chiliasten? Und sind sie auch, wie diese für die Mission unter Israel begeistert? Aber auch die Mission unter den Heiden trägt der Chiliast auf dem Herzen; er weiß ja wohl aus Röm. 11., daß von der Wirksamkeit dieser Mission die Bekehrung Israels und die Sammlung des Volks abhängig ist.

4. „Christus siegte leidend und sterbend, durch seinen Gehorsam bis in den Tod, und mit ihm Stephanus und alle nachfolgenden

Märtyrer; folglich braucht auch seine Kirche es nicht tausend Jahre auf Erden golden zu haben, sondern kann eine Kreuzkirche bleiben bis zum jüngsten Tage, ohne ihre Macht und ihren Sieg zu verlieren. Vergl. Matth. 16, 21—28."

Dagegen wäre nichts zu sagen, wenn es der Herr so von Anfang an bestimmt hätte. Das eben bezweifelt der Chiliast. Die unter 4. angeführte Stelle Matth. 16, 21—28. zeugt wohl dafür, daß die Kirche Christi eine Kampfeszeit durchzumachen hat, aber nicht, daß sie bis zum jüngsten Tage eine Kreuzkirche bleiben wird und soll. Nach dem prophetischen Worte im A. T., auch nach Ap. Gesch. 3, 20. 21. ist aber eine Zeit der Erquickung vom Angesichte des Herrn zu erwarten, in welcher Zeit Alles, was Gott geredet hat durch den Mund aller seiner heiligen Propheten von der Welt an, in Erfüllung gehen wird. Diese Zeit ist abhängig von der Bekehrung Israels als Volksganzen. Weil diese Bekehrung nicht sofort erfolgte, wurde Christi Kirche eine Heidenkirche. In der Zeit der Heidenkirche kömmt die Erquickung vom Angesichte des Herrn oder das Friedensreich nicht. Erst muß sich Israel bekehren, erst muß Sacharja 12. sich erfüllen, erst muß der Tag gekommen sein, wo Israel dem Herrn entgegenjauchzet: Gelobt sei, der da kömmt im Namen des Herrn. — dann erst erfüllt sich die Verheißung. Wenn in der angeführten Stelle V. 28. „Wahrlich, ich sage euch: Es stehen Etliche hier, die nicht schmecken werden den Tod, bis daß sie des Menschen Sohn kommen sehen in seinem Reich" sein Reich genannt wird (Luc. 9, 21. das Reich Gottes), so ist hier allerdings die Kirche gemeint; daraus folgt aber nichts gegen den Chiliasmus, denn der Ausdruck Reich Gottes umfaßt mehrere Perioden, deren jede Reich genannt werden kann und wird. Fehlte aber unter diesen Perioden das tausendjährige Reich oder das Reich Israel, so fehlte ein Ring in der Kette und gerade der, welcher in der Schrift A. T.'s mit großer Vorliebe verkündigt ist und der in der ersten Zeit der Kirche ersehnt wurde. Warum ist man denn gegen solch Friedensreich so feindlich und will der armen Erde nach so viel tausendjähriger Noth und Plage nicht auch eine Zeit des Friedens und des Segens, eine Sabbathruhe gönnen! An Gelegenheit, seinen Kreuzesmuth zu beweisen, wird es ja nicht fehlen, der freilich hinfällt, wenn er auf sich selbst vertraut, wenn ihn der Herr nicht stärkt.

5. „Durch den Chiliasmus wird die **Bereicherung der kirchlichen Glaubenslehre** um einen Artikel angestrebt, denn sonst würde er sich durch Inkonsequenz das Urtheil selbst sprechen. Schon im apostolischen Glaubensbekenntnisse müßte der Satz: von dannen er kommen wird, zu richten die Lebendigen und die Todten, in ein zweimaliges Kommen geschieden werden. Aber dann wäre mit der einen Hand gleichsam Etwas gegeben, mit der andern genommen, und die Gabe würde den Verlust wohl nicht ersetzen. Nämlich das Leben und Regieren, Siegen und Herrschen mit Christo, welches die leidende, kämpfende, scheinbar unterliegende Kirche auf Erden doch immer gehabt und behalten zu haben glaubte, das müßte sie dann in jene zu erwartenden tausend Jahre verlegen lassen. Dann müßte man strenggenommen aufhören zu singen: „**Das Reich Gottes muß uns doch bleiben**," es müßte dann heißen, daß Reich Gottes wird uns nicht entgehen, sondern im Millenio zu Theil werden. Daher schreibt ein konsequenter Chiliast also: „Jesus hat das angenehme Neujahr nicht gebracht sondern nur gepre-

digt und wir predigen es ihm und allen seinen heiligen Propheten nach, daß es gewißlich kommt (im Millenio). Clöter, eine Heerde unter einem Hirten. 3. Auflage. Stuttgart 1861. S. 97."

Dazu ist zu bemerken:

a. Es ist richtig, der Chiliasmus strebt nach Anerkennung, aber er ändert nichts im apostolischen Glaubensbekenntnisse und läßt die Worte: „von dannen er kommen wird, zu richten die Lebendigen und die Todten" unverändert stehen, auch unterscheidet er da nicht ein zweimaliges Kommen, wohl aber ist eine zweifache Bethätigung des richterlichen Amtes Christi in seiner Zukunft am Anfangs- und Schlußtermine derselben zu unterscheiden. Wenn man fragt: wer werden denn die Lebendigen sein, über welche Christus im jüngsten Gerichte richten wird? — so ist sehr leicht geantwortet: alle diejenigen, welche der jüngste Tag auf Erden lebend treffen wird. Aber wie denkt man sich denn das? Wird das jüngste Gericht über Lebende und Todte (Auferstandene) auf der alten Erde vor der Katastrophe der Verbrennung stattfinden oder mit derselben zugleich oder nach derselben? Vor der Endkatastrophe wird es nicht gut angehen, das können wenigstens die Antichiliasten nicht zugeben; dann träte ja eine Mischung von Auferstandenen und Nichtauferstandenen auf der alten Erde ein, was Professor Hengstenberg als unmöglich erklärt hat; während der Katastrophe und nach derselben: dann würde es keine Lebendige geben d. h. solche, die noch in den alten Leibern wallten; denn die würden ja alle brennen oder verbrannt sein. Aber die dann noch Lebenden können ja gleich verwandelt werden: dann sind es eben keine Lebendige d. h. im natürlichen Leibe Lebende mehr, sondern stehen auf der Stufe der Auferstandenen; auch ist eine Verwandlung und Hinwegrückung in die Luft dem Herrn entgegen nur den Gläubigen an Jesum Christum verheißen, nicht den Ungläubigen. Dabei soll doch nach der Schrift mit der

Zukunft Christi ein Gericht über Lebendige stattfinden; wie ist da herauszufinden? Anders wohl nicht, als daß man den Tag des Herrn nicht auf 24 Stunden beschränkt, sondern als eine längere Periode, als einen längern Zeitraum annimmt, wie auch 2. Tim. 4, 1., (welcher zukünftig ist, zu richten Lebendige und Todte zur Zeit seiner Erscheinung und seines Reichs) ziemlich deutlich hindurchscheint. Für solche Annahme kann man sich um so mehr entscheiden, als Tag in der Schrift häufig einen längern Zeitraum andeutet. Der Apostel Petrus sagt (2. Petr. 3, 8.) „Eins aber sei euch unverholen, ihr Lieben, daß Ein Tag vor dem Herrn ist, wie tausend Jahre, und tausend Jahre wie Ein Tag." Aehnlich Pf. 90, 4. „Denn tausend Jahre sind vor dir wie der Tag, der gestern vergangen ist, und wie eine Nachtwache." Der Apostel Paulus nennt die Gnadenzeit der christlichen Kirche Tag des Heils (2. Cor. 6, 2.) „Denn er spricht: Ich habe dich in der angenehmen Zeit erhöret, und habe dir am Tage des Heils geholfen. Sehet, jetzt ist die angenehme Zeit, jetzt ist der Tag des Heils." Jesus selbst nennt die Zeit seiner Erscheinung im Fleisch seinen Tag (Joh. 8, 56.) „Abraham, euer Vater, ward froh, daß er meinen Tag sehen sollte, und er sahe ihn, und freute sich." Tag des Herrn heißt überhaupt soviel als Gericht, wie Jes. 2, 12. 13, 6.

Nach allen diesen Beispielen, die noch vermehrt werden könnten, wird es wohl gestattet sein, den Tag des Herrn als einen längern Zeitraum zu nehmen, der seinen Anfangspunkt und Endpunkt, seinen Anfangstag und Schlußtag hat, und dann fügen sich alle Entwickelungsstadien der letzten Dinge in diesen Tag des Herrn so ein, wie sie die Offenbarung Johannis weissaget, nämlich die Erscheinung des Herrn, die Vernichtung des Antichrists, die Aufrichtung des Reichs, die Auferstehung der Märtyrer, der Empörungszug von Gog und Magog, (das Entgegenrücken der Gläubigen in der Luft), die allgemeine Auferstehung der Todten, das jüngste Gericht, die Wandlung des alten Himmels und der alten Erde durch Verbrennung in den neuen Himmel und die neue Erde. Für diese Ansicht, den Tag Christi als eine längere Periode zu nehmen, um die Reihenfolge der offenbarten letzten Hauptbegebenheiten in diesen Tag des Herrn einreihen zu können, spricht auch der Umstand, daß wir aus der Schrift entnehmen müssen, daß den Aposteln keine genaue Erkenntniß der Zeit gegeben war, in welcher die Zukunft Christi stattfinden würde und wann er das Reich würde aufrichten. Diese Erkenntniß fehlte ihnen also nach dem Willen des Herrn; sie blieb ein Geheimniß Gottes, und ist es bis jetzt, nur daß Christus seinem Apostel Johannes die Zeit in etwas gedeutet hat durch eine geweissagte Reihenfolge von Begebenheiten. Was nun die Apostel von der Zukunft Christi, von der Auferstehung, überhaupt von den letzten Dingen geschrieben haben, hat an sich seine volle Richtigkeit, aber Ordnung hinsichtlich der Zeitfolge bringt erst die Offenbarung Jesu Christi, dem Apostel Johannes gegeben, in diese Lehre von den letzten Dingen (cf. Offenbg. 5, 1—14.), und nach dieser Ordnung, wie sie die Offenbarung mittheilt, zeigen sich klar und deutlich zwei Punkte in der Zukunft Christi, der Anfangspunkt, wo er offenbar wird als Besieger des Antichrists und als König und Herr in seinem Reiche (Kap. 19, 11 ff.) und der Schlußpunkt, wo er offenbar wird als Richter der Welt (Kap. 20, 11 ff.) d. h. die Prophetie von der Zukunft Christi und Herrlichkeit theilt sich in ein zwiefaches Offenbarwerden Christi in seiner Zukunft: als König und Herr und als Richter der Welt. Auf ein solches zwiefaches Offenbarwerden Christi in seiner Zukunft kann man auch die Aussprüche des Herrn deuten, welche er in seiner prophetischen Rede Matth. 24. u. 25. und Luc. 21. über seine Zukunft thut.

Matth. 24, 27. sagt er von seiner Zukunft: „denn gleichwie der Blitz ausgehet von Aufgang und scheinet bis zum Niedergang, also wird auch die Zukunft des Menschen Sohnes sein." Und Lucas 21, 27. „Und alsdann werden sie sehen des Menschen Sohn kommen in den Wolken mit großer Kraft und

Herrlichkeit," und fügt V. 31. hinzu: „Also auch ihr, wenn ihr dies Alles sehet angehen, so wisset, daß das Reich Gottes nahe ist." Mithin soll dann bei der Zukunft des Menschen Sohnes das Reich Gottes kommen. Das Reich Gottes, das dann kommen soll, ist also wohl zu unterscheiden von der Periode des Reiches Gottes, die wir die Kirche nennen; die Kirche ist eine Zeit des Kampfes, das Reich Gottes bringt den Frieden. Darum ermuthigt und tröstet damit Jesus seine Jünger V. 28. „Wenn aber dieses anfängt zu geschehen, so sehet auf, und hebet eure Häupter auf, darum, daß sich eure Erlösung nahet."

Anders aber, als dieß Kommen, welches das Reich bringen wird, zeichnet er sein Kommen zum Gerichte Matth 25, 31. 32. „Wenn aber des Menschen Sohn kommen wird in seiner Herrlichkeit und alle seine heiligen Engel mit ihm, dann wird er sitzen auf dem Stuhl seiner Herrlichkeit; und werden vor ihm alle Völker versammelt werden ꝛc." Hier wird er offenbar als Richter der Welt. Und ganz ähnlich unterscheidet die Offenbarung das Kommen Christi in Kap. 19, 11 ff. und das Offenbarwerden Christi als Richter der Welt Kap. 20, 11 ff. Dort als König und Besieger des Antichrists, hier sitzend auf einem großen weißen Stuhl d. i. auf dem Stuhle seiner Herrlichkeit. Demnach scheint es also nichts Ungeheuerliches zu sein, wenn man des Herrn Zukunft oder seinen Tag als eine längere Periode faßt mit Anfangstag und Schlußtag, und dazwischen fällt das tausendjährige Reich. Am Anfangstage findet ein Gericht über Lebendige statt theils über seine Feinde, theils über die, welche gewürdigt werden in sein Reich Israel als Bürger einzugehen — und ein Gericht über Todte, vollstreckt wahrscheinlich von den vier und zwanzig Aeltesten, nämlich über die, welche der ersten Auferstehung gewürdigt werden; am Schlußtage aber findet das allgemeine Weltgericht statt über die auferstandenen Gerechten und Ungerechten, und werden die Gerechten nebst den verwandelten Reichsbürgern und den schon vor tausend

Jahren Auferstandenen in das Reich Gottes auf der neuen verklärten Erde eingehen d. i. zum ewigen Leben, und die Ungerechten, — welche der Rechtfertigung durch den Glauben entbehren, — in die Hölle zum ewigen Verderben d. i. der andere Tod.

b. Pf. Richter meint, die chiliastische Ansicht thue dem Herrschen der Kirche mit Christo Eintrag, und man müßte dann das Herrschen in jene zu erwartenden tausend Jahre verlegen und streng genommen aufhören zu singen: „Das Reich Gottes muß uns bleiben." Da ist Pf. Richter im Irrthum; denn so wenig man nöthig hat, der Kirche das Herrschen mit Christo zu bestreiten, weil der Apostel sagt: „Dulden wir mit, so werden wir mit herrschen" und er also ein Herrschen für die Zukunft denen verheißt, welche Christi Kreuz auf sich nehmen — so wenig man auch nöthig hat, aufzuhören zu singen: das Reich Gottes muß uns bleiben," weil die ganze Christenheit noch betet: „Dein Reich komme!" also ein Reich Gottes zukünftig ist: ebenso wenig ist das Eine, wie das Andere nöthig, weil die Chiliasten ein Reich Christi auf Erden erwarten, in welchem die Auferstandenen der ersten Auferstehung mit ihm regieren werden. Jede Periode des Reiches Gottes hat das Ihre; in der Kirchenzeit herrscht Christus in und mit der Kirche der Welt verborgen mitten unter seinen Feinden, im tausendjährigen Reiche offenbar und seine Feinde sind dann besiegt. Wenn nun auch die Kirche in ihrem Kampfe in und mit der Welt je zuweilen zu unterliegen scheint, singen ihre Glieder dennoch: „Das Reich Gottes muß uns bleiben" kraft der Verheißung des Herrn, daß seine Kirche auch die Pforten der Hölle (richtiger des Hades, der Unterwelt, des Abgrundes) nicht überwältigen sollen, ein großer Trost in der letzten Zeit, wenn das Wort sich wörtlich wird erfüllen und der Abgrund seine Pforten wird aufthun, um den Antichrist auf die Erde zu senden. (Offenbg. 17, 8.)

c. Wenn der konsequente Chiliast Clöter in seinem Buche

"Eine Heerde unter Einem Hirten" schreibt, daß Jesus das angenehme Jahr noch nicht gebracht, sondern nur gepredigt habe: so hat er den Ausdruck gepreßt; denn die angenehme Zeit, der Tag des Heils ist ja allerdings mit Christo gekommen, aber Clöter bezieht den Ausdruck speciell auf die Zeit der Erquickung von dem Angesichte des Herrn, und diese Zeit wird Christus erst bringen mit seiner Zukunft; es gehört eben das Bringen des angenehmen Jahres, des Friedens auf Erden, zu seinem königlichem Amte, in welchem er aller Welt offenbar werden wird in seiner Zukunft; vorläufig hat er auf Erden nicht den Frieden, sondern das Schwert gebracht (Matth. 10, 34 ff.), nun muß er als Friedefürst auch noch den Frieden bringen, damit die Schwerter zu Pflugscharen und die Spieße zu Sicheln gemacht werden können.

6. Dazu behaupten viele Chiliasten, oder wohl alle, daß 2. Thess. 2, 3. eine höchste antichristische Persönlichkeit geweissagt, daß der rechte Antichrist noch gar nicht erschienen sei."

Wenn dem Chiliasten zum Vorwurf gemacht wird, daß er die Erscheinung eines persönlichen Antichrists noch erwarte, so wird er sich über diesen Vorwurf nicht betrüben, denn er hat das Wort Gottes A. und N. T.'s für sich, und möge der Antichiliast, welcher den persönlichen Antichrist aus der Schrift hinausdeutelt, zusehen, wie er damit vor dem Herrn bestehen wird. Ihm aus der Schrift seinen Irrthum nachweisen zu wollen, wäre vergebliche Mühe, weil er's nicht zugeben will, es sei ein persönlicher Antichrist geweissagt, es paßt das nicht in sein System, darum darf's nicht sein. Nun aber meint Pf. Richter hier festen Grund gefaßt zu haben, um auf die Chiliasten einhauen zu können, und das thut er mit folgenden Worten:

7. "Indem so der Sieg und die Herrlichkeit der Kirche in die Zukunft verlegt wird, auch der Antichrist noch gar nicht da sein soll, da

scheint der Chiliasmus wenig Beruf und Lust zu fühlen, zum Besten der Kirche muthig aufzutreten und nach dem Spruche zu handeln: „Kämpfe den guten Kampf des Glaubens!" Vgl. Offbg. 2, 10. 3, 2. Alle verzagten, schlaffen und muthlosen Gemüther, die den Chiliasmus annehmen, werden wohl aus dieser Gemüthsverfassung bezüglich der kirchlichen Uebelstände nicht sehr herauskommen. Wie verträgt sich aber dieß mit dem Glauben, daß Jesus Christus das A und O alle Tage bei uns bleibt, folglich auch sein neues Jerusalem (?), bis an der Welt Ende? Wie können die Hochzeitleute Leid tragen, so lange der Bräutigam bei ihnen ist? Matth. 9, 15. Unser Hauptsieg als Christen auf Erden stammt nicht aus dem Aktivum, sondern aus dem Passivum. 2. Tim. 2, 11. 12. heißt es daher: „Sterben wir mit, so werden wir mit leben; dulden wir, so werden wir mit herrschen." Die unter Henkershand sterbenden treuen Christen siegen schon dadurch, daß sie nicht zum Wanken gebracht werden konnten, sie waren und bleiben in ihrer Treue selig durch Christum und kamen zu Christo, während die Henker und Verfolger in einer im Ganzen doch ohnmächtigen Wuth sich befinden, welche vom Teufel stammt, zuletzt den Kürzern zieht und zum Teufel führt. Salbe deine Augen mit Augensalbe, daß du sehen mögest! Offbg. 3, 18. — Ps. 118."

Dagegen:

Wie lieblos, Herr Pfarrer, und unwahr dazu! Also weil

der Chiliast ein Friedensreich Christi erwartet, dem erst noch das Auftreten eines persönlichen Antichrist's voraufgehen wird und also der persönliche Antichrist noch nicht da sei, darum scheint der Chiliasmus d. h. der Chiliast wenig Beruf und Lust zu fühlen, zum Besten der Kirche muthig aufzutreten und nach dem Spruche zu handeln: „Kämpfe den guten Kampf des Glaubens!"? Leugnet denn etwa der Chiliast das Vorhandensein und Wirken des antichristischen Geistes in der Kirche? Er weiß so gut, als der Antichiliast, daß dieser Geist in der Kirche sein Wesen gehabt hat seit der Apostel Zeit und gerade in unsrer Zeit erst recht; da giebt es ja eine Masse von Antichristen, aber der Antichrist ist noch nicht da. Und jenem antichristischen Geiste gegenüber sollte der Chiliast seine Hände ruhig in den Schooß legen und gemüthlich warten auf die Freuden des tausendjährigen Reichs? Nein, nein, mein Lieber, der Chiliast weiß aus eigner bitterer Erfahrung und aus manchen schlaflosen Nächten recht gut, daß unser Hauptsieg als Christen auf Erden nicht aus dem Aktivum, sondern aus dem Passivum stammt, und auch ihm ist Pauli Wort: „Sterben wir mit, so werden wir mit leben; dulden wir, so werden wir mit herrschen" — ein Trost in seinen Kämpfen mit Teufel, Welt und Fleisch; ja eben, das ist's ja, was der Chiliast in Offbg. 20, 4—6. zur Geltung bringt. Weil die Märtyrer mit gestorben sind, so sollen sie auch mit leben, und weil sie geduldet haben, so sollen sie auch mit herrschen; sie sollen nicht bloß in Andern fortleben, das wäre ja eine Unsterblichkeit, von der manche Ungläubige träumen, sondern sie sollen wirklich und wahrhaftig leben, wozu der verklärte Leib gehört nach ihrer Auferstehung. Es ist in der That merkwürdig, daß die Gegner des Chiliasmus den Chiliasten Kampfesscheu vorwerfen, während doch diese erst noch die Zeit des persönlichen Antichrists erwarten, die jene leugnen. In der antichristischen Zeit, zumal wenn der Antichrist selbst erschienen, geht es aber durch schwere Verfolgung und Marter, ehe das tausendjährige Frie=

bensreich aufblühen kann. Für jene Zeit will der Chiliast sich und Andere rüsten. Nennt man den kampfesscheu, der sich zum Kampfe rüstet? Es wird viel ins Blaue hineingeredet, ohne das achte Gebot vom Afterreden und bösen Leumund-Machen recht zu beherzigen. Mit dem Prädicate „Schwärmer" ist man auch gleich bereit, ohne zu bedenken, daß das ein Wort der Weltleute ist, mit dem sie die Gläubigen bekehren. Waren denn die alten Propheten auch kampfesscheu und Schwärmer, weil sie weissagten: „Da werden sie die Schwerter zu Pflugscharen und ihre Spieße zu Sicheln machen; denn es wird kein Volk wider das andere ein Schwert aufheben und werden nicht mehr kriegen lernen." „Ein Jeglicher wird unter seinem Weinstock und Feigenbaum wohnen ohne Scheu; denn der Mund des Herrn Zebaoth hat es geredet?" Und weil es denn der Mund des Herrn Zebaoth geredet hat, werden die Gegner des Chiliasmus nichts ändern an dem göttlichen Decrete. Die Zeit geht ihren Gang, der Abfall ist vorhanden und wird größer trotz aller Gerichte und Gnadenerweise Gottes, und der Antichrist wird offenbar werden zur bestimmten Zeit, und dann wird die Zeit kommen, wo sich erfüllt das Wort Christi: „Doch wenn des Menschen Sohn kommen wird, meinest du, daß er auch werde Glauben finden auf Erden?" — und Er wird kommen, den Antichrist und seine Rotte vernichten und sein Reich Israel aufrichten und wenn alle Heidenchristen unsrer Zeit sich noch so sehr dagegen verwahren.

8. „**Christus spricht**: „Mein Reich ist nicht von dieser Welt. Seid fröhlich und getrost, es soll euch im Himmel wohl belohnt werden. Das Reich Gottes kommt nicht mit äußerlichen Geberden. Unkraut und Weizen sollen in der Kirche nebeneinander gelassen werden bis zum letzten großen Erntetage." Diese Worte widersprechen der Behauptung: „Jesus Christus war ein Chiliast." Ap. Gesch. 1, 6—8.

erhalten die Jünger auf ihre chiliastische Frage kein Ja zur Antwort. Er sagt weder Ja, noch Nein, weil die Wahrheit in der Mitte liegt: Wenn des Vaters **Zeit** und **Stunde** da ist, so kommt auch **je und je** (nicht tausend Jahre hintereinander) auch äußerlich Etwas von der Herrlichkeit des Reiches Gottes zur Erscheinung z. B. vom Wachsthum der Kirche zur Zeit des größten Märthrerthums, von großer Opferwilligkeit für's Reich Gottes, von unermüdlichem Missionseifer im Namen des guten Hirten, vom Eindringen des Christenthums in Länder, welche bisher starr verschlossen waren u. s. w. — Christi Reichsherrlichkeit leidet keinen irdischen Beigeschmack."

Dagegen:

a. Wenn der Herr Christus von seinem Reiche sagt: „Mein Reich ist nicht von dieser Welt": wer wollte das bestreiten? Aber wer könnte denn auch das tausendjährige Reich Christi ein Reich von dieser Welt nennen? Ein Reich in dieser Welt wird es zwar sein, aber nicht von dieser Welt. Es wird gerade die Reiche von dieser Welt beseitigen und sich an ihre Stelle setzen (Daniel 2, 44. u. 7, 14. 27.), ohne selbst ein Reich von dieser Welt zu sein; denn es ist ein Friedensreich, in dem es keine Soldaten und keine militairische Waffenübung giebt, wo Jeder ohne Polizei sicher wohnen kann; es wird ein Himmelreich auf Erden sein. Der Ausspruch des Herrn ist nicht gegen die Chiliasten zu richten, sie stimmen ihm vollkommen bei.

b. Der Herr spricht zu den Seinen, welche in der Welt und von der Welt zu leiden haben: „Seid fröhlich und getrost, es soll euch im Himmel wohl belohnt werden." Sie werden also nicht in den Abgrund fahren bei ihrem Tode, sondern in das himmlische Paradies kommen, und werden der Auferstehung theilhaftig werden. Wir haben schon oben gezeigt, daß die erste Auferstehung Allen, die derselben würdig befunden werden, ihre ewige Herrlichkeit und Seligkeit auf der neuen verklärten Erde sichert, und zwar tausend Jahre vor dem allgemeinen Weltgerichte. Es kann auch dieser Ausspruch den Zweck, zu dem er angeführt ist, nicht erreichen, nämlich den Chiliasten zum Antichiliasmus zu bekehren.

c. „Das Reich Gottes kommt nicht mit äußerlichen Geberden." So antwortete der Herr Jesus den Pharisäern (Luc. 17, 20.), welche ihrer eigenen Würdigkeit gewiß, der ärmlichen Gestalt Jesu spottend meinten, daß er das Reich gewiß nicht bringen würde. Ihnen sagt er, daß es schon mitten unter ihnen, daß es schon gewißlich in ihm und seinem Jüngern gekommen sei. Aber seine Jünger weiset er sofort auf die Zukunft auf seinen Tag, zeigt ihnen, daß er erst viel zu leiden habe, ehe sein Reich in Herrlichkeit kommen werde. Auch diese Stelle spricht nicht gegen den Chiliasmus, eher für ihn.

d. Unkraut und Weizen sollen in der Kirche nebeneinander gelassen werden bis zum letzten großen Erntetage." Im Texte Matth. 13, 30. steht: „Und um der Erntezeit will ich zu den Schnittern sagen: Sammelt mir u. s. w." Eine solche Erntezeit verkündet die Offbg. in Kap. 14, 14—20., welche stattfinden wird, wenn die Ernte der Erde dürre geworden ist, wenn das Unkraut den Weizen wird überwuchert haben am Ende dieser Zeit vor Aufrichtung des Reichs. Auch diese Stelle thut dem Chiliasmus nichts. Wenn nun aber Pf. Richter hinzufügt: „Diese Worte widersprechen der Behauptung: „Jesus Christus war ein Chiliast": so hätte er doch diesen den Antichiliasten so verächtlichen Ausdruck nicht auf den Heiland übertragen sollen; er richtet damit nichts aus, und wird sich schämen müssen, wenn nun doch der Herr Jesus im tausendjährigen Reiche als der König der Ehren erscheint, wenn sich erfüllt hat das Wort des Propheten: „Und mein Knecht David (d. i. der Messias) soll ihr König und ihr Aller einiger Hirte sein."

e. Was Pf. Richter in Betreff der Stelle Ap. Gesch. 1, 6—8. sagt, ist wider eine gesunde Auslegung. Die Jünger Jesu fragen ihn nicht, ob überhaupt ein Reich Israel werde aufgerichtet werden, sondern nach der Zeit der Aufrichtung, und nur auf die Zeit geht daher die Antwort Jesu; daß es einmal wird aufgerichtet werden, setzt Frage und Antwort voraus. Nachdem Jesus nach seiner Auferstehung 40 Tage lang sich hat unter seinen Jüngern sehen lassen und mit ihnen geredet hat vom Reiche Gottes, wäre es doch unerklärlich, daß sie eine so bestimmte Frage nach der Zeit der Aufrichtung des Reiches Israel hätten thun sollen, wenn sie der Herr nicht bei ihrer Hoffnung gelassen und wohl noch bestärkt hätte während jener Zeit. Wie die Frage von den Jüngern gestellt ist, muß das vorausgesetzt werden, und Er konnte weder Ja noch Nein im Sinne Richters antworten, weil weder nach einem solchen Ja noch Nein gefragt war, sondern allein nach der Zeit, und die Antwort Jesu: „Es gebühret euch nicht zu wissen Zeit oder Stunde, welche der Vater seiner Macht vorbehalten hat" berechtigt durchaus nicht zu einer Auslegung, wie sie Pf. Richter giebt; das ist nicht eine Auslegung, sondern eine Hineinlegung, was Beides oft mit einander vertauscht wird bei Erklärung der Schrift, wenn man mit vorgefaßten Ansichten an sie herantritt.

Wenn endlich Pf. Richter noch sagt: „**Christi Reichsherrlichkeit leidet durchaus keinen irdischen Beigeschmack**": so ist das zwar richtig, aber wehret nur nicht Christi Reich auf Erden ab; denn die Erde soll ja durch Christum von ihrem Fluche frei werden, soll an der Wiedergeburt durch Jesum Christum Theil nehmen, so daß sie endlich auch himmlisch verklärt und der Thronsitz des dreieinigen Gottes werden wird.

9. „Unter den **kirchlichen Glaubensartikeln** und in den

Bekenntnißschriften der Katholiken, Lutheraner und Reformirten, also der Gesammtkirche hat der Chiliasmus nirgends Aufnahme gefunden. Natürlich, denn das neue Jerusalem, das sich seiner Herrlichkeit als Hütte Gottes bei den Menschen bewußt ist, kann sich nicht selbst ein Armuthszeugniß ausstellen durch das Bekenntniß, sie wäre nicht das Reich Jesu, sondern nur eine Predigerin des im tausendjährigen Reiche bevorstehenden Reiches Jesu 2c."

Dagegen:

a. Es ist richtig, daß der Chiliasmus noch nicht Aufnahme gefunden hat unter den Glaubensartikeln der Kirche, und dennoch hat er sich gehalten trotz aller Anfeindung sogar; er muß also wohl einen tiefen Grund haben und viel Leben in sich, daß er nicht ersterben will. Uebrigens ist es noch immer Zeit, daß er unter die Glaubensartikel aufgenommen werde. Die Glaubensartikel haben sich ja nach und nach in der Zeit vermehrt, sind nicht alle mit einem Male fertig gewesen und aufgenommen: warum sollte der Chiliasmus daran verzweifeln, auch noch hinzugethan zu werden und wenn auch erst in der allerletzten Zeit, wenn seine Hoffnung im Begriff steht, in Erfüllung zu gehen.

b. Findet es nun aber Pf. Richter natürlich, daß er nicht aufgenommen ist, weil das neue Jerusalem, das sich seiner Herrlichkeit als Hütte Gottes bei den Menschen bewußt ist, sich nicht selbst ein Armuthsattest ausstellen kann: so ist er hier in einem Anachronismen befangen; denn das neue Jerusalem soll nach der Offenbarung Kap. 21. von Gott aus dem Himmel auf die neue Erde herabkommen, ist also jetzt noch nicht auf der Erde. Darum ist auch jetzt die Zeit noch nicht da, wo Gott abwischen wird alle Thränen von den Augen der Menschen, es muß noch viel geweint werden; auch der Tod ist noch nicht abgethan, er geht noch sehr grausam und gierig durch die Reihen der Menschen, es ist noch viel Leid und Geschrei und Schmerzen; das Erste ist noch nicht vergangen, und also ist das neue Jerusalem noch nicht auf Erden. Darum singt man noch in der Kirche: „Jerusalem, du hochgebaute Stadt, wollt' Gott, ich wär in dir!" „Wie schön ist unsers Königs Braut!" „O Jerusalem, du Schöne!" und weiset damit mit Recht in die Zukunft.

Was Pf. Richter sonst noch in dem angezogenen Abschnitte sagt, konnte er ruhig sparen; wenn er aber hinweist auf Artikel 17. der Augsburgischen Confession, so ist dieser Artikel gegen einen chiliastischen Auswuchs jener Zeit gerichtet, aber als gegen den Chiliasmus selbst kann er nicht angenommen werden.

10. „**Das gläubige Herz und das exegetische Gewissen und die ehrwürdige Rücksichtnahme auf gewisse Vorgänger zwingen Keinen, bei der Stelle Offbg. 20, 1—6. die Pietät zu treiben bis zur Verwechslung der Begriffe Vision und klare Lehre und bis zur voreiligen Annahme des exegetisch leichter sich Ergebenden und Gefundenen 2c."**

Dagegen:

Wenn aber die Auslegung der Antichiliasten nicht so geartet ist, daß man ihr beipflichten kann, dann ist's doch wohl gerathner bei dem zu bleiben, was würdige Männer früher gefunden haben, ob man damit auch nicht das Wohlgefallen der Gegner erwirbt.

11. „**Das Allerbedenklichste aber beim Chiliasmus ist, daß passionirte Anhänger desselben bereits Miene gemacht haben, diese Lehre der theuern Perle, deren Besitz schon jetzt jeden Gläubigen vor Gott herrlich macht, vorzuziehen und jene Lehre als evangelischen Haupt-**

lehrsatz über die Rechtfertigung des armen bußfertigen Sünders vor Gott aus Gnaden durch Jesum Christum zu setzen. Wenn man aber weiß, was man in Christo bereits hat ꝛc."

Dazu:

Ob wirklich biblische Chiliasten Miene gemacht haben, den evangelischen Grundglaubenssatz von der Gerechtigkeit aus dem Glauben aufzugeben oder die Lehre vom Chiliasmus höher zu setzen, als diesen Glaubenssatz, muß dahin gestellt bleiben, so lange es nicht nachgewiesen ist, ist aber kaum glaublich; wahrscheinlich scheint es nur so, wenn sie etwa im Eifer für die chiliastische Lehre in dieser oder jener Schrift jenes Glaubenssatzes nicht Erwähnung gethan haben.

Endlich aber ist es doch dankbar anzunehmen, daß die Chiliasten als Schwache getragen werden sollen und selbst in der lutherischen Kirche.

Nach der sorgfältigen Besichtigung von alle dem, was Pf. Richter gegen den Chiliasmus vorgebracht hat, muß abermals klar geworden sein, daß der Chiliasmus noch nicht geschlagen ist, daß er noch nicht nöthig hat, seine Segel einzuziehen. Und das wird noch mehr klar werden, wenn wir nun sehen

IV. wie Pf. Richter Offbrg. Kap. 20, 4—6. ausgelegt,

um dem Chiliasmus zu entgehen.

1. Er nimmt die Stühle nicht als Richterstühle, sondern als bildliche Bezeichnung der seligen Erhöhung, daß die Seligen mit Christo zusammen die Welt regieren und richten werden. Er übersieht also, daß die Seelen der Enthaupteten u. s. w. vor den Stühlen erscheinen, um ein Gericht (ein Gericht zu Ehren) über sich zu vernehmen.

2. Er meint, auch im letztern Falle bleibe die Deutung die obige; schon weil hier stehe: Seelen der Enthaupteten, könne nicht eine Auferstehung ihrer Leiber ge-

meint sein, so weit gehe weder die Vision, noch die bildliche Redeweise, daß etwa unter der Seele der Leib und unter dem Leib die Seele bezeichnet werde. — Aber wie in aller Welt sollte es denn möglich sein, daß die Enthaupteten ꝛc. anders, denn als Seelen vor den Stühlen erschienen, da sie ja erst aus dem Munde der Richter auf den Stühlen vernehmen sollten, daß sie würdig seien, aufzuerstehen; nachdem sie aber würdig befunden — denn das muß man als Gerichtsspruch annehmen — heißt es von ihnen: sie lebten und regierten mit Christo tausend Jahre.

3. „Sie lebten" deutet er, wie auch die Worte: „dieß ist die erste Auferstehung" wie ein „Wiederkommen dieser Seelen in andere Seelen" und weiset darüber auf einige Beispiele aus der Kirchengeschichte: „Johannes der Täufer stand wieder auf in seinen Jüngern und in den Jüngern des Herrn; Stephanus stand wieder auf im Apostel Paulus und durch diesen in unzähligen evangelischen Gläubigen und Märthyrern." Und fügt er noch hinzu: „Omne simile claudicat. Man kann nicht jedes Gleichniß in der Anwendung auf die Spitze treiben. Doch könnte man, wenn man wollte, immer noch sagen: Das Gemüth des Saulus war bei der Steinigung des Stephanus gleichsam der Stuhl, auf den sich des Letztern Seele mit Christo zugleich richtend und siegend niederließ und verblieb." Und die Verkündigung dieser sogenannten ersten Auferstehung soll die Antwort sein auf jenen Schmerzensruf, welcher Kap. 6, 10. von Seiten der getödteten Gerechten in der Vision ergangen war. „Denn," sagt er, „dort hieß es, sie sollten eine Zeitlang ruhn

„eine kleine Zeit" (nicht die ganze Kirchenzeit hindurch) und zusehen, da würden sie
ihre eigne erste Auferstehung gewahren. (?)
Und die Märtyrer waren damit zufrieden.
Irdisch gesinnte Gemüther, die gleichwohl
Christo angehören wollen, sind freilich mit
solcher Ehre und Auferstehung nicht befrie-
digt. Und das mit vollem Rechte, wenn man auch
durch seinen Widerspruch unter das wegwerfende Urtheil
des Pfarrers Richter fällt; denn

a. Diese Art der Auferstehung ist ein Ding, das sich von
selbst versteht, so lange es noch wahr ist, daß das Beispiel,
wohin auch der Tod der Gerechten gehört, einen Einfluß auf
die Menschen übt, und man sollte doch den Märtyrern etwas
mehr menschliche Bildung zutrauen, und nicht annehmen, daß
sie erst zweier besondern Visionen in der Offenbarung nöthig
gehabt, um endlich so klug zu werden, diese Art der Auferstehung zu begreifen.

b. Da nach Richter in der Offenbarung die Worte „sie
lebten" und „dieß ist die erste Auferstehung" nicht
wörtlich, sondern bildlich genommen werden müssen, so ist diese
Erklärung gar nicht weit ab von der Strauß'schen Auferstehungs-
lehre, nach welcher Christus auferstanden ist zwölffach in den
Aposteln, und auch nicht weit ab von der rationalistischen Auffassung des Todes Jesu als eines guten Beispiels. Die Brücke
zu solcher Auffassung ist gebaut.

c. Herr Pf. Richter beruft sich für seine Auffassung der
ersten Auferstehung auf Hef. 37, 12—14., wo deutlich genug
ein Wiederkommen dieser Seelen in andere Seelen gemeint sei.
Ob man diese Auslegung von Hef. 37, 12—14. in irgend
einem Commentar finden wird?

d. Wo bleibt bei der Richterschen Auffassung der Gegensatz
gegen diese erste Auferstehung? Wo also die zweite? Soll
als zweite die wirkliche Auferstehung genommen werden, so

muß auch die erste eine wirkliche und nicht bloß visionäre sein; denn ungleichartige Dinge setzt man nicht in dieselbe Rubrik.

e. Der Gegensatz zu V. 5. „Die andern Todten aber wurden nicht wieder lebendig, bis daß tausend Jahre ganz vollendet wurden" geht ganz verloren. Pf. Richter sagt zwar: „**Diese Deutung stimmt nun auch aufs Beste mit den Worten: die andern Todten wurden nicht wieder lebendig. Alle Nachfolger der Sündenmenschen werden dieß von selbst und durch Verführung, nicht aber durch die Ansteckungskraft des Todes der Gottlosen, wie der Tod der Märtyrer und der andern Gerechten für die Zuschauer eine gewisse Ansteckungskraft zu beweisen im Stande ist.**" Einmal ist das nicht richtig, und die Ovationen die manchem zumal politischen Verbrecher nach seinem sogenannten Märtyrertode für die Freiheit gebracht werden, zeugen dagegen; ja selbst nicht ohne Grund wird jetzt wo möglich die Hinrichtung gemeiner Verbrecher ohne Zuschauer vollzogen. Abgesehen davon hat Richter ganz übersehen, daß die andern Todten nicht wieder lebendig wurden, bis daß tausend Jahre vollendet wurden; dann also sollten auch sie wieder lebendig werden. Soll das nun heißen: dann, nach tausend Jahren, sollten sie auch die Freude haben, zu sehen, wie ihr Tod so wirksam gewesen, daß er ihnen Nachfolger erzeugt, daß auch ihre Seelen gleichsam in andern Seelen wiedergekommen? Oder ist mit den Worten ihre Auferstehung am jüngsten Tage gemeint, der nach der Offenbarung am Schluß der tausend Jahre anbricht? Gewiß das Letztere, denn die Offenbarung muß sich doch auch durch sich selbst erklären. Und dann kann überhaupt das „Wiederlebendigwerden" V. 5. und das „Leben" V. 4. nur wörtlich als ein Auferstehen genommen werden. Genug, die ganze Richtersche Deutung von Kap. 20, 4—6. ist eine solche, von welcher Dr. de Wette mit Recht sagt, daß sie der Widerlegung gar nicht bedürfe. Hier aber mußte sie doch widerlegt werden, weil Pf. Richter in der früher erwähnten Recension als ein siegreicher Streiter wider den Chiliasmus gefeiert ist.

Bei der Deutung von Offbg. Kap. 20, 4—6. kömmt Alles darauf an, daß man das Wörtlein „sie lebten" richtig faßt. Im griechischen Grundtexte steht: „καὶ ἔζησαν"; dieß heißt: „sie wurden wieder lebendig" im Gegensatz zu V. 5. „οἱ δὲ λοιποὶ τῶν νεκρῶν οὐκ ἔζησαν etc." „Die Uebrigen der Todten wurden nicht wieder lebendig u. s. w. Also stehen sich entgegen diejenigen Todten, welche wieder lebendig wurden, und diejenigen Todten, welche (damals noch) nicht wieder lebendig wurden. Wenn aber Todte wieder lebendig werden, so heißt das, sie erstanden von den Todten, und das spricht auch der Seher deutlich aus, indem er sagt: „Dieß ist die erste Auferstehung." Von Christo wird mit demselben Worte ausgesagt, daß er auferstanden sei, nämlich Röm. 14, 9. „Εἰς τοῦτο γὰρ Χριστὸς καὶ ἀπέθανε καὶ ἔζησεν, ἵνα καὶ νεκρῶν καὶ ζώντων κυριεύσῃ:" „Denn dazu ist Christus auch gestorben und wieder lebendig geworden, daß er über Todte und Lebendige Herr sei." Auch nennt er sich Offzg. Kap. 1, 18. mit demselben Worte „der Lebendige": „καὶ ἐγενόμην νεκρός, καὶ ἰδοὺ ζῶν εἰμί...": „Und ich war todt, und siehe, ich bin lebendig..." Wie nun Christi Auferstehung nicht eine bildliche, ein bloßes Fortleben in seinen Jüngern, so ist auch hier die erste Auferstehung der Märtyrer nicht eine bildliche, visionäre, sondern eine wirkliche, nur in der Vision verkündigte d. h. mittelst der Vision ist diese erste Auferstehung als ein früheres Geheimniß offenbart, enthüllt. Also die Enthaupteten u. s. w. waren todt, und nun, nachdem das (Ehren-) Gericht über sie gehalten, leben sie, sind sie wieder lebendig geworden, auferstanden. Und wenn sich diese Weissagung wird erfüllt haben, dann ist die erste Auferstehung geschehen, der die zweite, allgemeine, folgen wird tausend Jahre darnach am jüngsten Tage.

Es sei dieß genug, wiewohl man ein Lüstchen verspürt, die Richtersche Erklärung und Deutung der Offenbarung als eine fast durchgängig verfehlte nachzuweisen; indessen das gehört nicht hierher. Zweck war, zu zeigen, daß der Chiliasmus von seinen Gegnern nicht überwunden ist, und daß er sie überhaupt nicht zu fürchten hat und wenn sie auch noch absprechender auftreten, als man das schon gewohnt ist. Der Chiliasmus, wie er sich vom Anfang der Kirche bis jetzt durchgewunden hat, wird sich auch ferner halten, bis er seine Hoffnung auf das Reich in Erfüllung gegangen sieht.*)

Noch sind kurz zu besprechen

V. Die verschiedenen Ansichten der Chiliasten über das Reich.

Es sind besonders zwei Ansichten, die einander gegenüberstehen, die eine nimmt eine in allen ihren Gliedern verklärte Reichsgemeine auf einem verneuerten Theilchen der Erde an, die andere läßt die Reichsgemeine aus nicht-verklärten Gliedern bestehen und von den Verklärten der ersten Auferstehung mit Christo regieren werden.

Die erstere Ansicht gründet sich auf 1. Thess. 4, 15—17. Man faßt die dem Herrn Entgegengerückten (und Verwandelten) mit den Verklärten der ersten Auferstehung zusammen als Reichsgemeine im Centrallande, das dann auch verneuert gedacht wird, während auf der übrigen nicht verneuerten Erde noch Menschen wohnen, die im Schweiße ihres Angesichts ihr Brot essen und durch jene für Christum gewonnen werden; die Weissagung vom neuem Jerusalem wird dann schon als im Millenium erfüllt genommen.

Gegen diese Ansicht, die am ausgebildetsten in H. Karstens zehn Vorlesungen über die letzten Dinge (Hamburg 1857) hervortritt, ist besonders Folgendes zu sagen:

---

*) Zu einer gründlichen Belehrung über den Chiliasmus und seine Geschichte und sein Verhältniß zur christlichen Glaubenslehre ist zu empfehlen das gediegene Buch eines Katholiken: „Die chiliastische Doctrin und ihr Verhältniß zur christlichen Glaubenslehre. Von Dr. Joh. Nepomuk Schneider. Schaffhausen 1859." Möchte kein Gegner des Chiliasmus dieß Buch ungelesen lassen!

1. Die Weiſſagungen des A. T.'s ſprechen dagegen; denn von den Leuten im Reiche ſagt das prophetiſche Wort des A. T.'s, daß ſie ihre Schwerter zu Flugſchaaren und ihre Spieße zu Sicheln machen werden; ſie werden alſo noch arbeiten und nicht, wie Karſten will, die Arbeit durch das Wunder er= ſetzen; auch hört das eheliche Verhältniß noch nicht auf im Reiche, auch der Tod nicht. Das Alles paßt nicht für eine verklärte Gemeine.

2. Das neue Jeruſalem ſieht Johannes erſt herabfahren, nachdem er das Geſicht von dem neuen Himmel und der neuen Erde gehabt hat; dann iſt aber das tauſendjährige Reich ſchon vorüber.

3. Die Offenbarung ſchließt das tauſendjährige Reich mit dem Zuge Gog's und Magog's gegen die geliebte Stadt, gegen Jeruſalem. Da kann nun weder Jeruſalem das neue, noch können ſeine Bürger Verklärte, noch kann das Erdzwickelchen Paläſtina verneuert ſein. Denn wer möchte jene feindliche Macht für ſo unklug halten, daß ſie ſollte gegen Verklärte, die doch nicht mehr einen verwundbaren Leib haben, die mithin ſchwert= und kugelfeſt ſind, einen Krieg unternehmen? Wie wär's auch nur möglich für jene Erdmenſchen, auf dem ver= neuerten Theile der Erde zu marſchiren? Würden ſie nicht ſofort, wenn ſie die Grenze überſchritten hätten, den Athem verlieren und ohnmächtig zuſammenſtürzen? und würden alſo bis Jeruſalem gar nicht vordringen können. Dieſer allerletzte Kriegszug Gog's und Magog's zeugt zur Genüge, daß weder Paläſtina ein verneuertes Erdtheilchen, noch die eigentlichen Gemeineglieder im tauſendjährigen Reiche Verklärte ſeien, ſon= dern noch Fleiſch und Blut haben werden.

4. Will man ſich durch die Stelle 1. Theſſ. 9, 15 ꝛc. be= ſtimmen laſſen, die Reichsgemeine als verklärt zu nehmen, dann iſt eben durch dieſe Stelle, wie die Antichiliaſten ſie benutzen, darzuthun, daß für ein tauſendjähriges Reich gar keine Zeit übrig bleibt, nämlich ſo: Gleich nach dieſen

Worten sagt der Apostel (Kap. 5, 1. 2.): „Von den Zeiten aber und Stunden, liebe Brüder, ist nicht noth, euch zu schreiben; denn ihr wisset gewiß, daß der Tag des Herrn wird kommen wie ein Dieb in der Nacht." Er nennt also die Zukunft Christi auch den „Tag des Herrn," und läßt (2. Theff. 2, 8.) durch die Erscheinung der Zukunft Christi, die er den Tag des Herrn genannt hat, den Antichrist umkommen. Der Apostel Petrus sagt aber auch (2. Petr. 3, 10—13.) ganz ähnlich von der Zukunft Christi: „Es wird des Herrn Tag kommen als ein Dieb in der Nacht, in welchem die Himmel zergehen werden mit großem Krachen, die Elemente aber werden vor Hitze zerschmelzen, und die Erde und die Werke, die darinnen sind, werden verbrennen. So nun das Alles soll zergehen, wie sollt ihr denn geschickt sein mit heiligem Wandel und gottseligem Wesen, daß ihr wartet und eilet zu der Zukunft des Tages des Herrn, im welchem die Himmel vom Feuer zergehen und die Elemente vor Hitze zerschmelzen werden? Wir warten aber eines neuen Himmels und einer neuen Erde, nach seiner Verheißung, in welchen Gerechtigkeit wohnt."

Nimmt man nun den Tag des Herrn hier und im Briefe an die Thessalonicher ganz als denselben und beschränkt ihn auf vier und zwanzig Stunden, so findt die Zukunft Christi, die Vernichtung des Antichrists, das Entgegenrücken der Gläubigen in der Luft, die Auferstehung der Todten, das jüngste Gericht, die Wandlung des alten Himmels und der alten Erde durch Verbrennung in den neuen Himmel und die neue Erde — das Alles auf Einen Tag und für das Reich auf der alten Erde bliebe keine Zeit.

Daraus folgt nun aber nicht, daß die Antichiliasten Recht haben, wenn sie das tausendjährige Reich leugnen, sondern das folgt: daß man den Tag des Herrn nicht in vier und zwanzig Stunden beschlossen denken kann, wenn man die Offenbarung als eine Enthüllung von dem, was noch nicht enthüllt war, will gelten lassen. Vergl. S. 235. zu Nr. 5.

Die zweite Ansicht, welche nicht=verklärte Gemeineglieder im Millenio annimmt, bietet wieder zwei verschiedene Abweichungen dar: die Einen setzen das Millenium vor der Zukunft Christi, die Andern setzen es zur Zeit der Zukunft Christi.

Die erstere Abweichung findet sich bei Otto von Gerlach in seiner „Erklärung des N. T.'s"; er sagt zu Offenbarung 19, 11—21.:

„Da hier keineswegs das jüngste Gericht beschrieben wird, so hat man auch Christi Herabkunft vom Himmel nicht als eine sichtbare zu denken; die heilige Schrift weiß nur von einer sichtbaren Wiederkunft des Herrn zum jüngsten Gericht, wo jeder Widerstand gegen ihn und sein Reich vernichtet wird. Dieß beschreibt die Offenbarung erst Kap. 20, 11."

Er setzt also das Millenium noch vor der Zukunft Christi und hat weder ein verneuertes Erdtheilchen, noch verklärte Gemeineglieder; die Verklärten der ersten Auferstehung läßt er vom Himmel aus regieren. Er umgeht damit allerdings jeden auch nur scheinbaren Widerspruch gegen die Stelle 1. Thess. 4, 15 ff., aber er ist im Widerspruch mit dem prophetischen Worte des A. T.'s und mit 2. Thess. 2, 8. Denn das prophetische Wort des A. T.'s verbindet fast durchgehends das Kommen des Reichs mit dem Kommen des Messias, und 2. Thess. 2, 8. sagt ganz bestimmt, daß der Mensch der Sünde, das Kind des Verderbens ein Ende nehmen wird durch die Erscheinung der Zukunft Christi; da nun nach dieses Feindes Untergang nach der Offenbarung das Reich wird aufgerichtet werden, so kann diese Aufrichtung nicht vor der Zukunft Christi stattfinden.

Die andere Abweichung, welche das Millenium in die Zukunft Christi setzt, findet sich bei Mehreren, und wie sie gehalten werden kann, zeigt die Annahme, daß des Herrn Tag in seiner Zukunft eine längere Periode sei. Vgl. S. 187 ff. zu Nr. 175. und S. 5 unter b.

II.
Vom Antichrist.

Je weiter ab wir in der Zeit von der Gründung der christlichen Kirche kommen, je näher kommen wir der Zukunft Christi und allem dem, was man unter den Begriff der letzten Dinge zusammenfaßt. Ein Stück von diesen Dingen ist das Offenbarwerden des Antichrists, denn dieser geht ja nach der Schrift der Zukunft Christi unmittelbar voran. Die Belehrung über diese Person ist aber von großer Wichtigkeit, und die h. Schrift hat uns so viel über denselben gesagt, daß wir uns wohl ein ziemlich deutliches Bild von ihm entwerfen können. Indessen giebt es Viele, auch gläubige Christen, welche es leugnen, daß am Ende ein persönlicher Antichrist erscheinen werde und in den Belehrungen der h. Schrift nichts finden wollen, als eine Idee, die Idee, daß der Unglaube, der Abfall von Christo und die Feindschaft wider ihn in der letzten Zeit sehr groß sein werde. Sie wollen weder im zweiten Briefe Pauli an die Thessalonicher, noch im ersten Briefe Johannis, noch in der Offenbarung Johannis eine Weissagung von einem persönlichen Antichrist gelten lassen, womit sie freilich dem Worte Gottes Gewalt anthun und in ihrer großen Gelehrsamkeit übersehen, daß die Schrift überhaupt in ihren Weissagungen keine Ideen offenbart, daß die Weissagung immer bestimmte Personen und Begebenheiten zu ihrem Gegenstande hat, wie das in der Weissagung des A. T's leicht nachzuweisen ist; der Herr Jesus ließ sich von den Kriegsknechten gefangen nehmen und zum Tode führen, auf daß die Schrift erfüllet würde, und sie mußte sich so wörtlich erfüllen, daß auch die Kriegsknechte seine Kleider unter sich theilten, aber das Loos warfen über sein Gewand. Ebenso verhält es sich mit der neutestamentlichen Prophetie; auch hier sind bestimmte Personen und Begebenheiten geweissagt und keine Ideen. Wie Christus keine Idee ist, wozu ihn die Aufklärung der Ungläubigen gern verflüchtigen möchte, sondern eine Person, so ist auch sein letzter und Hauptgegner, der Antichrist, keine Idee, sondern eine Person.

Als Person faßte man den Antichrist in der alten Kirche auf, als Person faßten ihn die Reformatoren und ihre Vorgänger auf, als Person selbst die meisten Rationalisten, als Person wird er auch jetzt im Allgemeinen gedacht. Nun fragt es sich aber, was für eine Person unter dem Antichrist zu denken sei, eine geistliche oder weltliche, ein Papst oder ein Fürst? Die Einen bleiben bei der Ansicht der Reformatoren und ihrer Vorgänger und sehen in dem Widerchrist den Papst, die Andern bestreiten diese Ansicht und behaupten, der Antichrist werde ein weltlicher Fürst sein, ein König oder Kaiser. Wir wollen beide Ansichten besprechen, und werden uns für die letztere entscheiden.

Daß die nächsten Vorläufer der Reformation und die Reformatoren selbst den Papst als Widerchrist ansahen, ist bekannt. Luther nimmt den Papst als wahren eigentlichen Antichrist, und bei den Lutheranern wurde diese Ansicht sogar symbolische Lehre, denn in den Schmalkaldischen Artikeln 2. Theil Artikel 4. heißt es: „Dieses Stück zeiget gewaltiglich, daß er (der Papst) der rechte Endechrist oder Widerchrist sei, der sich über und wider Christum gesetzet und erhöhet hat, weil er will die Christen nicht lassen selig sein ohne seine Gewalt, welche doch nichts ist, von Gott nicht geordnet oder geboten. Das heißt eigentlich über Gott und wider Gott sich setzen, wie S. Paulus sagt 2. Thess. 2, 4. ɛc. — und nachher: „Zuletzt ist nichts denn eitel Teufel, da er seine Lügen von Messen, Fegfeuer, Klöstern, eigen Werk und Gottesdienst, (welches denn das rechte Papstthum ist), treibet, über und wider Gott, verdammet, tödtet und plaget alle Christen, so solchen seinen Greuel nicht über Alles heben und ehren. Darum so wenig wir den Teufel selbst für einen Herrn oder Gott anbeten können, so wenig können wir auch seinen Apostel, den Papst oder Endechrist, in seinem Regiment zum Haupt und Herrn leiden. Denn Lügen und

14*

Mord, Leib und Seele zu verderben ewiglich, das ist sein päpstlich Regiment eigentlich, wie ich dasselbe in vielen Büchern bewiesen habe."

Exclusive Lutheraner behaupten nun demgemäß auch jetzt noch, daß im Papstthum die gänzliche, schließliche, alles Andere ausschließende Erfüllung der Weissagung vom Antichrist gesucht werden müsse und daß derjenige kein wahrer Lutheraner sei, der dieß nicht glaube.

Wenn Luther, wenn Zwingli und andere Männer des Reformationszeitalters den Papst für den Antichrist hielten, so ist das ganz natürlich und hängt bei Luther auch mit seiner Meinung vom Ende der Welt zusammen. Luther war der festen Meinung, daß der jüngste Tag unmittelbar hereinbrechen werde, er gab noch etwa 20 Jahre Zeit; dann aber mußte ja der Papst, den er bekämpfte, der Antichrist sein. Als einmal Melanchthon, der sich viel mit Astrologie abgab, zu ihm sagte, daß Kaiser Karl V. bis ins 84. Jahr leben würde, antwortete Luther: „So lange steht die Welt nicht, Ezechiel ist dawider." Luther erwartete vielmehr in der allernächsten Zeit die Zukunft Christi, so daß er fürchtete, er werde die Uebersetzung der h. Schrift nicht mehr vollenden können und deßhalb schnell noch den Propheten Daniel übersetzte, welcher gerade auf die letzte Zeit verspart und behalten sei. Wie er sich nun in der Annahme des Weltendes geirrt hat, so hat er sich auch in der Annahme, daß der Papst der Widerchrist sei, geirrt, und die Lutheraner sollten doch nicht so hart urtheilen über solche, welche Luthern nicht als unfehlbar in allen seinen Ansichten annehmen können, indem sie das Wort Gottes höher stellen, als Luthers Wort, wo das letztere nicht mit dem Worte Gottes stimmt. Das ist nun eben der Fall in Bezug auf die Person des Antichrists, wie wir nachweisen wollen.

Die katholische Kirche hat allerdings viele der Schrift widersprechende Irrlehren, die sich freilich nicht in dem Cathechismus Romanus finden, und die Irrlehren der katholischen

Kirche gehen vom Papstthum aus und werden von demselben gepflegt; aber hat nicht die protestantische Kirche offenbares Widerchristenthum beherbergt und geduldet in dem Rationalismus, der dem Antichrist den Weg bahnen hilft? Die katholische Kirche ist nicht mehr fähig den Antichrist auszugebären, als die protestantische, und beide, die katholische sowohl, als die protestantische in ihren vielen Sonderkirchen, und die lutherische so wenig ausgenommen, als die reformirte, werden dem Antichrist ihr Contingent liefern; überall aber wird es auch Gegner des Antichrists geben, welche dem wahrhaftigen Christus Treue halten.

Die das Papstthum in dem Thiere (Kap. 13.) mit den sieben Häuptern finden wollen, übersehen ganz das Verhältniß der übrigen Häupter zu dem Einen mit der Todeswunde und legen das, was von dem Einen Haupte ausgesagt ist, den übrigen gleichmäßig bei, suchen auch die Todeswunde, die doch nur das Eine Haupt empfängt, historisch schon geschehen am Papstthum nachzuweisen; sie nehmen dabei die Wunde vom Schwert bildlich, während sie wörtlich zu fassen ist; nehmen ebenso das Nichtsein oder das Sein des Thieres in dem Abgrunde bildlich und ist doch wörtlich zu nehmen; sie übersehen die Dreitheilung in Kap. 17, 10. gänzlich und können die sieben Häupter als Personen nicht nachweisen, machen sie deßhalb zu königlichen Bergen, während Kap. 17, 10. die sieben Häupter als Doppelsymbol in sieben Bergen und in sieben Königen deutlich unterscheidet und sondert; endlich übersehen sie ganz und gar die Tragweite der Worte des dritten Engels in Kap. 14, 9—13. Wenn dieser spricht: „So Jemand das Thier anbetet und sein Bild und nimmt das Maalzeichen an seine Stirn oder an seine Hand." — und solchen verkündigt die furchtbarste Qual in Ewigkeit ohne Möglichkeit der Vergebung: so wären ja alle Katholiken, auch die dem Papste nicht in Allem beistimmen, doch schon darum, weil sie äußerlich mitmachen und doch Gemeinschaft mit dem Papste haben, wäre er der Antichrist, in Ewigkeit verloren. Mögen uns auch die

II.
Vom Antichrist.

Je weiter ab wir in der Zeit von der Gründung der christlichen Kirche kommen, je näher kommen wir der Zukunft Christi und allem dem, was man unter den Begriff der letzten Dinge zusammenfaßt. Ein Stück von diesen Dingen ist das Offenbarwerden des Antichrists, denn dieser geht ja nach der Schrift der Zukunft Christi unmittelbar voran. Die Belehrung über diese Person ist aber von großer Wichtigkeit, und die h. Schrift hat uns so viel über denselben gesagt, daß wir uns wohl ein ziemlich deutliches Bild von ihm entwerfen können. Indessen giebt es Viele, auch gläubige Christen, welche es leugnen, daß am Ende ein persönlicher Antichrist erscheinen werde und in den Belehrungen der h. Schrift nichts finden wollen, als eine Idee, die Idee, daß der Unglaube, der Abfall von Christo und die Feindschaft wider ihn in der letzten Zeit sehr groß sein werde. Sie wollen weder im zweiten Briefe Pauli an die Thessalonicher, noch im ersten Briefe Johannis, noch in der Offenbarung Johannis eine Weissagung von einem persönlichen Antichrist gelten lassen, womit sie freilich dem Worte Gottes Gewalt anthun und in ihrer großen Gelehrsamkeit übersehen, daß die Schrift überhaupt in ihren Weissagungen keine Ideen offenbart, daß die Weissagung immer bestimmte Personen und Begebenheiten zu ihrem Gegenstande hat, wie das in der Weissagung des A. T's leicht nachzuweisen ist; der Herr Jesus ließ sich von den Kriegsknechten gefangen nehmen und zum Tode führen, auf daß die Schrift erfüllet würde, und sie mußte sich so wörtlich erfüllen, daß auch die Kriegsknechte seine Kleider unter sich theilten, aber das Loos warfen über sein Gewand. Ebenso verhält es sich mit der neutestamentlichen Prophetie; auch hier sind bestimmte Personen und Begebenheiten geweissagt und keine Ideen. Wie Christus keine Idee ist, wozu ihn die Aufklärung der Ungläubigen gern verflüchtigen möchte, sondern eine Person, so ist auch sein letzter und Hauptgegner, der Antichrist, keine Idee, sondern eine Person.

Als Person faßte man den Antichrist in der alten Kirche auf, als Person faßten ihn die Reformatoren und ihre Vorgänger auf, als Person selbst die meisten Rationalisten, als Person wird er auch jetzt im Allgemeinen gedacht. Nun fragt es sich aber, was für eine Person unter dem Antichrist zu denken sei, eine geistliche oder weltliche, ein Papst oder ein Fürst? Die Einen bleiben bei der Ansicht der Reformatoren und ihrer Vorgänger und sehen in dem Widerchrist den Papst, die Andern bestreiten diese Ansicht und behaupten, der Antichrist werde ein weltlicher Fürst sein, ein König oder Kaiser. Wir wollen beide Ansichten besprechen, und werden uns für die letztere entscheiden.

Daß die nächsten Vorläufer der Reformation und die Reformatoren selbst den Papst als Widerchrist ansahen, ist bekannt. Luther nimmt den Papst als wahren eigentlichen Antichrist, und bei den Lutheranern wurde diese Ansicht sogar symbolische Lehre, denn in den Schmalkaldischen Artikeln 2. Theil Artikel 4. heißt es: „Dieses Stück zeiget gewaltiglich, daß er (der Papst) der rechte Endechrist oder Widerchrist sei, der sich über und wider Christum gesetzet und erhöhet hat, weil er will die Christen nicht lassen selig sein ohne seine Gewalt, welche doch nichts ist, von Gott nicht geordnet oder geboten. Das heißt eigentlich über Gott und wider Gott sich setzen, wie S. Paulus sagt 2. Thess. 2, 4. ꝛc. — und nachher: „Zuletzt ist nichts denn eitel Teufel, da er seine Lügen von Messen, Fegfeuer, Klöstern, eigen Werk und Gottesdienst, (welches denn das rechte Papstthum ist), treibet, über und wider Gott, verdammet, tödtet und plaget alle Christen, so solchen seinen Greuel nicht über Alles heben und ehren. Darum so wenig wir den Teufel selbst für einen Herrn oder Gott anbeten können, so wenig können wir auch seinen Apostel, den Papst oder Endechrist, in seinem Regiment zum Haupt und Herrn leiden. Denn Lügen und

Mord, Leib und Seele zu verderben ewiglich, das ist sein päpstlich Regiment eigentlich, wie ich dasselbe in vielen Büchern bewiesen habe."

Exclusive Lutheraner behaupten nun demgemäß auch jetzt noch, daß im Papstthum die gänzliche, schließliche, alles Andere ausschließende Erfüllung der Weissagung vom Antichrist gesucht werden müsse und daß derjenige kein wahrer Lutheraner sei, der dieß nicht glaube.

Wenn Luther, wenn Zwingli und andere Männer des Reformationszeitalters den Papst für den Antichrist hielten, so ist das ganz natürlich und hängt bei Luther auch mit seiner Meinung vom Ende der Welt zusammen. Luther war der festen Meinung, daß der jüngste Tag unmittelbar hereinbrechen werde, er gab noch etwa 20 Jahre Zeit; dann aber mußte ja der Papst, den er bekämpfte, der Antichrist sein. Als einmal Melanchthon, der sich viel mit Astrologie abgab, zu ihm sagte, daß Kaiser Karl V. bis ins 84. Jahr leben würde, antwortete Luther: „So lange steht die Welt nicht, Ezechiel ist dawider." Luther erwartete vielmehr in der allernächsten Zeit die Zukunft Christi, so daß er fürchtete, er werde die Uebersetzung der h. Schrift nicht mehr vollenden können und deßhalb schnell noch den Propheten Daniel übersetzte, welcher gerade auf die letzte Zeit verspart und behalten sei. Wie er sich nun in der Annahme des Weltendes geirrt hat, so hat er sich auch in der Annahme, daß der Papst der Widerchrist sei, geirrt, und die Lutheraner sollten doch nicht so hart urtheilen über solche, welche Luthern nicht als unfehlbar in allen seinen Ansichten annehmen können, indem sie das Wort Gottes höher stellen, als Luthers Wort, wo das letztere nicht mit dem Worte Gottes stimmt. Das ist nun eben der Fall in Bezug auf die Person des Antichrists, wie wir nachweisen wollen.

Die katholische Kirche hat allerdings viele der Schrift widersprechende Irrlehren, die sich freilich nicht in dem Cathechismus Romanus finden, und die Irrlehren der katholischen

Kirche gehen vom Papstthum aus und werden von demselben gepflegt; aber hat nicht die protestantische Kirche offenbares Widerchristenthum beherbergt und geduldet in dem Rationalismus, der dem Antichrist den Weg bahnen hilft? Die katholische Kirche ist nicht mehr fähig den Antichrist auszugebären, als die protestantische, und beide, die katholische sowohl, als die protestantische in ihren vielen Sonderkirchen, und die lutherische so wenig ausgenommen, als die reformirte, werden dem Antichrist ihr Contingent liefern; überall aber wird es auch Gegner des Antichrists geben, welche dem wahrhaftigen Christus Treue halten.

Die das Papstthum in dem Thiere (Kap. 13.) mit den sieben Häuptern finden wollen, übersehen ganz das Verhältniß der übrigen Häupter zu dem Einen mit der Todeswunde und legen das, was von dem Einen Haupte ausgesagt ist, den übrigen gleichmäßig bei, suchen auch die Todeswunde, die doch nur das Eine Haupt empfängt, historisch schon geschehen am Papstthum nachzuweisen; sie nehmen dabei die Wunde vom Schwert bildlich, während sie wörtlich zu fassen ist; nehmen ebenso das Nichtsein oder das Sein des Thieres in dem Abgrunde bildlich und ist doch wörtlich zu nehmen; sie übersehen die Dreitheilung in Kap. 17, 10. gänzlich und können die sieben Häupter als Personen nicht nachweisen, machen sie deßhalb zu königlichen Bergen, während Kap. 17, 10. die sieben Häupter als Doppelsymbol in sieben Bergen und in sieben Königen deutlich unterscheidet und sondert; endlich übersehen sie ganz und gar die Tragweite der Worte des dritten Engels in Kap. 14, 9—13. Wenn dieser spricht: „So Jemand das Thier anbetet und sein Bild und nimmt das Maalzeichen an seine Stirn oder an seine Hand." — und solchen verkündigt die furchtbarste Qual in Ewigkeit ohne Möglichkeit der Vergebung: so wären ja alle Katholiken, auch die dem Papste nicht in Allem beistimmen, doch schon darum, weil sie äußerlich mitmachen und doch Gemeinschaft mit dem Papste haben, wäre er der Antichrist, in Ewigkeit verloren. Mögen uns auch die

Papisten alljährlich verdammen, was uns ja durch Gottes Gnade weder hier noch dort Schaden bringt, so sollen wir doch nicht Gleiches mit Gleichem vergelten, was in der That geschieht, wenn man unter dem Thiere das Papstthum versteht. Denn Kap. 14, 9. heißt es: „Wer das Thier hat angebetet oder sein Bild, und so Jemand hat das Maalzeichen seines Namens angenommen: der wird von dem Wein des Zornes Gottes trinken u. s. w." Wenn man nun das Anbeten, wie es geschieht, auf die Art der Ehrerbietung bezieht, die den Päpsten erwiesen wird, indem solche Personen, die vor ihm erscheinen, das Knie beugen und ihm die Füße küssen: dann wären Alle, welche dem Papste solche äußerliche Ehre erwiesen hätten, ewig verloren, und möchte sich wohl in der katholischen Kirche ein Katholik finden, der sich solcher Ehrerbietungserweisung weigern würde? Also alle Katholiken wären unrettbar verloren und genau genommen hätte nie ein Katholik zur Erkenntniß der evangelischen Wahrheit kommen können, auch Luther selbst nicht, wenn der Papst der Antichrist wäre. Das Wort dieses dritten Engels bleibt in seiner ganzen Schärfe ewig gültig und es ist ein Eingriff in die Majestät des Wortes, wenn man es abschwächt. In seiner ganzen Kraft kann es sich nicht auf das Papstthum beziehen, kann überhaupt nicht eher gelten, als bis der Antichrist in Person vorhanden ist. Ohne Möglichkeit der Umkehr d. h. gänzlich dem Gerichte der Verstockung verfallen ist jeglicher Anhänger des Antichrists, nicht so der Katholik, der seinem Papst und allen papistischen Irrthümern huldigt, er kann sich bekehren und den Weg der Wahrheit und der Gnade finden; desgleichen ist dem Papst selbst der Weg zum ewigen Leben nicht verschlossen, wenn er ihn sich nicht verschlossen hält; das Alles aber wäre nicht der Fall wegen der Stimme des dritten Engels, wenn das Papstthum wirklich unter dem Thiere verstanden werden müßte.

Endlich ist das Werk des Antichrists nicht völlig erkannt; das aber besteht in Folgendem:

1. Der Antichrist verwirft den wahrhaftigen Christus ganz und gar und ganz offen also, daß er ihm auch nicht die geringste Ehre und Macht läßt, und macht sich selbst zum Christus, zum alleinigen Heiland.

2. Der Antichrist verwirft den lebendigen Gott, Vater, Sohn und Heiligen Geist, und bringt den Teufel, den Vater der Lügen, zur Anerkennung, als sei er der Gott der Erde und ihr rechtmäßiger Herr, sich selbst aber macht er zu dessen Gesandten und Stellvertreter, der der Welt das Heil bringe.

3. Der Antichrist duldet daher weder das wahre Christenthum, noch ein falsches, will die ganze christliche Kirche von der Erde vertilgen, wird auch die katholische Kirche nicht dulden.

4. Er bringt also eine durchweg neue Religion und auch eine durchweg neue Moral, welche das Gegentheil von der christlichen ist und das Fleischesleben zum Triumph führt.

Das Alles ist durch das Papstthum noch nicht geschehen und wird auch nicht geschehen. Das Papstthum ist ein Irrweg in der Entwickelung der christlichen Kirche, aber nicht der Antichrist. Der Antichrist kömmt zur Strafe und führt ein Gericht aus über den Abfall in der Kirche Christi, das sich auch über das Papstthum ergießen wird.

Die andere Ansicht, nach welcher der Antichrist ein weltlicher Fürst, ein König oder ein Kaiser sein wird, ist auch die unsere, und wir wollen sie nun biblisch rechtfertigen.

Die beiden Stellen aus dem ersten Briefe Johannis und dem zweiten Briefe Pauli an die Thessalonicher (1. Joh. 2, 18. und 2. Thess. 2, 3—11.) geben über den persönlichen Stand des Antichrists keine Auskunft; aus der letztern Stelle kann man nur schließen, daß er ein Gewaltiger sein wird und daß seine Zukunft durch besondere Wirkung des Teufels stattfinden wird vermöge lügenhaftiger Kräfte in Zeichen und Wundern.

Wir dürfen aber das A. T. nicht übergehen und müssen vorzugsweise den Propheten Daniel hören. Was der Unglaube gegen Daniels Weissagungen vorbringt, das kümmert uns nicht; denn von den ungläubigen Gelehrten gilt das Wort des Apostels (2. Tim. 3, 7.): „Sie lernen immerdar, und können nimmer zur Erkenntniß der Wahrheit kommen." Dem Gläubigen ist's genug, daß Daniels Schrift im Kanon des A. T.'s steht, und keine Menschenhand kann sie da herausreißen; dazu hat unser Heiland ihre göttliche Eingebung bestätigt theils dadurch, daß er sich des „Menschen Sohn" nennt (Vergl. Daniel 7, 13.), theils durch seinen Ausspruch (Matth. 24, 15.): „Wenn ihr nun sehen werdet den Gräuel der Verwüstung, davon gesagt ist durch den Propheten Daniel, daß er stehe an der heiligen Stätte, (wer das lieset, der merke darauf!) — als dann u. s. w." Eines bessern Zeugnisses bedürfen wir nicht.

Im Propheten Daniel sind es aber zwei Stellen, die hier in Betracht gezogen werden müssen: Erstens Kap. 11, 21. ff. und Kap. 7, 24—27.

In der ersten Stelle ist die Weissagung vom Antiochus Epiphanes (regierte in Syrien von 175—164 v. Chr.), dem furchtbarsten Feinde des alten Bundesvolkes. Die Weissagung von ihm geht zuletzt ganz über in eine Weissagung vom letzten Feinde des Volkes Gottes, dem Antichrist, so daß Antiochus zum Typus oder prophetischen Vorbilde desselben wird. Im Antitypus oder Gegenbilde erfüllt sich der prophetische Typus. Da nun Antiochus Epiphanes ein mächtiger weltlicher Herrscher war, so wird auch sein Gegenbild in der Erfüllung ein mächtiger weltlicher Herrscher sein. Demnach kann die Weissagung vom Antichrist nicht auf einen Papst gedeutet werden, sondern dem Typus gemäß auf einen König oder Kaiser der Zukunft.

Das wird aber ganz unwidersprechlich durch die zweite Stelle (Kap. 7, 24—27.). In diesem Kapitel wird das Gesicht von den vier großen Weltreichen (dem babylonischen, dem medopersischen, dem griechischen und dem römischen) mitgetheilt und geweissagt, daß aus dem letzten zehn Reiche hervorgehen werden, denn es heißt: „Die zehn Hörner bedeuten zehn Könige (d. i. zehn Königreiche), so aus demselben Reiche entstehen werden."

Die verschiedenen Weltreiche haben immer Einen, der sie zum Weltreiche macht: das babylonische hatte den Nebucadnezar, das medopersische den Cyrus, das macedonisch-griechische den Alexander; nur das römische weicht darin ab, darum auch das vierte Thier in derselben Vision (V. 19.) gar anders war, denn die andern alle. Weil nun in der Regel jedes Weltreich durch Einen König dazu geworden, so wird auch überhaupt in der Vision für Reich der, der es gegründet oder trägt, der König genannt; das antichristische Reich hat nur einen einzigen König, und da lehnt sich dann die Weissagung ganz an diesen König an. Darnach sind unter den zehn Königen, welche aus dem vierten Weltreiche hervorgehen, zehn Reiche zu verstehen, und unter dem elften (dem kleinen Horn) der König des antichristischen Reichs, das mit ihm wird und fällt. Wenn aber das kleine Horn drei Könige vor ihm demüthigt, so heißt das, daß der König, welcher als Antichrist geweissagt ist, drei Reiche unter den zehn besiegen wird. Daß dies bei seinem ersten Auftreten, das seinem zweiten Auftreten als eigentlicher Antichrist vorangeht, geschehen wird, läßt Daniels Weissagung noch außer Acht, weil sie überhaupt von dem doppelten Auftreten desselben noch nichts berichtet; das lernen wir erst aus der Offenbarung Johannis. Soviel aber ist hier schon klar, daß Daniel den Antichrist als einen König weissagt, daß in dieser Weissagung auch keine Spur zu finden von etwas dem Papst und dem Papstthum Aehnlichem.

Noch deutlicher erhellt das, wenn wir bedenken, daß die zehn Hörner den zehn Zehen im Monarchienbilde (Kap. 2.) entsprechen. Wie im Monarchienbilde die einzelnen Theile des Körpers (Haupt — Brust und Arme — Bauch und Lenden — Schenkel und Füße und Zehen) Reiche bedeuten, so bedeuten die zehn Hörner im andern Gesichte an dem vierten Thiere gleichfalls Reiche; das kleine Horn aber, wo das Reich mit der Person des Königs steht und fällt und eben dieser König das eigentliche Ziel der Weissagung ist, wird darum auch von den andern Hörnern unterschieden dadurch, daß von ihm ausgesagt wird: „dasselbige Horn hatte Augen wie Menschenaugen und einen Mund, der redete große Dinge."

Das vierte Weltreich durchläuft verschiedene Gestaltungen. Im Monarchienbilde erscheint es in den Schenkeln, Füßen und Zehen, im Gesichte von den vier Thieren als Thier, das ganz anders ist, denn die andern alle, dann in den zehn Hörnern und zuletzt noch mit einem kleinen Horn. Die zehn Zehen und zehn Hörner deuten auf seine Zersplitterung in einzelne Reiche. Es wird zuletzt, also in seiner Zersplitterung, mit den frühern Reichen, die zwar als Weltreiche untergegangen sind ebenso, wie auch das vierte, aber die Ländergebiete mit Völkern sind noch vorhanden, in das Reich Gottes übergehen, nachdem das Horn seine Zeit erfüllt hat. Unbestritten ist das vierte Weltreich das römische, das sich zuerst in das abendländische und in das morgenländische zerspaltete, die beiden Füße, und aus denen in späterer Zeit andere Reiche hervorgegangen sind. Die zehn Zehen und zehn Hörner im zersplitterten Reiche nachzuweisen, hat seine Schwierigkeit; man nimmt gewöhnlich folgende Zählung an:

A. Aus dem abendländischen römischen Reiche
(dem einen Fuße):

1. Italien. — 2. Gallien (Frankreich). — 3. Spanien und Portugal. — 4. Großbritannien. — 5. Deutschland.

B. Aus dem morgenländischen römischen Reiche
(dem andern Fuße):

1. Griechenland mit Kleinasien. — 2. Syrien und Palästina. — 3. Assyrien. — 4. Aegypten. — 5. Die Berberei.

Diese Aufzählung hat das für sich, daß sie in der Zukunft, wenn der Antichrist offenbar werden wird, wirklich die zehn Hörnerreiche treffen kann, da wenigstens im Abendlande ein unverkennbares Streben waltet, diejenigen unter den fünf genannten Reichen herzustellen, welche noch nicht als einige Reiche bestehen. Frankreich und Großbritannien sind jedes als ein Reich vorhanden; Italien ist auf dem Wege sich zu einem Reiche zusammenzufassen; in Spanien und Portugal giebt es Bestrebungen für Vereinigung beider Reiche; einem einigen Deutschland geht man entgegen.

In einem dieser Länder des alten römischen Reichs wird nach der Danielischen Weissagung das kleine Horn hervorbrechen, wird der Antichrist erscheinen, und der wird mächtiger sein, denn der Vorigen Keiner, und wird drei Könige demüthigen. Die völlige historische Nachweisung wird nicht eher gelingen, als bis die Erfüllung der Weissagung vorhanden. Soviel aber ist klar, daß auch nach dieser Weissagung der zukünftige Feind des Volkes Gottes, der Antichrist, ein weltlicher Herrscher sein wird, der sich durch große Kriegsthaten einen Namen erwirbt und seine Herrschaft weit über sein Land hinaus ausdehnen wird.

Gleichfalls nur den weltlichen Herrscher wird man im 13. und 17. Kapitel der Offenbarung Johannis finden, wenn man ohne die vorgefaßte Meinung, der Antichrist müsse ein Papst sein, an die Auslegung geht.

Während im Daniel die drei ersten Weltreiche in der Vision durch die Thiere Löwe, Bär und Pardel gekennzeichnet sind, vereinigt das Thier in der Offenbarung in seiner Totalität alle drei in umgekehrter Ordnung: im Allgemeinen gleicht es dem Pardel, hat aber Bärenfüße und einen Löwenmund, vereinigt also Alles, was an gottfeindlicher und kriegerischer Macht von jenen Dreien ausgesagt ist. Die Gestalt des Pardels, des schnellsten und behendesten Raubthieres deutet auf die Schnelligkeit seiner Eroberungen; die Bärenfüße auf die Grausamkeit, auf das Zertreten und Verwüsten, was sich mit seinen Kriegszügen verbindet; der Löwenmund auf den Schrecken und die Furcht, die sich Aller bemächtigt, wenn er seinen Mund aufthut zum Verderben der Könige und Völker. Schon durch die Gestalt des Thieres wird auf einen weltlichen Fürsten und Kriegsheld gewiesen. Das eine Haupt des Thieres, das nachher als der eigentliche Widerchrist aus dem Abgrunde kömmt, und das, was vielfach übersehen wird, in der Vision selbst auch vorzugsweise Thier genannt wird, hat nach Kap. 13. V. 14. eine Todeswunde vom Schwert; das Schwert ist hier unmöglich das Wort Gottes, wie man es deutet, wenn man den Papst als Antichrist nimmt, sondern ein Kriegsschwert, und darum heißt es auch, nachdem die Todeswunde heil geworden: „Wer ist dem Thiere gleich? Und wer kann mit ihm kriegen, Krieg führen?" Man kannte ihn schon als den ausgezeichnet= sten, großartigsten Kriegsheld, und als Antichrist ist wieder der Krieg sein Element: da bekriegt er die Heiligen und überwindet sie, breitet seine Gewalt weit aus, bis er endlich seinen Mann findet an einem Orte, der da heißt in der Vision auf Hebräisch Harmagebbon.

Zur genauern Erkenntniß des Antichrists wird es nun noth= wendig, noch ein Wort zu sagen über das Heilwerden der Todeswunde.

Luther übersetzt (Kap. 13, 3.): „Und ich sahe seiner Häupter Eins, als wäre es tödtlich wund;" nach dem Grundtexte wörtlicher: „wie geschlachtet zum Tode." Der Ausdruck: „wie geschlachtet" wird auch von Christo gesagt Kap. 5, 6. und von Luther übersetzt: „wie es er= würget wäre." Da wird auf die Wundenmaale gedeutet, welche der Herr an seinem verklärten Leibe mit in den Himmel genommen hat. Es könnte durch die Gleichheit des Ausdrucks auf einen gewaltsamen Tod des Hauptes geschlossen werden. Wird dann noch hinzugesetzt „zum Tode," so soll damit auf den wirklichen Tod hingewiesen werden; denn der Seher sahe das Haupt wirklich in Folge der Wunde erblichen, was wir ganz nothwendig schließen müssen aus V. 14., wo es vom Thiere heißt: „Das die Wunde vom Schwert hatte und lebendig geworden ist." Wird nun die Wunde genannt eine tödtliche Wunde oder richtiger „die Wunde seines Todes," so liegt darin nicht, daß sie hätte tödtlich werden können, sondern daß sie wirklich tödtlich geworden war; wird aber von ihr gesagt: „und die Wunde seines Todes ward heil," so heißt das eben soviel, als „das die Wunde vom Schwert hatte und lebendig geworden ist;" lebendig aber kann nur der werden, der todt war. So sagt der Herr selbst von sich (Kap. 2, 8.): „Das sagt der Erste und der Letzte, der todt war und ist lebendig geworden." Wir hören also von dem einen Haupte, daß es in Folge einer Wunde vom Schwerte todt gewesen und wieder lebendig geworden. Es wurde aber nicht lebendig unmittelbar da, wo es die Schwertwunde empfing und daran erblich; es kehrte vielmehr aus dem Abgrunde ins Leben zurück nach einer gewissen Zeit, wo es auf Erden nicht war; denn Kap. 17, 8. heißt es von ihm: „Das Thier, das du gesehen hast, ist gewesen und ist nicht, und wird wiederkommen aus dem Abgrunde und wird fahren in die Verdammniß."

Daraus ist ganz unleugbar zu entnehmen, daß das Thier, der zukünftige Antichrist, ein zwiefaches Auftreten habe, einmal als unverletztes Haupt bis es die Wunde vom Schwert empfängt, und zweitens nach dem Heilwerden der Wunde seines Todes, wenn es wird aus dem Abgrunde gekommen sein; sein erstes Aufsteigen geschieht aus dem Meere, sein zweites aus dem Abgrunde; nach seinem ersten Aufsteigen ist er ein mächtiger Kriegsfürst, nach seinem zweiten Aufsteigen ist er der offenbare Widerchrist; sein erstes Sein stürzt ihn durch die Todeswunde ins Nichtsein, sein Nichtsein ist sein Sein im Abgrunde und wird ihm die Schule zu seinem zweiten Sein; sein zweites Sein stürzt ihn in den Schwefelpfuhl, in die Hölle.

Das Alles nehmen wir nun ganz wörtlich und glauben gerade dadurch in der Wahrheit zu sein. Gewöhnlich nimmt man es bildlich, warum? Weil es wörtlich genommen, nicht in die Systeme der Auslegung paßt; da muß nun die Wunde vom Schwert keine Wunde vom Schwert sein und der Abgrund nicht der Abgrund und das Lebendigwerden kein Lebendigwerden; nur die Hölle läßt man die Hölle sein. Zwingt aber dazu irgend etwas im Texte? Nicht ein Wort, auch nicht das Wörtchen „wie" vor „geschlachtet;" denn da wird nur das „geschlachtet" als bildlich bezeichnet. Wenn wir unter dem Thiere nicht eine Weltmacht oder Weltmächte im Allgemeinen, auch nicht das Papstthum verstehen, sondern eine lebendige Person, so hindert nichts, alle diese Aussprüche der Vision wörtlich zu nehmen. Vernunft und Erfahrung mögen dagegen sprechen, aber wir dürfen nicht übersehen, daß auch hier von einem Wunder die Rede ist, von einem so großen und so in die Augen fallenden Wunder, daß (Kap. 13, 3.) davon geschrieben stehet: „und es staunte die ganze Erde hinter dem Thiere her," und (Kap. 17, 8.): „und werden sich verwundern, die auf Erden wohnen, (deren Namen nicht geschrieben stehen in dem Buche des Lebens vom Anfang der Welt), wenn sie sehen das Thier, daß es gewesen ist, und nicht ist, wiewohl es doch ist." Solch allgemeines Verwundern hat bis jetzt auf Erden noch nicht statt gefunden weder über das Papstthum, noch über irgend welche Weltmacht. Nur die Gläubigen an Jesum Christum sollen sich nicht verwundern, weil sie im Voraus auf dieß seltsame Wunder aufmerksam gemacht sind theils durch diese Vision in der Offenbarung, theils durch die Stelle im zweiten Briefe an die Thessalonicher. Ein zwiefaches Auftreten des Antichrists ist zwar da nicht mit bestimmten Worten geweissaget, aber doch die Zukunft des Antichrists durch Wirkung des Satans mit allerlei lügenhaftigen Kräften und Zeichen und Wundern, und wie wäre zu diesen Worten eine angemessenere Erklärung zu finden, als in dem Kommen des Thiers aus dem Abgrunde! Wir können die Zukunft des Widerchrists, wenn wir ganz unbefangen Alles, was uns darüber in der Offenbarung mitgetheilt wird, überlegen, gar nicht anders fassen, als eine Art Auferstehung, die freilich, weil der Satan nicht wahrhaftes Leben geben kann, eine Lügenauferstehung ist, aber doch genügend zur Verführung aller derer, die verloren werden, daß sie glauben der Lüge.

Es ist bekannt, daß der Teufel seit der Auferstehung Jesu Christi sein Hauptaugenmerk darauf gerichtet hat, den Glauben an die Auferstehung Jesu Christi zu hintertreiben und wo er war, zu nichte zu machen, wie er deßhalb von der ersten Zeit an Lügen in die Welt gestreuet hat, auch noch jetzt damit fortfährt, um den Glauben an Christi Auferstehung lächerlich zu machen und zu unterdrücken und zu tilgen, und so ist es ja nicht zu verwundern, wenn er zuletzt noch einen Hauptversuch macht und Einen aus dem Abgrunde auf die Oberwelt schickt, natürlich durch lügenhafte Kräfte, also in lügenhafter Weise die Auferstehung Christi nachäfft und noch an Großartigkeit zu überbieten sucht dadurch, daß der Wiedererscheinende nicht bloß bis zum dritten Tage im Grabe ruhete, sondern vielleicht eine geraume Zeit von mehreren Jahren als gestorben bei der Welt bekannt ist. Die Christen haben sich demnach auf ein teuflisches Wunder gefaßt zu machen, das der Welt den Kopf verdrehen wird und die, welche an Wunder nicht glauben wollten und die Auferstehung Jesu Christi als ein Mährlein ausschrieen in ihrer großen Aufgeklärtheit, nun zu Gläubigen des Antichrists und zu seinen Anbetern machen wird; denn „dafür, sagt Paulus (2. Thess. 2, 10. 11.), daß sie die Liebe zur Wahrheit nicht haben angenommen, daß sie selig würden, darum wird ihnen Gott kräftige Irrthümer senden, daß sie glauben der Lüge." Es wird sich also zuletzt erfüllen, was der Herr Jesus zum Petrus sagte (Matth. 16, 18.): „Und ich sage dir auch: du bist Petrus, und auf diesen Felsen will ich bauen meine Gemeine, und die Pforten der Hölle (richtiger des Hades, des Abgrundes) sollen sie nicht überwältigen" — denn das soll doch eigentlich heißen:

auch wenn sich die Pforten des Abgrundes aufthun und aus denselben der gewaltigste Feind der Gemeine auf die Oberwelt entsendet wird, soll doch die Gemeine nicht überwältigt werden. Diese wörtliche Erklärung stimmt zur Offenbarung in den Visionen vom Thiere; die gewöhnliche Erklärung aber bleibt bei der allgemeinen Gewalt wider die Kirche stehen und steigt nicht dem Sinne des Ausspruchs gemäß bis zum äußersten Gipfel derselben, bis zum letzten, grausigsten Versuch des Teufels, die Kirche Christi von der Erde zu vertilgen.

Unsere Ansicht vom Antichrist finden wir auch ausgesprochen in „**Karstens zehn Vorlesungen über die letzten Dinge.**" Da heißt es S. 222. „Von diesem Thier wird weiter ausgesagt, daß eins seiner Häupter tödtlich wund gewesen, daß aber seine Wunde geheilt sei. Hiermit ist unzweideutig von der Person des Herrschers und zwar von seiner Herkunft etwas ausgesagt, was wunderbar ist. Dieß nämlich, daß er todt war und ist wieder ins Leben zurückgekehrt, und wenn wir nun damit vergleichen, was wir im vorigen Gesichte betrachtet haben, daß das Thier als eine Wirkung des Satans aus dem Todtenreiche aufsteigt, so haben wir hier über das Wie? dieser Abkunft aus diesem Reiche die schließliche Erklärung. Es wird nämlich einer jener Herrscher, der schon einmal in dieser Welt ein Reich hatte, durch Satans Macht und Wirkung ins Leben zurückgerufen und er wird alsdann als Weltherrscher das Weltreich inne haben in heidnischer Selbstvergötterung und gotteslästerlichem Wesen. So wird das Thier ein Gegenstand der Verwunderung sein." Wenn nun auch Karsten das Thier in seiner zwiefachen Erscheinung noch nicht völlig offenbar war, so zeugt er doch für die Wiederkehr desselben aus dem Abgrunde, und haben wir ihn deßhalb hier schließlich reden lassen.

III.
Die Zahl 666.

Jung Stilling sagt zu dem Verse Kap. 13, 18. „Dieser höchst merkwürdige Vers enthält den Schlüssel zur ganzen Offenbarung, und der große, fromme Bengel war der Erste, der ihn fand." Das ist nicht ganz unrichtig, indessen kann man auch aus dem Verständniß der Vision vom Thiere auf die Entzifferung der Zahl 666 in V. 18. geleitet werden, und möchte das Letztere wohl noch öfter bei den Auslegern der Offenbarung statt gefunden haben. So viel ist gewiß, daß man viele Versuche gemacht hat, die Zahl 666 richtig auszubeuten, und unter diesen Versuchen ist allerdings der des Prälaten Bengel so eigenthümlich, daß er wohl einer kurzen Darstellung werth ist, um Jene in ihrem Urtheile über den Mann etwas bescheidener zu stimmen, die ironisch darauf hinweisen, daß er das Jahr 1836 als das Jahr bestimmt angegeben habe, in welchem die 1000jährige Gefangenschaft des Satans und mithin auch das 1000jährige Reich beginne.

Bengel bauet auf die Zahl 666 mit Hilfe der Zahl 1000 (Kap. 20, 6.) sein Berechnungssystem der in der Offenbarung vorkommenden Zeitbestimmungen auf folgende Weise: Er geht von der Beobachtung aus, daß sich in der Offenbarung nur zwei bestimmte Zeitzahlen fänden, die 1000 Jahre und die andere 666; die letztere ist die Zahl des Thiers, des Antichrists, und Bengel deutet sie gleich den 42 Monaten auf die Länge seiner Herrschaft, betrachtet sie also ebenfalls als eine Zeitzahl, die aber erst noch (nach V. 18.) durch Berechnung zur völligen Bestimmtheit zu ergänzen sei. In diesen beiden Zahlen 1000 und 666 findet er nun den Schlüssel zur Entzifferung aller übrigen Zeitbestimmungen in der Offenbarung. Unter diesen Zeitbestimmungen hat der Chronus (große Zeit) die größte Zeitwährung; nach ihm folgen die 1000 Jahre; darauf rückwärts die wenige Zeit, dann eine Zeit, zwei Zeiten und eine halbe Zeit, dann die Zahl des Thieres, und dann gleichbedeutend mit einer halben Zeit der Ausdruck der kleine Chronus.

Unter allen diesen Zeitbestimmungen sind also mit runden, bestimmten Zahlen nur angegeben 1000 Jahre und 666. Vergleicht man beide Zahlen mit einander, so findet man, daß 1000 nicht das Vielfache von 666 ist, daß man nur einen Unterschied zwischen beiden Zahlen findet durch Abzug der kleinern von der größern, nämlich 1000 — 666 = 334.

Da nun in diese Zahl 334 sich drei Zeitbestimmungen 1. eine Zeit, zwei Zeiten und eine halbe Zeit — 2. wenige Zeit — und 3. tausend Jahre theilen müssen, so dividirt man 3 in 334 und erhält $111\frac{1}{3}$ d. h. jede Zeitbestimmung differirt von der andern um $111\frac{1}{3}$.

Darnach betrüge rückwärts gerechnet die wenige Zeit $(1000 - 111\frac{1}{3}) = 888\frac{2}{3}$ Jahre; die eine Zeit, zwei Zeiten und eine halbe Zeit $(888\frac{2}{3} - 111\frac{1}{3}) = 778\frac{1}{3}$ Jahre; die eine Zeit, zwei Zeiten und eine halbe Zeit sind aber 7 halbe Zeiten, mithin sind 7 halbe Zeiten = $778\frac{1}{3}$ und eine halbe Zeit = $111\frac{4}{21}$ Jahre. Daraus läßt sich schließen, daß der Unterschied jener Zeitbestimmungen immer halbe Zeiten sind, mithin die Zahl des Thieres 6 halbe Zeiten enthält, der kleine Chronus aber wird gleich gesetzt einer halben Zeit, und so findet man eine Reihe, in der jedes folgende Glied gleichmäßig wächst, und eine solche Reihe gleichmäßig steigender Glieder heißt in der Arithmetik eine arithmetische Progression.

Hier findet sich demnach folgende arithmetische Progression von 10 Gliedern:

1. Glied eine halbe Zeit oder der kleine Chronus = $111\frac{1}{3}$ Jahr.
2. „ zwei halbe Zeiten oder eine ganze Zeit = $222\frac{2}{3}$ „
3. „ drei halbe Zeiten = $333\frac{1}{3}$ „
4. „ vier halbe Zeiten = $444\frac{4}{3}$ „
5. „ fünf halbe Zeiten = $555\frac{1}{3}$ „
6. „ die Zahl des Thieres = $666\frac{2}{3}$ „

7. Glied eine Zeit, zwei Zeiten und eine halbe Zeit = 777$\frac{7}{9}$ Jahr.
8.   „   die wenige Zeit = 888$\frac{8}{9}$ „
9.   „   die tausend Jahre = 999$\frac{9}{9}$ „
10. „   der Chronus = 1110$\frac{10}{9}$ „

In dieser Progression findet man nun aber die 1000 nicht wieder, sondern $\frac{2}{9}$ zu viel, also 1002 (denn 999$\frac{9}{9}$ = 1002), die 1000 Jahre bilden das neunte Glied, und wenn man nun fragt, da das 9. Glied um 2 Ganze zu groß ist, wieviel wird jedes Glied zu groß sein bei der Annahme, daß die halbe Zeit = 111$\frac{1}{9}$? so ist die Antwort:

Wie sich das 9. Glied verhält zu 2, so verhält sich jedes Glied nach der Zahl seiner Reihenfolge zu x d. h. der Zahl, um welche es zu groß ist, und dieß arithmetisch angesetzt und berechnet, ergiebt für das 1. Glied:

$9 : 2 = 1 : x$ — für das 2. Glied: $9 : 2 = 2 : x$ — und so wächst bei
$\frac{2}{9}$ zu groß $\frac{4}{9}$ zu groß

jedem folgenden Gliede der Zähler um 2; es ist mithin das 3. Glied um $\frac{6}{9}$, das 4. Glied um $\frac{8}{9}$, das 5. Glied um $\frac{10}{9}$, das 6. Glied um $\frac{12}{9}$, das 7. Glied um $\frac{14}{9}$, das 8. Glied um $\frac{16}{9}$, das 9. Glied um $\frac{18}{9}$ und das 10. Glied um $\frac{20}{9}$ zu groß angenommen. Darnach findet man als berichtigte Progression:

1. Glied. eine halbe Zeit oder der
          kleine Chronus = 111$\frac{1}{9}$ − $\frac{2}{9}$ = 111$\frac{1}{9}$ Jahr.
2. „ eine Zeit = 222$\frac{2}{9}$ − $\frac{4}{9}$ = 222$\frac{2}{9}$ „
3. „ drei halbe Zeiten = 333$\frac{3}{9}$ − $\frac{6}{9}$ = 333$\frac{3}{9}$ „
4. „ vier halbe Zeiten = 444$\frac{4}{9}$ − $\frac{8}{9}$ = 444$\frac{4}{9}$ „
5. „ fünf halbe Zeiten = 555$\frac{5}{9}$ − $\frac{10}{9}$ = 555$\frac{5}{9}$ „
6. „ die Zahl des Thiers = 666$\frac{6}{9}$ − $\frac{12}{9}$ = 666$\frac{6}{9}$ „
7. „ eine Zeit, zwei Zeiten
          und eine halbe Zeit = 777$\frac{7}{9}$ − $\frac{14}{9}$ = 777$\frac{7}{9}$ „
8. „ die wenige Zeit = 888$\frac{8}{9}$ − $\frac{16}{9}$ = 888$\frac{8}{9}$ „
9. „ die tausend Jahre = 999$\frac{9}{9}$ − $\frac{18}{9}$ = 999$\frac{9}{9}$ „
                                          (oder 1000 Jahre)
10. „ der Chronus = 1110$\frac{10}{9}$ − $\frac{20}{9}$ = 1111$\frac{1}{9}$ „

Das 1. Glied: eine halbe Zeit oder der kleine Chronus = $111\frac{1}{9}$ ist in den Ziffern dem Chronus (= $1111\frac{1}{9}$) ähnlich und heißt deßhalb der kleine Chronus.

Auf diese Weise sind die 666 durch Berechnung zu $666\frac{6}{9}$ Jahre ergänzt, wie es der Text (nach Bengels Auffassung) verlangt, und da ferner angenommen wird, daß die 666 = 42 Monaten, so kann man auch durch Regeldetri leicht finden, wie groß ein prophetischer Monat sei, nämlich $42 : 666\frac{6}{9} = 1 : x$

$15\frac{22}{33}$, also ein Monat = $15\frac{22}{33}$ Jahr, folglich machen 7 prophetische Monate ($15\frac{22}{33} \times 7$) $111\frac{1}{9}$ Jahr oder eine halbe Zeit oder den kleinen Chronus aus, und darnach findet man folgende Reihe:

Der kleine Chronus oder eine Halbe Zeit = 7 prophetische Monate
Eine Zeit = 14 " "
Drei halbe Zeiten = 21 " "
Vier " " = 28 " "
Fünf " " = 35 " "
Die Zahl des Thieres = 42 " "
Eine Zeit zwei Zeiten u. eine halbe Zeit = 49 " "
Die wenige Zeit = 56 " "
Die tausend Jahre = 63 " "
Der Chronus = 70 " "

Wenn man nun einem solchen Monate nach dem Verhältniß der synodischen Monds=Monate, wie sie bei den alten Israeliten (1 Monat zu 29 Tagen 12 Stunden 49 Minuten 3 Secunden 11 Tertien = $29\frac{44}{91}$ Tagen) gerechnet wurden, $29\frac{44}{91}$ Tage giebt, so können auch noch andere Zeitbestimmungen in der Offenbarung erschlossen werden, z. B. die 1260 Tage (Kap. 12, 5.), indem man rechnet:

42 Monate oder 1240 Tage : $666\frac{6}{9}$ Jahr $= 1260$ Tage : x
$1240 : 840000$
$677\frac{13}{31}$ Jahr.

Ebenso die 5 Monate im ersten Wehe:
42 Mt. : $666\frac{6}{9} = 5 : x$
79 Jahr 4 Mt. 15 Tage.

Mittelst dieser Entzifferung der apokalyptischen Zeitbestim=

mungen kann nun nach Bengels Ansichten eine bestimmte Zeittafel für die in der Offenbarung angezeigten Begebenheiten entworfen werden, wornach z. B. die 42 Gewaltmonate des Thiers bis etwa zum Jahre 1836 dauern sollten, von 1836 bis 2836 läßt er die tausendjährige Gefangenschaft des Satans und von 2836 bis 3836 das tausendjährige Reich währen, während freilich kein Grund vorhanden ist, Gefangenschaft des Satans und tausendjähriges Reich von einander der Zeit nach zu scheiden; beides fällt in dieselbe Zeit.

Wenn nun auch die Erfahrung der Berechnung Bengels widersprochen hat, auch seine Annahme, daß die 666 als Jahre zu fassen seien, nicht richtig ist, so ist dennoch diese Berechnung höchst merkwürdig ihrer Resultate wegen, wenn man sie auf astronomische Zeitverhältnisse anwendet. Wie dies geschehen ist, nachzuweisen, würde zu weit führen; es sei hier nur angeführt: der mittlere synodische Mondsmonat d. h. die Zeit von einem Neumonde zum andern beträgt

nach Bengels Berechnung 29 Tage 12° 44′ 3″ 16¼‴
nach Keppler   29 „   12° 44′ 3″ 11‴

also den höchst geringen Unterschied von 5¼ Tertien.

Der jährliche Umlauf unsrer Erde um die Sonne beträgt

nach Bengel: 365 Tage 5° 49′ 12″
nach Keppler: 365 „ 5° 48′ 57″, also wieder einen

höchst geringen Unterschied von noch nicht 1 Minute.

Bei solchen Resultaten der Anwendung des Bengelschen Berechnungssystems auf astronomische Zeitverhältnisse ist es nicht zu verwundern, daß Bengel selbst von der Richtigkeit seiner apocalyptischen Berechnungen überzeugt war und daß seine Berechnung Beifall fand und für vollkommen richtig gehalten wurde, und man sollte doch nicht zumal von gläubiger Seite mit Hohn auf Bengel herabsehen, während man es Luther nicht einmal gedenkt, daß er den jüngsten Tag noch zu erleben hoffte. Man übersieht aber auch diesen Irrthum Luthers mit allem Rechte, denn es wird sich diese Erscheinung zu allen Zeiten, in welche viele von den Zeichen der letzten Zeit im Schwange gehen, wiederholen, daß man meinet, die Zukunft des Herrn werde nun bald stattfinden, bis man sich endlich nicht mehr täuscht.

Die Ansicht Bengels, die Zahl 666 seien als Herrschafts=jahre des Antichrists, nämlich des Papstthums, zu betrachten, ist irrig; die Zahl 666 soll zum Erkennen des Namens und damit der Person des Antichrists führen, und so ist sie auch meistentheils aufgefaßt. Falsch aber ist es, sie an Namen von Herrschern zu legen, welche schon vor alter Zeit gelebt haben, wie De Wette den Kaiser Nero darin will gemeint wissen, oder wie Professor Hengstenberg in der Bibel einen Namen zu su=chen, bei welchem die Zahl 666 steht. Er findet so den Namen Adonikam nach der sonderbaren Regel: „da der h. Johannes ganz in der Schrift lebt, so haben wir Namen und Zahl auch nur in der Bibel zu suchen. Es findet sich aber im ganzen alten Testamente nur ein Fall, wo die Zahl 666 in Verbin=dung mit einem Namen vorkommt, nämlich in der Stelle Esra 2, 13. In diesem Kapitel werden diejenigen Kinder Israel aufgeführt, welche aus der babylonischen Gefangenschaft wieder nach Jerusalem und Juda zurückkehrten, und V. 13. heißt es: „Die Kinder Adonikam's sechshundert sechs und sechzig." Der Name Adonikam, welcher bedeutet: „Der Herr erhebt sich" ist der Name des Thiers."

Bei dieser Auflösung ist ganz und gar übersehen, daß das griechische Wort, welches Luther „überlegen" übersetzt hat, eigentlich heißt „berechnen," in abgeleiteter Bedeutung „über=legen, überschlagen" wie Luc. 14, 28. „Wer ist aber unter euch, der einen Thurm bauen will, und sitzt nicht zuvor, über=schlägt die Kosten, ob er es habe hinauszuführen?" — wo doch immer ein Berechnen zum Grunde liegt. Bei der Auf=lösung durch „Adonikam" hat aber weder ein Berechnen, noch ein Ueberschlagen der Zahl stattgefunden, sondern es hat Jemand, als er die Stelle Esra 2, 13. gelesen, bei der Zahl 666 an

Offenbarung 13, 18. gedacht, und da ist ihm der Gedanke durch den Kopf gegangen: sollte nicht der Name Abonikam der gemeinte Name sein? — und was er so vermuthet, ist ihm nach und nach zur Gewißheit geworden. Herr Professor Hengstenberg ist aber nicht der Erste, der diese sonderbare Auflösung gegeben, er hat sie nur adoptirt wahrscheinlich aus Vitringae ἀνάκρισις Apoc. Joh. Ap. (dritte Ausgabe 1721 in Quart). Und was ist denn nun mit dem Namen Abonikam gewonnen? In Summa gar nichts; soll er bloß ironisch den Charakter des Thieres bezeichnen? Der Charakter des Thieres ist hinlänglich geschildert auch ohne den Namen. Die Entdeckung des Namens kann nur dann Werth haben, wenn er der Name des Menschen ist, der wirklich als Antichrist auftreten wird, insofern dann das vorläufige Finden des Namens von großem Einfluß auf die gläubige Christenheit sein kann; in jedem andern Falle stünde der Vers hier sehr müßig, was man doch nicht zugeben kann. Es enthält also der Vers eine wirkliche gematrische Aufgabe.

Der Lösungen dieser Aufgabe sind viele und zwar in allen Sprachen, deren Buchstaben auch als Zahlzeichen dienten, ja selbst in der deutschen, indem man den deutschen Buchstaben nach Art der hebräischen Zahlenwerthe beilegte. Eine Masse von nutzlosen Auflösungen übergehend, führen wir hier nur die des Irenäus an, die mehrfach Beifall gefunden hat. Er giebt dem Thiere den Namen λατεῖνος, Lateinos, dessen Buchstaben als Zahlen die Summe 666 geben. Dieser Name gefällt darum, weil er das Thier als das römische Kaiserthum und auch als das römische Papstthum bezeichnen könne; indeß soll die Zahl des Thiers nicht eine so allgemeine Bezeichnung sein, sondern der Name einer bestimmten Person, welche den Verdacht erregt, daß sie zum Antichrist ausreifen werde. Für die, welche unter dem Thiere das Papstthum verstehen, möchte keine Auflösung willkommner sein, als die, welche Pfarrer Gräber giebt in seinem „Versuch einer historischen Erklärung der Offenbarung Johannis." Er sagt, das Thier muß selbst uns einen Namen präsentiren, der die Zahl in sich schließt; einen solchen Namen präsentirt uns aber das Papstthum. Dieser Name ist: Vicarius filü Dei d. h. Stellvertreter des Sohnes Gottes, und eben dieser Name enthält die Zahl 666.

Das Falsche in dieser Auflösung ist, daß nicht ein Personenname, sondern eine Amts= und Standesbezeichnung, ein Titel genommen ist an Stelle des Namens gegen den ausdrücklichen Willen des Verses; denn es heißt da: „denn es ist eines Menschen Zahl und seine Zahl ist 666" — das soll nicht heißen: „sie ist eine gewöhnliche, menschliche Zahl;" zu dieser Bestimmung wäre hier gar keine Veranlassung; es soll vielmehr bedeuten: „ein Mensch (nicht ein Satz oder sonst etwas) soll durch die Zahl offenbar werden, erkannt werden, indem sie die Zahl seines Namens ist; also dient dieser Zusatz zur nähern Bestimmung der gematrischen Aufgabe.

Von den Auslegern, welche unter dem Antichrist einen weltlichen Fürsten und nicht das Papstthum oder einen Papst verstehen, sind in der neuern Zeit Mehrere auf den Namen Napoleon oder Bonaparte gefallen, in dem sie die Zahl 666 gefunden haben, und meinen, daß Napoleon I. als Antichrist wiederkommen werde; Andere erwarten das Wiedererscheinen eines frühern griechischen Herrschers, welche beiden Ansichten der Verfasser der XI. Stunde mit dem Antichrist (Schaffhausen 1859) so vereinigt, daß er Napoleon I. als Antichrist annimmt und die Bemerkung macht: „Es ist hierbei nicht außer Acht zu lassen, daß Corsika ungefähr ums Jahr 600 v. Chr. gleichzeitig mit Sicilien oder nicht lange nachher von den Griechen kolonisirt und erst im Jahre 129 v. Chr. dem macedonisch-griechischen Reiche als dessen integrirender Theil von den Römern entrissen und dem römischen Reiche einverleibt wurde. Ferner, daß nach den Ansichten der Schriftgelehrten der Antichrist einem Theile des macedonisch=griechischen Reiches entspringen müsse, welches dann einen Theil des römischen Reiches bildete."

Noch einer eigenthümlichen Deutung der Zahl 666, welche auch auf einen Napoleoniden hinweist, den Vers aber nicht als gematrisches Räthsel auffaßt, wollen wir hier erwähnen. Sie ist enthalten in der Broschüre vom Pfarrverweser Christoph Clöter „Auflösung der geheimen Zahl 666 u. s. w.," und berechnet die Zahl so: Wenn ein Land acht Regenten nach einander gehabt hat, deren drei letzte z. B. Heinrich heißen, so ist die Zahl oder Zählung des letzten Heinrich die Zahl 8; dieß ist eines Menschen Zahl, denn acht Menschen waren Regenten des Landes, und dieser ist der achte. Und die Zahl des Namens des letzten Heinrich ist 3, weil er der dritte Heinrich ist. Wenn nun beide Beziehungen in Ein Zahlzeichen vereinigt werden sollen, daß acht Regenten waren und daß die drei letzten gleiches Namens sind, so bekommen wir statt der ursprünglichen Reihe: 1. 2. 3. 4. 5. 6. 7. 8. die veränderte: 1. 2. 3. 4. 5. 6. 6. 6. Sonach hätte Heinrich III. als Zahlzeichen 6. 6. 6., welches sowohl bezeichnet, daß er der achte Regent, als auch der dritte seines Namens ist. Clöter rechnet nun die sieben Häupter so: 1. Nebucadnezar, 2. Cyrus, 3. Alexander d. Gr., 4. Augustus, 5. Karl d. Gr., 6. Apoleon I., 7. Apoleon II., 8. Apoleon III. und sagt S. 28.: „Während die drei letzten Häupter nacheinander, jedoch mit Zwischenräumen auftreten, ist gleichzeitig die Welt in den geweissagten letzten Stand der zehn Hörner, zehn Zehen oder zehn Mächte eingetreten, — namentlich tritt dieser Zustand zwischen dem sechsten und siebenten Haupte hervor. Denn nach dem Fall Apollyons I. im Jahre 1815 tritt der — schon früher als europäisches Gleichgewichtssystem vorbereitete — europäische Staatenbund ein, der aus zehn Hauptmächten oder Völkern besteht. Da der jetzige Apollyon, dem von der Welt die Zahl seines Namens III beigelegt wird, der aber als regierender Fürst oder vollends als Welthaupt erst der zweite seines Namens ist, bereits als das Haupt über fast ganz Europa (außer Rußland) angesehen werden kann, indem er der Welt Krieg und Frieden nach Belieben diktirt, und alle Augen auf ihn gerichtet sind: so kann er mit Sicherheit als siebentes Haupt oder als 6. 6. betrachtet werden. Er ist also nicht der Antichrist. Zwischen ihm und dem Antichrist kann sogar noch einige Zeit vergehen. Nicht jeder Monarch von Frankreich, der Apollyon oder Apoleon heißen wird, muß deßhalb der kommende Antichrist sein. Es können unbedeutende Regenten dieses Namens dazwischen kommen. Auch muß die babylonische Hure vorher vollständig beraubt und vertilgt werden nach K. 14, 8., und die Botschaft vom kommenden Reich des Heilandes muß erst noch allgemein mit Kraft des heiligen Geistes, wohl auch mit Wundern und Zeichen verkündigt werden nach K. 14, 6. 7. So wie aber wieder ein Apollyon kommt, der zum Welthaupt heranwächst, dann ist er der 6. 6. 6., und die an das Wort Gottes Glaubenden wissen, welche Stunde es geschlagen hat."

Diese künstliche Deutung der Zahl widerspricht schon deßhalb dem 18. Verse im 13. Kapitel, weil hinter jeder 6 ein Punktum zu setzen ist, also nicht 666, sondern drei deutsche Sechsen zu lesen wären; auch stimmt sie nicht mit Kap. 17, 9—11., auch nicht mit V. 13. und 16—17., hat überhaupt nichts für sich, als daß sie neu ist.

Zum Schluß nur noch eine Bemerkung. Der berühmte Astronom Newton sagt (wie Jung Stilling in seiner Auslegung der Offenbarung anführt) irgendwo folgende goldene Worte: „Die Offenbarung und jede Weissagung ist nicht darum gegeben, um die Allwissenheit der Ausleger, sondern die Allwissenheit Gottes der Welt kund zu machen." Dieß Wort ist wohl zu beherzigen, und es ist nicht weise gedacht, wenn sich eine Deutung später als irrig erwiesen, den Schluß zu ziehen: folglich ist es mit der Weissagung selbst nichts. Mögen Menschen sich auch irren in der Auslegung und Deutung der Weissagung, doch bleibt fest das Wort des Propheten Habakuk (Kap. 2, 3.): „Die Weissagung wird ja noch erfüllt werden zu seiner Zeit, und wird endlich frei an den Tag kommen, und nicht außen bleiben. Ob sie aber verziehet, so harre ihrer; sie wird gewißlich kommen, und nicht ausbleiben."

Halle. Druck von Otto Hendel.

In meinem Verlage sind erschienen:

Constitutiones apostolicae. Textum graecum recognovit, praefatus est, annotationes criticas et indices subjecit Guil. Ueltzen. gr. 8. 2 Thlr. 6 Sgr.

Dibelius, Dr. W., Gebete für die Jugend zum Haus= und Schulgebrauche. Zweite Auflage. 1867. 10 Sgr., eleg. cart. 12 Sgr.

Findeklee, Dr. Ch. W., Mythologie der Griechen und Römer, der Aegypter und Nordländer. Für Töchter aus gebildeten Ständen. Vierte verb. und vermehrte Auflage. 15 Sgr., gebunden 17½ Sgr.

Hoch, Benno, Die Briefe Pauli ausgelegt für Bibelleser. I.: Der Brief Pauli an die Epheser. 1868. 22½ Sgr.

Karte von Palästina. Für den Schulgebrauch. 1½ Sgr.

Keber, Ag., Zur Philosophie der Kindersprache. Gereimtes und — Ungereimtes. 1868. Eleg. cart. 12½ Sgr., eleg. gebunden 17½ Sgr.

Kliefoth, Dr. Th., liturgische Abhandlungen I-III. 1. IV-VIII gr. 8. 18 Thlr. 15 Sgr.

——— Predigten in der Domkirche zu Schwerin gehalten. Vierte Sammlung 3 Bände. (I. 1 Thlr. 12 Sgr.; II. 1 Thlr. 15 Sgr.; III. 1 Thlr. 20 Sgr.) 4 Thlr. 17 Sgr.

Knauth, Frz., Gedichte zur Geschichte unseres Deutschen und Preußischen Vaterlandes. Für den Gebrauch in Bürger= und Volksschulen. 1867. 2 Sgr.

——— Luise Henriette von Oranien, Kurfürstin von Brandenburg. Ein Lebensbild. Mit Portrait. 1867. 10 Sgr.

Oertel, J. R., Paulus in der Apostelgeschichte. Der historische Charakter dieser Schrift an den paulinischen Stücken nachgewiesen. gr. 8. 1868. 1 Thlr. 20 Sgr.

Perlen christlicher Andacht, zur häuslichen Erbauung für Gläubige. Von einem Freunde des Wortes. Neue Aufl. 5 Sgr.

Sammlung von biblischen Sprüchen zum Religionsunterricht. Zwölfte Aufl. 1866. 3 Sgr., gebunden 4 Sgr.

Sauppe, Dr. G., Bilder des Alterthums. Vorträge für gebildete Zuhörerschaft. 1868. 24 Sgr.

—— Wanderungen im Gebiete der Sprache und Literatur. Vorträge vor gebildeter Zuhörerschaft gehalten. 1868. 24 Sgr.

Seidel, Heinr. Alex., Kreuz und Harfe. Geistliche Dichtungen. gr. 12. Band 1. 3. Aufl. geh. 20 Sgr., eleg. geb. 1 Thlr. — Band 2. geh. 15 Sgr.; eleg. geb. 25 Sgr; beide Bände zusammengebunden, ein eleg. Band mit Deckelverzierung und Goldschnitt 1 Thlr. 20 Sgr.

Träber, K. G., Offener Brief an den Bischof von Paderborn Herrn Dr. Conrad Martin. 1865. 7½ Sgr.

—— Zweiter offener Brief an den Bischof von Paderborn Herrn Dr. Conrad Martin mit Widerlegung der gesalzenen Briefe des Herrn Dr Gröne. 1865. 15 Sgr.

Zedlitz-Trützschler, Gräfin, Die heilige Elisabeth, Landgräfin von Thüringen. Eine Festgabe zur achthundertjährigen Gründungsfeier der Wartburg. 1867. 15 Sgr.

Halle a/S.   **Georg Schwabe.**

www.ingramcontent.com/pod-product-compliance
Lightning Source LLC
Chambersburg PA
CBHW020757230426
43666CB00007B/742